Eberhard Serauky

Im Glanze Allahs

Eberhard Serauky

Im Glanze Allahs

Die arabische Kulturwelt und Europa

Bibliografische Information der Deutschen Bibliothek
Die Deutsche Bibliothek verzeichnet diese Publikation in der Deutschen Nationalbibliografie; detaillierte bibliografische Daten sind im Internet über http://dnb.ddb.de abrufbar.

Bildnachweis: Abb. 2 (Archiv des Autors), Abb. 4, 5, 10 aus: Ebers, Ägypten (Archiv des Autors); Abb. 11, 12, 13, 14, 15, 16, 17 (Archiv des Verlages); Abb. 6, 7, 8 (Forschungsbibliothek Gotha); Abb. 9 (Bildarchiv Preußischer Kulturbesitz, Staatsbibliothek MS Or.quart. 739, fol. 74a); Abb. 3, 18, 19 (Unesco).

be.bra verlag GmbH, Berlin-Brandenburg,
KulturBrauerei Haus S
Schönhauser Allee 37, 10435 Berlin
post@bebraverlag.de

Lektorat: Bernhard Thieme
Umschlaggestaltung: Valeriy Ivankov
Layout und Herstellung: Jens Girke
Druck- und Bindearbeiten: freiburger graphische betriebe

www.bebraverlag.de

ISBN3-86124-583-3

Inhalt

Vorwort

Das europäische Mittelalter kannte und schätzte die arabischen Wissenschaften in hohem Maß. Ibn Sīnā war seit dem 12. Jahrhundert als Avicenna bekannt; in dieser Zeit wurden seine Schriften größtenteils ins Lateinische übersetzt. Sein Medizinwerk diente jahrhundertelang als Grundlage des Unterrichts. In Lateinisch erschienen erstmals 1493 Teile seiner „Metaphysik" im Druck; die „Logik" und andere Auszüge aus seinem Werk kamen 1495 in Venedig heraus. 1523 erfolgte dort eine neue Auflage des Werkes, das 1556 noch einmal in Basel erschien. 1547 publizierte man in Venedig auch medizinische Texte von ihm.[1] Von dem 1198 in Marokko verstorbenen Gelehrten Ibn Rušd, lateinisch Averroes, tauchten die ersten Drucke in Europa 1472 auf; die beste Ausgabe brachte man in Venedig heraus; wo 1552 sein Werk in 11 Foliobänden publiziert wurde.[2] Alhazen – den großen Mathematiker, Mediziner und Astronomen Ibn al-Haiṯam (gest. 1083) – edierte man 1572 in Basel; es handelte sich um sein Werk über die Optik.[3] Im ersten Band seiner „Geschichte der Farbenlehre" verweist Goethe auf dieses Werk und vermerkt: „... doch ist ihm der im Auge bleibende Eindruck eines angeschauten Bildes bekannt geworden."[4] Auch Averroes und Avempaces, den 1139 in Spanien verstorbenen Mediziner und Philosophen Ibn Bāǧǧa, erwähnt er in diesem Zusammenhang. Goethe hat sich in seinem „West-östlichen Divan" 1819 poetisch tief in die arabisch-persische Vergangenheit eingefühlt und damit ein bewegendes Werk hinterlassen, das er mit Anmerkungen und Noten versah, um die Allgemeinverständlichkeit zu erhöhen. Ein buchhändlerischer Erfolg war der Titel allerdings nicht; noch zu Beginn des Ersten Weltkriegs konnte man die Erstausgabe in einigen Buchhandlungen finden.[5]

Das wirft die Frage auf, wie weit die Begeisterung für die Wissenschaft und Kultur des Orients zu einem Allgemeingut geworden war. Immerhin hatte bereits 1759 Johann Salomo Semler (1725-1791), Professor in Halle und Begründer der historischen Bibelkritik, von „gelehrten Liebhabern der arabischen Geschichte"[6] gesprochen, zu denen er sich offensichtlich ebenfalls zählte. In der Formulierung setzte er den Akzent auf Bildung und Gelehrsamkeit, woraus ersichtlich wird, dass die Beschäftigung mit dem Orient einen gewissen Kenntnisstand erforderte, der erst noch zu erwerben war. Unter Gebildeten war zur Goethezeit der Orient weitgehend präsent. Das zeigte sich auch an dem Kreis, der mit Goethe in Verbindung trat, als er am „West-östlichen Divan" arbeitete. Heinrich Friedrich von Diez (1751-1817) war preußischer Gesandter an der Hohen Pforte in Istanbul bis 1790.

Als Legationsrat publizierte er 1811 das „Buch des Kabus, oder Leben des persischen Königs Kjekajwus für seinen Sohn Ghilan Schah", das auf Goethe großen Einfluss machte und den Briefwechsel zwischen ihm und Diez eröffnete. Diez hinterließ eine reichhaltige Bibliothek, die 17.000 Bände und 835 orientalische Handschriften enthielt und die er der Königlichen Bibliothek in Berlin stiftete, wo sie noch heute unter „Dieziana" geführt wird.[7] Ein weiterer Gelehrter aus dem Kreis Goethes war Joseph von Hammer-Purgstall (1774-1856), der mehrfach für den Wiener Hof den Orient bereiste, die dortigen Sprachen erlernte und ab 1807 in Wien wissenschaftlich publizierte. Von 1809-1818 gab er die Zeitschrift „Fundgruben des Orients bearbeitet durch eine Gesellschaft von Liebhabern" heraus.

Neu daran war, dass ab 1811 die Quellen in Arabisch, Persisch und Türkisch im Mittelpunkt standen. Aus fast ganz Europa kamen dafür die Beiträge. Goethe wurde vor allem durch Hammers Hafiz-Übersetzung zu eigener Produktivität angeregt.[8] Johann Gottfried Eichhorn (1752-1827) war 1775-1788 in Jena Professor der morgenländischen Sprachen, auf dem gleichen Fachgebiet war er ab 1788 in Göttingen tätig, wo er 1819 Geheimer Justizrat wurde. Goethe würdigte ihn als einen Mann, aus dessen Mund man „manches Heilsam-Belehrende vernahm".[9] Auch war Eichhorn unermüdlich wissenschaftlich tätig und brachte ab 1802 eine „Geschichte der letzten drei Jahrhunderte" heraus, in dessen 4. Band er neben Russland, Polen und Schweden auch die Türkei unter dem Titel „Das Osmanische Reich" behandelte. Der zeitliche Rahmen dieses Stoffabschnitts reicht dabei von 1519 bis zum Oktober 1801. G. W. Lorsbach (1752-1816) war nach Eichhorn Professor für morgenländische Sprachen in Jena; bei ihm feierte Goethe am 20. Dezember 1814 das Weihnachtsfest.[10] Dieser Gelehrte übersetzte Goethe 1813 ein Blatt aus einem arabischen Kodex und war für die Entstehung des „Divans" nach Goethes Worten „höchst teilnehmend und hülfreich".[11] In Jena folgte ihm 1817 auf die Professur der orientalischen Sprachen Johann Gottfried Ludwig Kosegarten (1792-1850), Goethes Hauptberater für die Noten und Abhandlungen zum „West-östlichen Divan". Dieser Höhepunkt der Klassischen Literatur in Deutschland bewies indes auch das schwierige Verhältnis zahlreicher Zeitgenossen zur orientalischen Welt.

Anders war dagegen die Lage unter den Romantikern. Bei ihnen war die Begeisterung für das Morgenland weit verbreitet. König Friedrich Wilhelm IV. (1795-1861), selbst ein Verfechter romantischer Ideale; förderte nicht nur die orientalischen Studien, indem er den Orientalisten und Dichter Friedrich Rückert (1788-1866) 1841 an die Berliner Universität berief, sondern auch wertvolle arabische Handschriftensammlungen ankaufte. 1.140 Schriften erwarb man 1858 aus dem Besitz des Orientalisten Aloys Sprenger (1813-1893) für die Berliner Bibliothek.[12] 1852 entsandte der König Heinrich Petermann (1801-1876) in den Vorderen Orient, um Handschriften zu erwerben. Zwei umfangreiche Sammlungen brachte dieser Reisende mit zurück. Dazu kamen noch zwei weitere von dem deutschen Konsul in Damaskus, Johann Gottfried Wetzstein (1815-1905). Der Katalog, der 1899 in Berlin über alle arabischen Handschriften herauskam, umfasste zehn Bände. Die Arbeit an dem Werk dauerte 20 Jahre. Ähnlich verlief die Entwicklung in Paris und London. Deutschland verfügte über umfangreiche Schätze der arabischen Geisteswelt. Durch die Katalogisierung waren sie nun vielfältig für die Wissenschaft nutzbar, was sich vor allem in einer relativ rasch einsetzenden regen Editionsarbeit zeigte; wichtige arabische Quellen wurden auf diese Weise der Öffentlichkeit und interessierten Fachwelt bekannt gemacht. Die Schätze in der Berliner Bibliothek erwiesen sich als bedeutende Anregung für eine gründliche Beschäftigung mit der arabischen Kultur. Das betraf auch breitere Bevölkerungsschichten. Viele Arabienreisende berichteten in Büchern und Artikeln von ihren Erlebnissen; zahlreiche Beamte waren langjährig in Kairo oder Damaskus eingesetzt und veröffentlichten ihre Erfahrungen. Fürst Pückler-Muskau (1785-1871), der große Gartengestalter, publizierte 1844 unter dem Pseudonym „Verfasser der Briefe eines Verstorbenen" einen dreibändigen Reisebericht unter dem Titel „Aus Mehemed Ali's Reich", in dem er in lebendiger Schilderung die Umbruchsituation und Modernisierungsanstrengungen unter dem Begründer des modernen Ägyptens, Muḥammad ʿAlī (1769-1849), beschrieb. Flüssig und überzeugend schildert er in diesem Werk das dortige Leben: Die Artillerie kommandiert ein Spanier. Eine Eisengießerei arbeitet erfolgreich unter einem italienischen Direktor. Eine Zuckerfabrik wird durch einen französischen Fachmann neu eingerichtet, wofür er 30.000 Franken erhält. Das projektierte Banksystem, die Geistlichkeit und die religiösen Bräuche finden das Interesse des Autors. Mit dem Staatschef erörtert er die Gefahren, die dem Staat aus falschen Beratern und Experten erwachsen können. Im dritten Band seiner Schilderungen dringt er nach Nubien und in den Sudan vor. Auch dort sammelt er nationale Kuriositäten, wozu der halbe Schiffsraum benötigt wird. Ein Reitpferd war dabei, ein Ibispaar, eine seltene Schildkröte und zwei kleine Krokodile. Das Buch war dank solcher anschaulich beschriebenen Szenen ein großer Erfolg.

Mancher katholische Pfarrer machte seine Pilgerfahrt nach Rom und Jerusalem über Ägypten. So auch Joseph Schiferle von der Diözese Augsburg, der seinen Pilgerbericht 1859 in Augsburg drucken ließ. Darin verurteilte er die Reformen unter Maḥmūd ʿAlī als fixe Idee und Schwärmerei,[13] wobei er grob unsachlich urteilte. Die von dem Herrscher über der Stadt Kairo errichtete Alabaster-Moschee fand jedoch seine volle Bewunderung. Ein unermüdlicher Reisender war Heinrich Freiherr von Maltzan (1826-1874). Eigentlich von der Ausbildung her Jurist, bereiste er von 1850-1851 Italien, Belgien, England und Frankreich. Anschließend widmete er sich der Erforschung der nordafrikanischen Küstenlandschaft. Darüber kamen 1863 vier Bände unter dem Titel „Drei Jahre im Nordwesten von Afrika" heraus. Eine zweite Auflage erschien bereits 1868. Besonderen Ruhm erwarb er sich, indem er als muslimischer Pilger die Stadt Mekka besuchte, was Nichtmuslims strikt untersagt war. „Meine Wallfahrt nach Mekka" erschien in zwei Bänden 1865 in Leipzig. Bereits am Ende des ersten Bandes betrat Maltzan als Nordafrikaner verkleidet die Heilige Stadt, sodass er im Folgenden eine recht detaillierte Schilderung der inneren Verhältnisse während der Pilgerfahrt geben konnte. Das Werk erschien 1919 in bearbeiteter Form in der Reihe „Wissenschaftliche Volksbücher für Schule und Haus"in Braunschweig, ein Zeichen der hohen Popularität solcher Schriften und ihres besonderen Beitrages für eine tiefere Kenntnis der arabischen Welt.

Ein sehr kenntnisreiches Buch wurde 1863 in zwei Bänden herausgegeben; es hatte den schlichten Titel „Aegypten" und stammte von Alfred von Kremer (1828-1889), der Syrien und Damaskus bereist hatte. Ab 1852 lebte er sieben Jahre in Alexandria und wurde 1876 Mitglied der ägyptischen Staatsschuldenkommission. Nach seiner Rückkehr war er kurzzeitig Handelsminister in Wien, widmete sich dann jedoch lieber der Forschung. Sein Ägyptenbuch legt wirtschaftliche Planziffern und den Staatshaushalt dar; gleichzeitig aber wird auch der Bildung, dem Rechtswesen und dem Zustand der al-Azhar-Universität in Kairo nachgegangen. Seine Darstellung war nicht nur gründlich, sondern auch überzeugend, wodurch das Buch einen bleibenden Wert besitzt. Ihm entgeht auch nicht, dass sich in oberen Kreisen religiöse Unsicherheiten andeuten. Er untersucht die Stellung der Frau in Ägypten, lernt berühmte Persönlichkeiten auf dem Feld der Literatur und des Modernismus kennen. Er macht vor allem mit Rifāʿa aṭ-Ṭahṭāwī (1801-1873) bekannt. Dieser war 1826 mit einer Gruppe junger Ägypter zum Studium nach Paris aufgebrochen und hatte darüber ein in deutscher Übersetzung viel gelesenes Buch verfasst. Zurückgekehrt, hatte er in Ägypten 1832 die erste Tageszeitung gegründet und war zeitweilig Leiter an der neu eingerichteten Sprachschule. Unter dem neuen Herrscher wurde er nach dem Sudan verbannt, „dem ägyptischen Cayenne", wie Kremer meint. Als 1854 ein Wechsel an der Staatsspitze eingetreten war, konnte er wieder zurückkehren. Schließlich übertrug man ihm die Leitung der Schulkommission. Alfred von Kremer bescheinigt ihm, dass er „viel zur Verbreitung richtiger Ideen über Europa unter seinen Landsleuten beigetragen" hat.[14] Das war ein berechtigtes Lob von einem großen Kenner der arabischen Welt.

Der berühmte Ägyptologe Georg Ebers (1837-1898), der nach seinem Studium 1869/70 Ägypten und Nubien bereiste, wurde nach seiner Rückkehr Professor in Leipzig. Bei seiner zweiten Ägyptenreise erwarb er den nach ihm benannten Papyrus Ebers, der Angaben über die Arzneimittel der Alten Ägypter enthielt. Gegen Ende seines Lebens veröffentlichte er – in einem Riesenformat – ein zweibändiges Prachtwerk unter dem Titel „Ägypten in Wort und Bild". Zu einer Zeit, da die Fotografie die ersten Schritte hinter sich gebracht hatte – in Paris war 1852 der erste Fotoband über das Alte Ägypten und Nubien herausgekommen – setzte Ebers auf die Malerei. Bei dem ersten Band, der 1879 erschien, beteiligten sich 30 Künstler, darunter zum Beispiel auch Franz Lenbach (1836-1904) und Gustav Richter (1823-1884). Bei dem zweiten Band im Jahr darauf waren es sogar 36, darunter erneut Lenbach. Die von den einzelnen Künstlern gemalten Bilder werden genau ausgewiesen. Damit war ein hoch interessantes Bild aus der Geschichte und Gegenwart Ägyptens entstanden.

Ebers konnte bei dem Kapitel über das Alte Ägypten aus eigenen Quellen schöpfen. Sehr geschickt baute er im ersten Band bei der konkreten Schilderung Kairos Aufzeichnungen des bedeutenden Orientalisten Ignaz Goldziher (1850-1921) ein, der nach Studium und Habilitation von 1873-1874 Syrien, Palästina und Ägypten besuchte. Damit erhielt die Darstellung des Buches eine weitere Fundierung, da Goldziher durch seine gründliche Kenntnis der Landessprache und seine wissenschaftlichen Analyse der aktuellen Erscheinungen des Islam Wesentliches zu Tage förderte. Im zweiten Band steuerte Goldziher ein spezielles Kapitel über die al-Azhar-Universität in Kairo bei. Auch einen weiteren Fachgelehrten hat Ebers hinzugezogen, Wilhelm Spitta (1853-1883). 1875 wurde er als Direktor an die Khedividialbibliothek nach Kairo berufen. Von ihm stammte das Kapitel „Kairo. Aus dem Volksleben". Spitta veröffentlichte später die erste wissenschaftliche Untersuchung zum ägyptischen Dialekt. An einer Lungenkrankheit, die er sich in Ägypten geholt hatte, starb er bald nach seiner Heimkehr. In der Publikation von Ebers sind authentische Untersuchungen zur damals aktuellen Situation der Volkskultur in Kairo enthalten. Besonders hervorzuheben war der Quellencharakter des Werkes. Das epochemachende Buch bildete eine neuartige Verschmelzung malerischer und graphischer Elemente mit fundierten Texten. Die Gesamtgestaltung ging Wege, die in die Zukunft wiesen, wobei der Aufwand enorm war. Nicht nur Goldschnitt gehörte dazu; der Einband bestand aus Goldornamenten mit Perleneinlagen. Der ganze kostbare Orient sollte damit sinnbildlich hervortreten. Das Erscheinen dieser Publikation war ein Erfolg, da schon der erste Band kurz nach Erscheinen nachgedruckt werden musste. In Frankreich, England, Italien und Spanien erschien es in Übersetzung. Dieses Buch behandelte in neuer Weise den Orient und ermöglichte zahlreiche Einblicke in seine Kultur und Geschichte.

Diese wenigen Beispiele einer deutschen Publizistik über den Orient im 19. Jahrhundert mögen die Vielfalt und die Intensität andeuten, mit der man sich den Phänomenen dieser fernen Welt näherte. Die wachsende Anzahl solcher Bücher ließ sowohl in der Fachwelt als auch in der interessierten Öffentlichkeit den dringenden Wunsch entstehen, Bibliographien zu den Problemen des Orients vorzulegen. Diese Projekte belegten das besondere Interesse am Orient, vor allem an seiner reichhaltigen Kultur. In Deutschland und den Niederlanden hatte es die ersten Versuche auf diesem Gebiet bereits im 17. Jahrhundert gegeben. Konkretisiert wurden sie im 19. Jahrhundert. Der erste Autor, der 1811 in Halle eine „Bibliotheca Arabica" herausgab, war Christian Friedrich Schnurre (1742-1822). Er erfasste zirka 500 arabische Schriften, die bis 1810 in Europa gedruckt worden waren. Da aber vor allem in Ägypten die Regierungsdruckerei in Bulaq bei Kairo damit begonnen hatte, arabische Hauptwerke der klassischen Epoche herauszubringen, begann Theodor Zenker (gest. 1884) damit, alle in Arabisch, Persisch und Türkisch erschienenen Texte zu erfassen. Nach seinem gescheiterten ersten Versuch kam 1846 „Bibliotheca orientalis, Manuel de bibliographie" heraus;[15] 1861 folgte der zweite Band. Der erste Band enthielt alle arabischen, persischen und türkischen Titel, die im Orient und in Europa seit der Erfindung der Buchdruckerkunst erschienen waren. Der zweite Band umfasste vor allem die Literaturen des christlichen Orients, Indiens, Indochinas, Malakkas, Chinas, Japans, der Parsen (zoroastrische Iraner), Mandschu, Mongolen und Tibetaner. Dazu kamen Verzeichnisse der Autoren, der jeweiligen orientalischen Titel und der Herausgeber. Der Mangel an dem Werk bestand darin, dass Zenker die meisten Titel nur aus anderen Quellen abgeschrieben und nicht überprüft hatte. Deshalb waren die Genauigkeit und Zuverlässigkeit ein großes Problem.

Dem versuchte Karl Friederici seit 1876 in London im Verlag Trübner abzuhelfen, indem er 1875-1882 alle Druckerzeugnisse Deutschlands, Frankreichs sowie Englands und seiner Kolonien auf den Gebieten der Sprache, Religion, Altertümer, Literaturen, Geschichte und Länderkunde erfasste und kontinuierlich in acht Bänden veröffentlichte. Die Menge der Veröffentlichungen ergab sich damals nicht zuletzt aus der so genannten orientalischen Frage. Diese resultierte vor allem aus der gefährlichen Schwäche des Türkischen Reichs, das nicht mehr in der Lage war, den Umfang seines Gebietes mit eigener Kraft zu sichern und ein sachliches Verhältnis zwischen den Muslims und Christen des großen Reichs herzustellen. Deshalb gingen Mächte wie Russland nun daran, ihrerseits Eroberungen zu machen. Österreich und England aber waren lange an dem status quo interessiert. Doch plötzlich besetzte England 1881 Ägypten und Bulgarien verleibte sich 1885 Ostrumelien ein; es rief damit einen Konflikt mit Russland hervor. So ergaben sich in der orientalischen Frage neue Machtkonstellationen im Nahen Osten und auf dem Balkan, die zu einer instabilen Lage führten. Damit war viel Stoff für die Publikation gegeben. Die Bibliografie zum Orient für die Jahre 1883-1886 setzte der Indologe Ernst Kuhn (1846-1920) in seinem „Literaturblatt für orientalische Philologie" fort. Das waren vier Bände mit Register. Die Fortsetzung für den Zeitraum 1888-1911 geschah mit der „Orientalischen Bibliographie", die zuerst von August Müller, dann von Kuhn und schließlich seit 1893 von Lucian Schermann geleitet wurde. Sie umfasste alles, was sich auf Volkstum, Religion, Sitten und Gebräuche, Sprache, Literatur und Geschichte der Völker Asiens, Ozeaniens und Afrikas bezog. Besonders betonte man die im Orient gedruckte Literatur. Den Islam behandelte der Abschnitt „Arabien und der Islam"; dieser gliederte sich in Allgemeines, Muhammedanische Archäologie, Numismatik, Epigraphik, Kunst, Arabische Sprache und Literatur. Wichtig waren auch die zu manchen Werken abgedruckten Rezensionen. Mit dem Ersten Weltkrieg kam das Unternehmen zum Erliegen.

Ein erneuter Versuch 1926 scheiterte, da es sich bald als unmöglich erwies, das in der Zwischenzeit enorm gewachsene Material zu sammeln und zu bearbeiten. Zu jener Zeit waren die deutsche Arabistik und die mit ihr verbundenen Fachgebiete in gewisser Weise führend in der Welt. Theodor Nöldeke (1836-1930) bearbeitete die Semitistik, aber auch die Iranistik und das Türkische. Seine „Geschichte des Korans" (1860) stellte eine epochemachende Leistung dar, weil darin die Entstehung, Sammlung und Überlieferung des Buches scharfsinnig und überzeugend dargestellt wurde. Auch seine weiteren Forschungen waren von hoher wissenschaftlicher Qualität. Die internationale Wertschätzung dieses Gelehrten erwies sich nicht zuletzt in der zweibändigen Festschrift 1906 zu seinem siebzigsten Geburtstag. Daran beteiligten sich nicht nur Gelehrte aus Deutschland, sondern auch aus Russland, Algerien, der

Schweiz, England, den Niederlanden, Dänemark, Frankreich, Libanon, den USA, Österreich, Italien, Schweden, Portugal und Niederländisch Ostindien.

Eduard Sachau (1845-1930) war Ordinarius an der Berliner Universität und bereiste 1879-1880 den Orient im Auftrag der preußischen Regierung. 1869 übernahm er für den Oriental Translation Fund in London die Herausgabe und Übersetzung zweier Werke des großen mittelalterlichen Gelehrten al-Bīrūnūī (gest. 1048). 1879 lag seine Übersetzung zum ersten Buch vor. Nach fünfzehn Jahren erfolgte die Edition und Übersetzung des zweiten Werkes. Er regte auch ein großes Editionsprojekt an. Das wichtige und sehr umfangreiche Werk eines 845 verstorbenen Gelehrten erschien im Zeitraum von 1904-1917 in acht Bänden; dazu kamen noch ein neunter Band mit Indices. Sieben vor allem Berliner Fachwissenschaftler beteiligten sich daran. Mit dieser Arbeit errang er beachtliches internationales Ansehen.

Carl Brockelmann (1868-1956) verkörperte in seinem Werk nochmals die Einheit der Wissenschaft vom Morgenland im Gesamtüberblick aller ihrer Zweige, die inzwischen eine wachsende Spezialisierung erfahren hatten. Sein internationales Ansehen erwies sich darin, dass er Ehrenmitglied der Deutschen Morgenländischen Gesellschaft, der Royal Asiatic Society, der Société Asiatique, der American Oriental Society, der Linguistic Society of America und ordentliches Mitglied der Sächsischen Akademie der Wissenschaften war. Unter anderem veröffentlichte er eine „Geschichte der arabischen Literatur". Kurz vor seinem Tod erfreute ihn die Nachricht, dass die Kulturabteilung der Arabischen Liga dieses umfangreiche Werk in Arabisch herausbringen wollte. Inzwischen war die Übersetzung im Zeitraum von 1959-1977 in vier Bänden abgeschlossen; sie wurde geleistet von Dr. Ja'qūb Bakr, Dr. 'Abd at-Tawwāb und Dr. 'Abd al-Ḥalīm an-Naǧǧār. Auch die von Bockelmann verfasste „Geschichte der islamischen Völker und Staaten" (1939) erschien 1988 in der Übersetzung vor allem von Nabīh Fāris in Beirut. Vorher war sie 1947 in England herausgekommen. Auch ins Französische, Türkische und Polnische wurde das Werk übersetzt. Diese internationale Ausstrahlung hatte fast zwangsläufig zur Folge, dass bei der „Enzyklopädie des Islam", die 1913-1939 erschien und an deren erstem Band fast hundert Mitarbeiter aus mehr als elf Staaten beteiligt waren, drei Textversionen vorgelegt wurden; eine deutsche Ausgabe, eine französische und eine englische. Als 1960 das erweiterte Konzept einer „Enzyklopädie des Islam" von internationalen Fachkreisen umgesetzt wurde, war darin die Entscheidung enthalten, dass nur eine französische und eine englische Fassung zu erarbeiten seien. Deutsch als Wissenschaftssprache war nicht mehr aktuell.

Wie blickt heute die arabische Welt auf ihre einstige große Vergangenheit? Das wichtigste Buch in dieser Hinsicht hat der ägyptische Philosoph Dr. ʻAbdarraḥmān Badawī (1917-2002) vorgelegt. Es handelt sich um das Werk „Die Rolle der Araber bei der Schaffung des europäischen Denkens". Dieser Philosoph hat den französischen Existenzialismus durch die Verbindung mit Teilaspekten der arabischen mystischen Lehre in der ägyptischen Gedankenwelt verankert. Frankreich war auch lange seine bevorzugte Lebenssphäre. Doch war er zugleich der größte arabische Kenner der deutschen Philosophie. Deutsch eignete er sich so gut an, dass er Joseph von Eichendorffs „Aus dem Leben eines Taugenichts" ins Arabische übertrug. Von ihm stammen in der arabischen Welt die fundiertesten Bücher über Hegel, Schopenhauer und Spengler. Mit seinem oben erwähnten Buch hatte er einen Nerv unter den Zeitgenossen getroffen, denn es erreichte 1979 bereits die dritte Auflage. Das Werk – zuerst in Kuweit veröffentlicht, da dem Autor Sadats taktische Hinwendung zum politischen Islam nicht behagte – behandelt die Leistungen der Araber bei der Erfindung der Seife, des Zuckers und der bewässerten Landwirtschaft; es geht auf ihre Leistungen in der Astronomie und Medizin ein. Auch erörtert ʻAbdarraḥmān Badawī das Thema „C. M. Wieland und 1001 Nacht".[16] Wobei er zutreffend die besondere Affinität dieses deutschen Dichters zu dem berühmten arabischen Märchenkreis nachzeichnet. Gegenüber diesem anregenden Buch fällt die Schrift von Dr. Ramaḍān aṣ-Ṣabāʼ „Die Wissenschaft der Araber und ihre Spuren in der europäischen Zivilisation" ziemlich ab. Das Werk kam 1998 in Alexandria heraus. Der Autor bemüht sich redlich, kann aber kaum überzeugen.

Und wie sieht es heute mit dem „Glanz" der arabischen Kultur und Wissenschaft aus? Objektiv sind die arabischen Staaten wenig gerüstet für die modernen Wissenschaften. Bei der Nutzung des Internets beträgt die Beteiligung in Saudi-Arabien 18%, 12% im Libanon und 10% in Ägypten.[17] 3,5 Personen nutzen durchschnittlich einen Internetanschluss. Im Weltmaßstab beträgt die Zahl der arabischen Teilnehmer am Internet nur 0,6%. In Marokko sind 1% der Bevölkerung mit dem Internet verbunden, bis 2005 sollen es dort 10% werden. Die arabischen Staaten verstehen nicht, dass diese Verbindung wichtige Informationsmöglichkeiten erschließt, Arbeitschancen schafft und den elektronischen Handel fördern kann. Im Gegenteil, diese Staaten bemühen sich mit unterschiedlichsten Mitteln, den Zugang zum Internet einzuschränken. Um den elektronischen Handel zu reglementieren, hat Jordanien drei Gesetze erlassen, ähnlich verfuhren Ägypten, Tunesien und Dubai.[18] Zum Schutz vor bestimmten Informationen ergriffen Jordanien und Tunesien ebenfalls Maßnahmen. Für Computerverbrechen gibt es besondere Gesetze in Oman und Jordanien; sogar die Arabische Liga will dafür ein Mustergesetz vorlegen. Zur E-Mail Post gibt es im Libanon einschränkende Gesetze. 2001 hat Jordanien ein Gesetz zu den Internet-Cafés verabschiedet. Polizeiliche Sonderkommissionen für Verbrechen im Internet existieren in Jordanien, Saudi-Arabien, den Emiraten und Tunesien.

Bei der geringen Aufgeschlossenheit für die Zukunft passt es in das ernste Bild, dass die arabischen Staaten von ihrem national erwirtschafteten Gesamtgewinn nur 0,5% für die wissenschaftliche Forschung aufbringen – 2,5% sind es durchschnittlich bei den Industriestaaten Westeuropas. Das verheißt auch für die nächste Zeit nicht viel Besserung. Denn die Rückständigkeit hat sich auf die Wirtschaft ausgedehnt. So besagt ein jüngster UNO-Bericht, dass alle 22 arabischen Staaten zusammen kaum ein höheres Bruttoinlandsprodukt erwirtschaften als Spanien, die fünftgrößte Volkswirtschaft Europas. Damit produzieren 40 Mio. Spanier mehr als 300 Mio. Araber. Auch der Entwicklungsstand neuer Techniken kommt nicht voran. Das erweist sich darin, dass ägyptische Ingenieure in dem Zeitraum von 1980 bis 2000 nur 77 Patente in den USA anmeldeten. Aus Südkorea waren im gleichen Zeitraum 16.328 zu verzeichnen. Die Daten zeugen von einer wachsenden Rückständigkeit dieser Staatengruppe, in der sich nicht nur die reichsten Erdölvorkommen, sondern auch Erdölproduzenten der Welt befinden. Zu den negativen Erscheinungen kommt die Arbeitslosigkeit, die zwischen 15 und 20% beträgt, davon sind 60% Jugendliche betroffen. Auf der anderen Seite schätzt man, dass arabisches Kapital in Höhe von etwa 700 Mio. Dollar in Westeuropa und den USA angelegt ist. Offenbar parkt man lieber sein Geld dort, als es zu Hause zu investieren. Alle Appelle arabischer Staaten an die Kapitalflüchtigen, ihre Gelder in die Heimatländer zurückzuführen, blieben erfolglos. Das zeigt das Misstrauen dieser Finanzkreise, ihr Geld im eigenen Land anzulegen. Aus vielen Gründen ziehen sie die Sicherheit im Ausland vor. Die schwierige Situation der heutigen arabischen Staaten vertieft sich auf diese Weise immer mehr

Das Buchwesen im arabischen Mittelalter

Papierproduktion und Buchmarkt ab dem 8. Jahrhundert

Der amüsante und dabei zugleich tiefgründige arabische Schriftsteller ʿAmr b. Baḥr al-Ǧāḥiẓ (777-869), der im irakischen Basra gelebt und gearbeitet hat, verfolgt als verlässlicher Chronist einen historischen Vorgang mit, den er als Autor freudig begrüßt: das Auftauchen des Papiers. Die bisherigen Schreibmaterialien Pergament und Häute kritisiert er dagegen heftig: die Kanten des Pergaments sind ihm zu hart und die Bündel zu schwer. Wenn sie mit Wasser in Berührung kommen, werden sie wertlos. Feuchte Luft macht sie schlaff. Schon bei Regengüssen wirkt sich das negativ aus. An diesen Tagen schreiben die Kopisten deshalb keine Zeile auf solch einem Material. Wenn Pergament einmal feucht wird, kehrt es nur unter starker Schrumpfung und hässlicher Zusammenziehung zum alten Zustand zurück.

Häute zeigen ähnliche Erscheinungen. An feuchten Tagen schneidet deshalb keiner Häute zurecht, um sie als Schreibmaterial zu gebrauchen. Außerdem haben sie einen unangenehmen Geruch, sind teurer als das Pergament; zudem wird man häufig über die Herkunft dieser Häute betrogen: Man lässt sie altern, damit sich der Geruch vermindert und ihre Haare ausfallen. Sie haben viele Knoten und Verdickungen, die sich nicht beschreiben lassen. Deshalb gibt es viel Abfall. Sie vergilben schneller, und auch die gänzliche Verwischung der Schrift beobachtet man häufiger. Wenn ein Mann der Wissenschaft auf Forschungsreise geht, würde eine Kamellast von Häuten kaum ausreichen. Nimmt er dagegen die benötigte Menge Papier mit, dann kann er das bequem mit seinem Proviant verstauen. Darüber hinaus sind die Häute und das Pergament nicht fälschungssicher; auf ihnen kann man Wörter abschaben und Berichtigungen anbringen. Pergament ist teuer, wohingegen das Papier fast keinen Wert besitzt. Der Autor meint, dass man noch Pergament für Urkunden und Verträge benutzt, aber, so ergänzt er ironisch, es erweist sich hauptsächlich als vorzüglicher Flaschenverschluss.[1]

Die Möglichkeit von Fälschungen ruft schon bald die Staatsmacht auf den Plan. Der berühmte Kalif Harūn ar-Rašīd (786-809) verfügt: „Die Leute sollen ab sofort nur noch auf Papier schreiben. Nicht aber auf Häute und dergleichen, wo man wegkratzen, einfügen und fälschen kann. Bei Papier geht das nicht, jedes Wegkratzen führt zu sichtbaren Schäden. Wenn man was entfernt, dann sieht man das."[2] Im Juli 751 hat der arabische Heerführer Zijād b. Ṣāliḥ in der Nähe von Samarkand Gefangene gemacht, unter denen sich auch Papierhersteller befinden. Diese Leute machen die Technik vor Ort heimisch, bald gelangt das Papier auch von dort weiter nach Westen[3], wo Papier bisher auf der Basis von Chinagras und teilweise Baumrinde hergestellt worden ist. Erst die Araber schaffen nun die technologischen Voraussetzungen für eine ökonomische Papierproduktion. Sie setzen erstmalig Wassermühlen ein, um damit Schlagwerke anzutreiben, die das Rohmaterial aus Hadern von Linnen, etwas Hanf, zuweilen auch Baumwolle und etwas Schafwolle maximal zerkleinern und vermischen. Das zerkleinerte und gereinigte Material wird mit Kalkmilch ausgelaugt und gebleicht, dann zerschnitten und in der Papiermühle erneut zerkleinert. Die Masse gibt man in einen anderen Behälter mit Wasser, von dort wird sie in große Schöpfbütten geleitet und so lange geschüttelt, bis sie eine feste Verbindung eingeht. Das geschieht auf einem feinen Drahtsieb. Die Papiermasse kommt auf ein Brett; anschließend wird sie an eine saubere Wandfläche zum Trocknen geheftet. Danach reibt man sie mit einem kleisterartigen Gemisch ein und lässt das Ganze erneut trocknen. Anschließend kommen die Bogen zwischen zwei Bretter, wo sie gepresst werden. Dann behandelt man sie je nach Bedarf noch mit einem Polierstein oder etwas Reisstärke. Fertig ist das Papier.[4]

Die Produktionsstätten breiten sich rasch aus. In Syrien wird Tripolis die wichtigste Stadt der Papierherstellung, im islamischen Spanien die in Andalusien liegende Stadt Šāṭība zum Zentrum der dortigen Papierproduktion.[5] Angesichts der weiten räumlichen Ausbreitung und der unterschiedlichen Nutzung des Papiers gibt es bald verschiedene Sorten. Die beste Qualität ist schneeweiß, geglättet, mit geraden Rändern versehen und in der Farbe alterungsresistent. Der Name dieses Papiers lautet „Bagdad“. Es ist dick, aber biegsam; mit gleichmäßigem Rand. Auf Papier dieser Qualität werden vor allem Koranexemplare geschrieben. Das syrische Papier ist nicht so gut. In Ägypten ist sogar das beste Papier auf der Oberfläche nicht glatt. Überall wird auch ein Einwickelpapier hergestellt für Süßigkeiten, wohlriechende Kräuter, Pulver und dergleichen.[6]

Durch diese neue Dimension des Schreibpapiers bilden sich ganze Berufsgruppen neu, die die vielfältigen Möglichkeiten der Papierver- und -bearbeitung nutzen. Die sich rasch ausbreitende Welle einer „geistigen Produktion“ bringt den Papiermacher als Berufsschicht hervor. Dabei erweist sich, dass diese Papiermacher eigentlich Produzenten von Büchern sind. Denn die Definition ihres Standes besagt, dass sie Papier herstellen, es optimal herrichten und einzelne Blätter zu einem Buch binden. Häufig machen sie auch einen Ledereinband dazu. Weil das weiche Leder für Bücher auch für die Anfertigung von Hauspantoffeln reicher Bürger gebraucht wird, ist es auf dem Markt üblich, dass Bücher und Pantoffeln nebeneinander angeboten werden.

Da dieses Metier in der reichen geistigen Welt des arabischen Mittelalters ein relativ sicheres Einkommen verspricht, begegnen wir mit der Zeit auch Gelehrten, Literaten, Rechtsfachleuten und Philologen, die sich ihren Lebensunterhalt mit der Papierproduktion verdienen. Ein Beispiel dafür ist ein gewisser Abū Qāsim b. Bint Munī', der 929 in Bagdad stirbt. Dieser Papiermacher begibt sich eines Tages mit seinem Großvater zu einem Autor, der ein Buch über die Glaubenskriege des Propheten verfasst hat. Ihn bittet der junge Mann um den ersten Teil des Werkes und schreibt es für sich ab. Als er den Text seinem Vater zeigt, bietet der ihm 20 Dinar, wenn er auch ihm das Werk kopiere. Weitere kopierte Texte verkauft er dann für 10 bis 20 Dinar an verschiedenen Orten. Und wird dadurch reich.[7] Neben dem ökonomischen Aspekt ist diese Episode auch ein Beleg für das allgemeine Interesse an neuen inhaltsreichen Büchern.

Ein anderer Papiermacher berichtet von sich, dass er mit seinem Handwerk 25.000 Dirham verdient habe. Pro Papierseite fordert er 5 Dirham. Mit dem selbst produzierten Papier fertigt er sich einen Band, in den er in drei Nächten die Sammlung eines berühmten Dichters hineinschreibt. Den verkauft er für 200 Dirham. In der Folgezeit bietet er alles an, was geistig gefragt ist. So kann er gut leben und sich Ländereien kaufen. Bedingung für den Erfolg ist natürlich, dass man eine gute Handschrift besitzt, dass man schnell kopieren kann und über glaubwürdige Quellen verfügt. Deshalb ist nicht jeder gleichermaßen erfolgreich. Mancher hat mit der Papierherstellung und dem Kopieren juristischer Werke so viel verdient, dass er sich eine Richterstelle beschafft, damit im Monat 120 Dinar verdient und ein geachteter Mann ist.

In der Bevölkerung genießen reine Papierhersteller allerdings wenig Ansehen. Eigentlich lässt man in dem Metier nur Beschäftigte gelten, die nebenbei Gelehrte oder Studenten sind. Meist widmen sich Rechtsfachleute aller Art diesem Beruf. So wirkt in Bagdad der Jurist und Grammatiker 'Abdallāh al-Marzubānī (gest. 798). Er begibt sich nur zum Gericht oder zur Universität, um 10 Blatt für 10 Dirham zu verkaufen. Meist stammen die Texte aus seinen eigenen Büchern. Damit kann man allerdings nicht reich werden.[8] Hinter dieser Haltung, mit wenig Geld auszukommen und nichts von den Herrschenden anzunehmen, auch keinen lukrativen Posten, verbindet sich bisweilen eine Position, die die Betroffenen auf die kurze Formel bringen: faqrī faḫrī. Übersetzt lautet die Sentenz: die Armut ist mein Stolz. Das ist allerdings nur die Haltung weniger. Andere können sich solch ein Privileg nicht leisten. Vor allem suchen sich dadurch „die Verweigerer" dem Treiben zu entziehen, das weltliche Herrscher praktizieren. Aus einer festen Glaubenshaltung heraus wollen sie sich nicht durch eine Zusammenarbeit mit der Staatsmacht kompromittieren. Das ist sicher nur eine kleine Gruppe, aber sie ist überall im großen Islamreich verstreut. Zu ihnen gehört im fernen Iran Jūsuf al-ʿAṣamm (gest. 957). Von ihm ist überliefert, dass er nur davon lebt, was er gerade mit der Handarbeit der Papierproduktion verdient. Alle darüber hinausgehenden Arbeiten lehnt er ab.[9] Auch Ibn al-Ḫāḏiba (gest. 1096) aus Bagdad gehört dazu. Ihn hat das Hochwasser im Jahr 1074 schwer geschädigt; der gesamte Hausrat und seine Bücher sind vernichtet worden. In seinem Haus lebt noch seine Mutter, seine Ehefrau und eine Tochter. Deshalb stellt er Papier her und fertigt Kopien wichtiger Werke an. Das bedeutende Rechtswerk des Muslim b. al-Ḥaǧǧāǧ (817-875) hat er in einem Jahr siebenmal abgeschrieben, um es zu verkaufen.[10] So tragen diese Fachleute auch zur weiteren Verbreitung wichtiger Werke der Literatur und zum Umlauf von Ideen bei.

Mancher Papierhersteller und Kopist findet bei günstigen Voraussetzungen, die eingangs bereits angeklungen sind, Anstellung in einer öffentlichen oder privaten Bibliothek. Um bei solch einer Einrichtung eine Wirkungsstätte zu finden, muss man, wie es in einer Formulierung heißt, eine schöne Handschrift haben und gutes Arabisch beherrschen. Alle Dialekte und umgangssprachlichen Formen sind im Bereich der Bibliothek streng verpönt. Deshalb gibt es bald eine Art von Empfehlungsliste. Der in Kairo lebende al-Qifṭī (gest. 1248) hat in einem Buch genau festgehalten, wer von den Kopisten bedeutender Werke sich auszeichnet. Über Jaʿqūb an Naḥwī: Seine Methode beim Schreiben gleicht der des al-Baṣrī; die Buchstaben schön gemalt und sehr exakt. Seine Handschrift ist sehr gefragt und bei allen Gelehrten begehrt.[11] Über einen Kopisten in einer berühmten Bibliothek heißt es dagegen, dass er eine gute Handschrift besitzt und lange die Bibliothekarstelle bekleidet hat. Dann aber vermerkt al-Qifṭī, dass er bei genauer Prüfung von dessen Kopien allerlei sprachliche Irrtümer und Fehler bemerkt habe. Der betreffende Kopist ist 1179 gestorben. Aus der kritischen Anmerkung wird bereits im Ansatz deutlich, wie die Fähigkeiten im Umgang mit der Sprache und der Wiedergabe von Wissenschaftstexten allmählich nachlassen. Die Glanzzeit der Papierhersteller und Kopisten liegt in der Zeit bis etwa um das Jahr 1000. Natürlich ist diese Zeitgrenze fließend, doch hebt sie sich ab von den folgenden Epochen.

Ein wichtiges Spezifikum der Periode ist die oft zu beobachtende enge Beziehung eines bedeutenden Autors zu seinem Papierhersteller und Kopisten. Das Verhältnis zwischen beiden ist aufseiten des Letzteren oft dadurch gekennzeichnet, dass er seine Beziehung zum Verfasser im Sinn des Gelderwerbs zu monopolisieren versucht. ʿAmr b. Baḥr al-Ǧāḥiẓ, oben bereits kurz erwähnt, ist einer der gesuchten Autoren seiner Zeit. Er schreibt leicht plaudernd und hat darin wichtige theoretische Fragen eingebaut. Sein umfangreiches Werk „DieTiere“ behandelt an exemplarischen Gegensätzen zwischen Klein und Groß in der Tierwelt solche zentralen wissenschaftlichen Fragen des 21. Jahrhunderts wie Evolution, Adaption und Tierpsychologie.[12] Er ist der Sohn eines Negers und hat hervortretende Augen, worauf sein Name abzielt. Doch dieses vielleicht wenig ansprechende Äußere ist kein Hinderungsgrund, dass er bald zu den bedeutenden Personen seiner Zeit gehört. Seine Kontakte zu einem Minister am Hof des Kalifen sind Beleg dafür. Allerdings zeigt er sich als ungeeignet für eine Funktion in der Verwaltung; nach drei Tagen hat er darauf verzichtet. Wissbegierig nimmt er dagegen alle wichtigen neuen geistigen Tendenzen wie die Übersetzungen aus der griechischen Antike auf. Gegen Ende seines Lebens ist er so berühmt, dass einer der höchsten Beamten des Reiches auf der Rückreise von Indien extra Basra besucht, um den Autor noch einmal lebend zu sehen.

Gelähmt stirbt er 869 in seiner Heimatstadt. Dieser berühmte Autor hat zwei Kopisten. Der wichtigere ist ein gewisser Abū Jaḥjā; in seiner Handschrift findet man frühzeitig „Die Frauen“ und „Die Geizhälse“, zwei Werke des Autors. Auf dem Markt der Papiermacher und Kopisten in Bagdad ist al-Ǧāḥiẓ ein oft gesehener Besucher.

Um 907 gibt es dort mehr als 100 Läden dieser Spezialisten. In ihnen treffen sich Gelehrte und Dichter; erstere suchen meist seltene Bücher. Eine Art von literarischem Klub findet man bei al-ʿAzdī (gest. 844). In seinem Laden pflegt man sich zu Diskussionen und Beratungen über literarische Themen zu treffen. Ein besonderer Anziehungspunkt in dem damaligen Bagdad ist die Straße Ṭāq al-Ḥarānī, westlich des neuen Kanals gelegen. Dort wird mit Büchern gehandelt. Mancher sucht hier nach Kostbarkeiten. So auch einmal der Logiker Jaḥjā b. ʿAḍī (gest. 973). Er ist dort auf die Kommentare zu Alexandros von Aphrodisias[13] und zu einem Werk des Aristoteles gestoßen; der Preis soll beachtliche 120 Dinar betragen. Er eilt fort, um das Geld zu holen. Als er wieder zu dem Buchhändler zurückkommt, muss er miterleben, wie dieser die gewünschten Bücher an einen Mann aus dem fernsten Iran für 3.000 Dinar verkauft. Das weist einerseits auf einen blühenden Handel hin, andererseits ist die Unsicherheit des Preisniveaus ein Problem. Der Büchermarkt ist oft sehr unübersichtlich, weil die Kopisten den Preis jeweils nach Interesse festlegen.

Eine große Hilfe für die Bücherwelt und die Interessenten an Lesestoff ist in dieser Situation zweifellos das Buch des Papierherstellers Ibn an-Nadīm, der 987 eine aktuelle Bibliografie aller vorhandenen Bücher unter dem Titel „Fihrist" (Katalog) verfasst. Über sein Leben ist trotz dieser enormen Leistung wenig bekannt. Ungefähr 937 wird er in Bagdad als Sohn eines Buchhändlers geboren. Er begleitet den Vater öfter auf Reisen.[14] Seine Bibliografie umfasst zuerst nur vier Bücher, denen er später sechs Bücher über das islamische Schrifttum hinzufügt. Mit Nachträgen ergänzt er kontinuierlich das Werk. Sein Todesjahr könnte 998 gewesen sein. Doch ist die Angabe unsicher. Ibn an-Nadīm stellt die wissenschaftliche Literatur seiner Zeit vor, aber auch die Sammlungen zeitgenössischer Dichter. Ebenfalls enthalten sind Unterhaltungsschriften, Liebesromane, Feengeschichten und Abenteuerromane sowie Anstands-, Koch-, Gift-, Jagd- und Sportbücher. Schwanksammlungen, Zauber- und Wahrsagebücher gehören ebenfalls dazu.

Durch ihn erhalten wir einen vollständigen Überblick über den damaligen Büchermarkt und dessen Angebot in Bagdad. Als Buchhändler gibt er verschiedentlich den Umfang manchen Buches an. Er erwähnt ferner berühmte Schreiber; notiert Angaben zur Büchernachfrage, über den Buchhandel und andere Händler auf dem Gebiet.[15] Auch literaturwissenschafliche Abhandlungen baut er ein. Über die frühesten Koranexemplare und die Anfänge der arabischen Forschungen auf dem Gebiet der Grammatik findet man ebenfalls Informationen. Zur Unsicherheit bei der literarischen Bewertung aus historischer Distanz hat er verschiedentlich wichtige Beispiele gegeben, so über ein Buch des berühmten Musikers Isḥāq al-Mauṣilī (gest. 849)[16], „Das große Buch der Lieder". Dieses Buch, so überliefert Ibn an-Nadīm, wird nach dessen Tod von seinem Sohn angefochten, da die Gedichte nicht allein von seinem Vater stammen. Sie seien ihm nur zugeschrieben. Auch seien die meisten Angaben zu den Sängern falsch. Nur die Einleitung sei von dem Vater vorgenommen worden.[17]

Da jede Handschrift auch die Unterschrift des Kopisten trägt, ist im Allgemeinen eine gewisse Verlässlichheit über eine ordentliche Textversion gegeben. Doch folgt manchmal auch eine bewusste Verdrehung von Tatsachen durch handschriftliche Informationen; so auf einer der ältesten Handschriften eines Werkes des Autors al-Mubarrad (gest. 898)[18] Darauf hat sich ein Kopist mit dem Jahr 347 (959) verewigt, in dem er die Abschrift vorgenommen hat. Dann aber findet man darauf die Notiz eines gewissen as-Sairāfī. Darin gibt dieser an, den Text gelesen und korrigiert zu haben. Dieser as-Sairāfī ist ein Kopist der schlimmsten Art. Zum Glück sind er und seine Methode bereits bekannt. Im Fall des hier erwähnten Buches hat er beim Abschreiben stellenweise bis zu drei Zeilen weggelassen. Seine Haltung lässt keine Methode erkennen, die einen Fingerzeig für die Kriterien seiner Kritik geben kann. Denn ohne auf inhaltliche Belange einzugehen, betreibt er sein zerstörerisches Wesen recht willkürlich. In der Forschung ist man bereits früher auf seine üblen Spuren gestoßen. Das ist andererseits wieder ein Hinweis darauf, dass offenbar selten so vorgegangen worden ist.

Bedeutsame und wissenschaftlich profilierte Kopisten sind nicht häufig. Vor allem in der großen Epoche der islamisch-arabischen Kultur wirkt diese Berufsgruppe in viele unterschiedliche Richtungen, die von der Entwicklung einer eleganteren Schriftform bis zu der Schaffung wissenschaftlicher Werke reichen. Der bereits erwähnte Ibn an-Nadīm berichtet in seinem Werk, dass es bisher eine alte verbindliche Schriftform gegeben hat. Um 750 tauchen dann im Irak Koranexemplare mit einer neuen Schrift auf. Nach dem Entstehungsland nennt man diese Schrift „Iraqi". Sie wird von Kopisten weiter entwickelt, bis zur Regierungszeit des Kalifen al-Ma'mūn (reg. 813-833) erhält sie ihre volle Ausformung. Dabei wissen wir heute, dass es damals eigentlich zwei Schreibschriften gegeben hat. Das Arabisch für den Koran hat eine steifere Ausformung, während die Kopisten für andere Werke eine elegantere Schreibart wählen. Daraus hat ein Gelehrter, der gleichzeitig Minister ist, die arabische Kalligraphie geschaffen. Sein Name lautet Ibn Muqla (886-940). Er ist zunächst Steuereinnehmer und erhält schließlich 928 ein Ministeramt. Nach zwei Jahren wird er aufgrund von Intrigen des Polizeipräfekten abgesetzt und nach Persien in die Verbannung geschickt; sein Haus zündet man an. 932 erhält er seinen früheren Ministerposten wieder, doch sein alter Feind intrigiert erneut gegen ihn, sodass er sich nur durch die Flucht retten kann. Den Ministerposten bekommt Ibn Muqla später noch einmal, doch 938 ist es endgültig vorbei. Der Gelehrte wird verstümmelt und ins Gefängnis geworfen, wo er auch stirbt. Ihm kommt das eigentliche Verdienst zu, die schönste Schreibform als Vorbild für nachfolgende Kopisten geschaffen zu haben.

Die Kopisten greifen solche Tendenzen gern auf und entwickeln sie individuell weiter. Ein anerkannter Philologe ist der Kopist Ibn Tūzūn (gest. 966). Er lebt in Bagdad und ist mit einem Schriftsteller verbunden, dessen Werke er vor allem kopiert. Er besitzt eine sehr genaue, gut lesbare Schrift; vor allem bei Werken der schönen Literatur ist er bemüht, die Form der Schrift dem Thema anzupassen. Der Kopist Ibn Ḥabīš (gest. 954) lebt zunächst ebenfalls in Bagdad und begibt sich später nach Kairo, wo seine Fähigkeiten höchste Beachtung finden. Er hat sich auf das Kopieren bestimmter Autoren spezialisiert. Einer von ihnen ist der große Philologe aẓ-

Ẓāfir (gest. zirka 923) – bezeichnenderweise verdient er sich eine Nebeneinnahme als Glasschleifer – Hauslehrer in den Familien hochgestellter Persönlichkeiten, der später zum Sekretär des Ministers aufsteigt. Er schreibt vor allem Bücher zu philologischen Fragen wie zur Etymologie sowie zu den Reimwörtern. Für seine Bücher erhält er als Anerkennung vom Kalifen 300 Dinar.[19] Der Name des Kopisten Ibn Ḥabīš findet sich auch auf einer Schrift, die den Besitzvermerk einer Bibliothek trägt. Es handelt sich um einen Herrscher in Ägypten, aẓ-Ẓāfir, der von 1149-1154 regiert. Die Handschrift aber wandert nach Marokko, wo sie in einer Kleinstadt-Bibliothek im Süden des Landes auftaucht; heute befindet sie sich in der öffentlichen Bibliothek der Hauptstadt Rabat. Solche Schicksale von Handschriften sind auch heute noch zu beobachten.

Ein weiterer bedeutender Kopist und Gelehrter ist Aḥmad b. ʻAḫī, der 943 stirbt. Seine Schreibweise ist wegen ihrer Genauigkeit und Exaktheit unter späteren Kopisten sehr gefragt. Schönheit ist dabei nicht sein Ziel gewesen, sondern das Beachten aller sprachlichen Regeln. Neben seiner Schreibtätigkeit ist er auch noch Rechtsgelehrter. Deshalb auch haben sich viele Fachleute aus diesem Gebiet ihn als sicheren Überlieferer gewählt. In dem bedeutenden Werk des Ibn an-Nadīm wird dieser Kopist mehrfach als wichtiger Zeitgenosse und Fachmann erwähnt.[20]

Einer der bedeutendsten Kopisten und Papierhersteller im mittelalterlichen Arabien ist al-Farrā'(gest. 822), der lange in Bagdad gelebt hat, obwohl er eigentlich iranischer Herkunft ist.[21] Er zählt zu den aufgeklärten Geistern. Stets zum Kopieren bereit, ist sein Arbeitsplatz in der Moschee dicht bei seinem Wohnsitz. Seine Spezialität besteht darin, auch Diktate von Gelehrten flüssig aufzuzeichnen. Dabei erweisen sich erst seine großen Fähigkeiten. Eines Tages wird ihm übermittelt, dass man in Ministerkreisen bei einer nächtlichen Diskussion mit Literaten auf eine Unklarheit in einer Koranstelle gestoßen sei. Man bittet den Kopisten und Gelehrten um eine Lösung des Falles. Er befindet sich gerade in seiner Moschee, wo ein gläubiger Mann das Gebet praktiziert. An ihn wendet sich al-Farrā' und bittet ihn, die erste Sure des Koran zu rezitieren. Aus dem Stegreif verfasst er dazu einen Kommentar. Das setzt sich bei weiteren Suren fort, sodass er bald eine Schrift zusammenhat, die alle wesentlichen Erläuterungen zu dem heiligen Buch enthält. Solche Fähigkeiten der unmittelbaren Koranexegese hat kaum einer nach ihm.

Manch einer will ihn aber auch nur auf die Probe stellen. So wenden sich Anhänger und Freunde des bekannten Grammatikers und Koranlesers al-Kisā'ī (gest. 805), der es in Bagdad bis zu einem Erzieher der Prinzen bei Hof bringen soll, an den jungen al-Farrā'und bitten ihn, ihnen doch einiges über die Grammatik zu erzählen. Ihre Hoffnung ist, dass dabei nichts herauskommt und sie ihn bloßstellen können. Drei gemeinsame Beratungen finden statt, wobei die Besucher über die Gelehrsamkeit des Kopisten immer mehr ins Staunen geraten. Da seine Zuhörer zu guter Letzt ganz ausbleiben, widmet sich al-Farrā' in den nächsten 16 Jahren der Publikation von Schriften zur Grammatik. In allen seinen Büchern hat er eine Neigung zu philosophischen Erörterungen; auch gebraucht er explizit philosophische Termini. Er stirbt 822 auf der Pilgerfahrt nach Mekka. Bücher von ihm haben einen hohen Wert. Für fünf Blatt zahlt mancher einen Dinar.[22] Seine hinterlassenen Schriften tragen Titel wie „Die allegorischen Ausdrücke im Koran", „Die Sprachen", „Das Ende und der Beginn". Wichtige Gelehrte sind seine Partner.

Einer von ihnen ist der Philologe Ibn Qādim (gest. 251). Er ist der Erzieher eines Prinzen, der ohne Wissen des Gelehrten zum Kalifen erhoben wurde; Ibn Qādim war davon ausgegangen, dass der ältere Bruder zum Kalif bestimmt werden würde, nicht sein Schüler. Das hat man dem Kalifen hinterbracht, der das aus Unwissen entstandene Verhalten als mangelnde Loyalität ansieht und daraufhin den Gelehrten hart bestraft. Ibn Qādim hinterlässt das Buch „Alles über Grammatik". Zu den mit al-Farrā' zusammenarbeitenden und im irakischen Kufa ansässigen Gelehrten gehört auch Ibn 'Aṣim, der sehr zuverlässig bei der Überlieferung von Texten ist und deshalb besonders diesen Kopisten schätzt. Einen anderen will er nicht. Zu seinen eigenen Büchern gehört „Schwierigkeiten der Grammatik".[23]

In manchen Familien vererbt sich das Handwerk des Kopierens und der Papiergestaltung, so auch bei dem Gelehrten Ibn Sikkīt und dessen Sohn. Eigentlich ist Ibn Sikkīt durch den vorher erwähnten al-Farrā' zur Grammatik und Genealogieforschung gekommen. Denn als 805 der berühmte al-Kisā'ī gestorben ist, haben dessen Anhänger ganz verstört al-Farrā' aufgesucht und ihn gebeten, sich an ihre Spitze zu stellen. Dazu ist dieser nicht sogleich bereit. Er befragt sie nach ihren Vorfahren, woher sie stammen, wer ihre Ahnen und Urahnen sind. 30 Tage examiniert al-Farrā' sie auf diese Weise, denn er will sich Klarheit über ihre Herkunft und ihre Fähigkeiten verschaffen. Unter den solcherart Examinierten ist auch Ibn Sikkīt. Ihn bezeichnet al-Farrā' nach dieser Aktion als den besten. Er ist der einzige, der richtige Fakten nennen kann, wenn er auch in kleineren Fragen einige Ungereimtheiten zeigt. Später wendet er sich auch nach Basra. Sein Hauptgebiet ist die arabische Sprache. Sein Sohn Ja'qūb setzt die Arbeit fort und konstatiert, dass er mehr über die Grammatik weiß als sein Vater. Dafür sei dieser besser in

Fragen der Dichtung und der Sprachwissenschaft. Seine speziellen Kenntnisse hat er von den Grammatikern in Kufa erhalten. Dazu kommen Kenntnisse über den Koran und die Dichtung. Um sich sprachlich zu vervollkommnen, begibt er sich von Kufa aus zeitweilig zu den bei der Stadt lebenden Beduinen. Sie stehen in dem Ruf, das reinste Arabisch zu pflegen. Vor allem will er von ihnen erfahren, ob die in den Büchern dargestellten Behauptungen zur Beduinensprache auch wirklich stimmen. Er sieht sich als gläubigen Muslim und kann seine Ideen geschickt vortragen, deshalb wird auch der Kalif auf ihn aufmerksam. Er begibt sich in die Kalifenstadt Bagdad und wird dort Prinzenerzieher. Doch fällt er bald wegen seiner schiitischen Überzeugungen in Ungnade, sodass der Kalif ihn von seinen türkischen Garden 857 tottreten lässt.[24] Sein Sohn kommt später zum Kalifenhof. Ja'qūb hinterlässt Bücher wie „Die Wörter" und „Sprichwörter".[25]

Ein weiterer bedeutender Sprachgelehrter ist Nifṭawaih (geb. 856)[26], der sich auf die Texte des erwähnten Mubarrad und anderer stützt. Weiterhin nutzt er Quellen aus dem Umkreis des gegen 845 verstorbenen Geschichtsschreibers und Literaten al-Madā'inī. Er selbst ist in der Lebensführung ohne jeden Tadel und in seiner Konversation geschickt und freundlich. Sein Arbeitsplatz ist in Bagdad in der Moschee al-Anbār, dort hält er sich auf bis zum Mittagessen. 935 stirbt er und wird in der Nähe des Kufa-Stadttores begraben. Von ihm überliefert sind unter anderem die Schriften „Die Geschichte", „Sonderbares im Koran", „Zufriedensein in der Grammatik".

Zu den Gelehrten in Kufa gehört auch Ibn Sā'ib (gest. 746). Seine besonderen Leistungen betreffen die Gebiete der Koranexegese und Geschichte. Daraus leitet er auch die Genealogien ab. So untersucht er die besonderen Verhältnisse genealogischer Art bei dem sagenumwobenen Stamm der Kinda, der in Südarabien siedelt. Diese Forschung ist ein Teil der geschichtlichen Untersuchungen. Denn die Quellen zu dem Themenkreis sind schwach und schwierig zu beschaffen. In diesem Sinne ist er ein Fachmann für ein noch in Entwicklung befindliches Forschungsgebiet, die Ethnologie. Er verstirbt in Kufa und hinterlässt ein Buch mit dem Titel „Erläuterungen des Koran".[27]

Ein besonderer Gelehrter und Kopist ist Mufaḍḍal aḍ-Ḍibbi. Geboren im irakischen Kufa, kopiert er Ibn Kūfi und al-Jūsifi und bemüht sich um maximale Bildung in seiner Vaterstadt. Doch wäre ihm beinahe ein schweres Unglück passiert. Denn 762 erhebt sich die schiitische Opposition gegen das Kalifat in Bagdad. Der offene Aufstand beginnt in der heiligen Stadt Madina und breitet sich rasch nach dem Irak aus. Basra, die Schwesterstadt von Kufa, ist ebenfalls betroffen. Auch in Kufa bewegen sich bald die rebellischen Geister, zu denen al-Mufaḍḍal gehört. Er gerät sogar in Gefangenschaft, wird allerdings begnadigt und dem Prinzen als Lehrer und Unterhalter beigegeben. Für diesen stellt er seine umfassende Gedichtsammlung zusammen, 128 Stück. Für Grammatik und schwierige Fragen der Wortbildung hat er kein Interesse. Er stirbt um das Jahr 786.[28]

Sein Schüler ist ʿAmr aš-Šaibānī, der sich dem Beduinenstamm der Banū Šaibān und anderen angeschlossen hat, um alte Gedichte zu sammeln. Mehr als 80 Stämme bezieht er in seine Untersuchungen ein. Um ordentlich unter ihnen leben zu können, unterrichtet er bisweilen die Beduinenkinder. Dabei kommt er mit dem Arabisch in seiner reinsten Form in Berührung, das weckt sein Interesse. Jede der Sammlungen aus einem Stamm deponiert er in der großen Moschee von Kufa. Das ist ein wichtiger Punkt seiner wissenschaftlichen Beschäftigung. Zudem sammelt er unter seinen Zeitgenossen noch überlieferte Aussprüche des Propheten, sodass er auch auf diesem Gebiet eine Autorität wird. Er verstirbt hoch betagt 821 und hinterlässt unter anderem ein großes lexikalisches Sammelwerk über die arabischen Dialekte.[29]

Ibn Aʿrabī, 767 in Kufa als Sohn eines Sklaven aus dem indischen Sind geboren, wird bald freigelassen, da er über ausgezeichnete Geistesgaben verfügt, obwohl er fast zehn Jahre kein Buch angerührt hat. Trotzdem sammeln sich um ihn in der großen Moschee der Stadt die Massen, wenn er spricht. Alle Fragen kann er sofort beantworten. Sein besonderes Wissensgebiet ist die Dichtung. Da er über ein ausgezeichnetes Gedächtnis verfügt, hat er alle Texte sofort parat. Auch hat er ein gewisses Interesse für die Traditionen des Propheten. Er verstirbt mit 81 Jahren im Jahr 844.[30] Sein wichtigster Schüler ist Ṯaʿlab, ebenfalls Kopist und Gelehrter, der ihn gut zehn Jahre begleitet hat. In seiner Jugend ist er einmal dem Kalifen Maʿmūn (786-833) begegnet, als dieser 820 auf dem Weg von Persien durch die Stadt Kufa gekommen ist, um zu der alten Wüstenstadt ar-Ruṣāfa am Euphrat zu reisen. Diese Erinnerung hat er sich bis ins hohe Alter bewahrt. Im Mittelpunkt seiner Studien, die er mit 25 Jahren abgeschlossen hat, stehen Dichtung und Sprache, vor allem die Grammatik. Auch kann er ab dieser Zeit in der Gegenwart seines Lehrers die schwierigsten Erläuterungen zu Gedichten unter sprachlichen Gesichtspunkten vortragen. Er kopiert ebenfalls und bevorzugt die Schriften des Ibn al-Kūfī. Mit seinen Freunden sitzt er oft zusammen, dann sind die Gegenstände Grammatik, Sprachfragen, Annalen, Koranformulierungen und Dichtung. 904 verstirbt er in seiner Heimatstadt. Man begräbt ihn in der Nähe seines Hauses am syrischen Stadttor. Sein

Hauptwerk ist eine umfassende Grammatik. Auch über die Differenzen der Grammatiker hat er Schriften hinterlassen.

Sein wichtigster Schüler ist al-Anbārī, der sich ebenfalls der Philologie zugewandt hat. Sein Vater hat ihn bereits unterrichtet, doch überragt er wissenschaftlich bei weitem seinen Vater durch Klugheit, schnelle Auffassungsgabe und Zuvorkommenheit gegenüber den Erfahrenen und Gebildeten. Beispiellos ist er im schnellen fachlichen Reagieren. Während andere in der Lage zu Heft und Buch greifen, liefert er alle Fachkenntnisse aus dem Stegreif. Er lebt in strenger Askese, seine ganzen Fähigkeiten gelten der Wissenschaft. Er verstirbt 940 und wird bei seinem Haus begraben. Seine wichtigen Schriften sind „Gegensätzliches in der Grammatik". Auch stellt er Gedichtsammlungen berühmter Poeten der islamischen Frühzeit zusammen.[31]

Einer der Kopisten und Gelehrten ist auch ʿUmar az-Zāhid; eigentlich ein Schüler des Ṯaʿlab. Auch er fällt durch seine gewaltigen Gedächtnisleistungen auf, was viele Neider zu bösartigen Angriffen verleitet. Wissenschaftlich ist er äußerst produktiv. So verfasst er ein Buch mit dem Titel „al-Jāqūt" (Saphir) und trägt es in einer Moschee seiner Stadt Kufa vom Dhu Qaʿda 941 bis Rabi Achar 943 mit Erläuterungen vor. Hörer können mitschreiben. In seinem Haus in der Abū al-ʿĀnbar Gasse bestätigt er dann jedem die Richtigkeit des Eingetragenen. Er stirbt mit 86 Jahren im Jahr 957 und hinterlässt unter anderem das „Buch der Zehn", gemeint sind jeweils zehn Wörter mit gleichem Anfang, die er etymologisch untersucht hat.[32]

In Bagdad beginnt die Schule der Gelehrten und Kopisten mit Ibn Qutaiba, der wahrscheinlich iranischer Abstammung ist. In Kufa 828 geboren, ist er eine Zeitlang außerhalb Richter und zieht sich dann nach Bagdad zurück. Seine Lehrer sind zahlreich. An erster Stelle steht az-Zijādī, der ein großer Grammatiker ist und selbst wichtige Lehrer hat. Er verstirbt 863. Ganz anders steht es mit einem weiteren Lehrer, Ibn Rāhwīja. Denn dieser vertrat die Fächer religiöse Traditionen und Recht. Er verstirbt 855. So ergeben sich verschiedene Anregungen für Ibn Qutaibas späteres Schaffen. Dabei ist er nicht nur Grammatiker, sondern reflektiert fast das gesamte Wissen seiner Zeit, inbegriffen die Informationen für die sich immer mehr ausbreitende Schreiberkaste. Denn auf jeder Ebene des Staates gibt es nun viele Schreiber, die alle Dinge zu registrieren und zu bearbeiten haben. Auch mit religiösen Fragen muss er sich auseinander setzen, da Gegner ihm Unglauben zu unterstellen suchen. Dagegen schreibt der Vielbeschäftigte eine Abhandlung, um sich von allen Vorwürfen zu befreien. Doch hat er in seinem wichtigsten Werk, „Die Bildung des Schreibers", einen zehn Kapitel umfassenden Katalog vorgelegt, der über Krieg, Herrschaft, Adel, Charakter, Wissenschaft und Beredsamkeit, Askese, Freundschaft, Bitte, Speisen und Frauen reflektiert. Dabei benutzt er eine aufgelockerte Form der Darstellung und streut auch Gedichte ein, Beispiele aus der Geschichte und fromme Sprüche. Damit hat er gleichzeitig eine Form geschaffen, die für viele Zeitgenossen neu ist und ebenfalls kopiert wird. Drei Kommentare gibt es dazu.[33] Alle seine Bücher sind nützlich und anregend. Das gilt auch für sein Buch „Die Quellen der Nachrichten". In dem vierbändigen Werk gibt es einen Abschnitt, den er mit dem Begriff „as-Sulṭān" überschrieben hat. Gemeint ist damit die Staatsmacht und der Träger derselben. Damit hat er die Spitze des Staatsapparates fixiert. In der weiteren Rangfolge nach unten kommen bei ihm die Statthalter. Dann aber ordnet er schon die Schreiber und Sekretäre ein. Erst nach ihnen platziert er die Richter.[34] In dem Abschnitt über die Schreiber beginnt er mit Aussprüchen des Propheten über das Schreiben und die Feder. Darunter ist auch das Prophetenwort: „Steck die Feder hinter das Ohr, das erinnert dich an das Diktat".[35] Dann folgen die ersten Kalifen nach dem Tod des Propheten mit ähnlichen Bemerkungen. Daraufhin zitiert er Zeitgenossen, die das Schreiben würdigen. Zahlreiche Gedichte zum Lob der Feder beschließen den Abschnitt.[36] Damit deutet sich eine wachsende Bedeutung der Schreiber im politischen Leben an. Ibn Qutaiba ist ein rastlos tätiger Mensch und hat eine große Anzahl von Büchern verfasst, insgesamt sollen es etwa 60 sein, die sich nicht alle erhalten haben. Doch sind alle sehr umfangreich. So umfasst das Buch über das Pferd 46 Kapitel; und das Buch „Die Winde" zählt 31 Kapitel. Spätere Gelehrte stehen fassungslos vor seiner umfassenden und wertvollen geistigen Produktion und gehen davon aus, dass er um die 300 Werke geschrieben haben müsse. Er verstirbt 884.[37] Er selbst hat sich auch als Kopist und Weitervermittler von Texten verstanden; andere haben wieder von ihm kopiert. Das beginnt schon mit seinem Sohn Aḥmad. Dazu kommt noch der Perser Ibn Durustuwaih. (gest. 956)[38]

In ähnlicher Weise wird der Gelehrte und Kopist ad-Dīnawarī berühmt. Er stammt aus der Ortschaft Dīnawar, die in der persischen Südregion liegt und politisch zum Irak gehört. Bekannt wird ad-Dīnawarī durch seine wissenschaftliche Vielseitigkeit, wozu Grammatik, Sprache, Geometrie, Mathematik, Geschichte und Astronomie gehören. Zum Zweck astronomischer Beobachtungen begibt er sich im Jahr 850 nach Iṣpahān; die Erkenntnisse, die er dabei gewonnen hat, legt er später in einem Buch dar. Die längste Zeit verbringt er in seiner Vaterstadt. Dort erbaut er auch eine Art von Observatorium, das noch 946 der berühmte Astronom ʿAbdarraḥman aṣ-Ṣūfī (gest. 986) besichtigen kann.[39] Wissenschaftlich geht er systematisch und logisch vor.[40] Eines der wichtigsten Bücher, die sich uns erhalten haben, ist „Das Buch der langen Nachrichten“. Was sind für ihn lange Geschichten und Nachrichten? Ihn interessieren vor allem die Geschehnisse in seiner Heimat Persien. Er beginnt mit Alexander dem Großen und geht dann über zu den Herrschern, die vor den Muslims im Iran regierten, den Sāsāniden. Dabei erwähnt er auch das erste Eindringen der Araber.[41] Fast keine Rolle spielt bei ihm der Prophet Muḥammad und dessen Leben. Doch die ersten Schlachten mit den vordringenden Arabern werden ausführlich erwähnt.[42] Die Entscheidungsschlacht bei Qādisija, in der 636 das Sāsāniden-Reich von den siegreichen muslimischen Heeren vernichtend geschlagen wird, umfasst dagegen bei ihm nur sechs Seiten. Der langwierige Bürgerkrieg in der islamischen Gemeinde nach dem gewaltsamen Tod des Kalifen ʿUṯmān 656 nimmt hingegen wieder großen Raum ein. Auch dabei ist seine geschickte Sichtweise interessant. Denn die Beteiligung der sich neu etablierenden Macht der Umajjaden-Dynastie am Bürgerkrieg findet kaum Beachtung, dafür behandelt er fast alle früh-schiitischen Aktionen ausführlich. Da gibt es den folgenschweren Tod des Prophetenenkels Ḥusein,[43] die Revolte der Azraqiten[44] und der Aufstand des Muḫtār (296-314). Sehr ausführlich geht er auf die Frühzeit der neuen Dynastie der Abbasiden ein – diese Passagen gehören zum wichtigsten Teil seines Werkes, womit er etwas Licht in die bewusst von den neuen Herren verschleierte Periode bringt.

Auf diese Weise ist ein sehr originelles Geschichtswerk entstanden, das sich nicht wie bei anderen arabischen Historikern auf die Darstellung der zeitlichen Ordnung der Jahre orientiert. Indem er sich von der Jahresfolge abwendet, hat er fast eine literarische Art von Geschichtsschreibung[45] geschaffen und dabei beachtliches Talent bewiesen. Denn das Dramatische der Geschichte tritt hervor, zumal er eine geradezu aktuelle Sicht auf manche Geschehnisse bietet. Auch bei der Behandlung des Stoffes zeigt er technisch neue Züge, da er nicht wie die anderen Historiker der arabischen Welt bei den Quellenangaben auf den letzten Gewährsmann eingeht. Nein, diese Verbindung taucht kaum vollständig auf, auch führt er oft seine Quellen gar nicht an. Ganz sicher hat er jedoch bei der Geschichte der Sāsāniden originale persische Quellen benutzt, worin der besondere Wert dieser Darstellung besteht. Er baut längere persische Passagen in sein Buch ein und beweist, dass er diese Sprache gut beherrscht. Auch ein Pflanzenbuch hat er verfasst, das uns leider nicht vollständig vorliegt, sondern nur in Zitaten späterer Gelehrter. Wir wissen aber, dass er bei der Erarbeitung dieses Buches ebenfalls um Neues bemüht ist. Denn er hat fast den gesamten Nahen Osten bereist, auch kommt es ihm auf mündliche Auskünfte über die Pflanzen an. Die Reiseroute beginnt mit Mesopotamien, dann sucht er die Pflanzen um Madina, daran schließt sich Oman an und die Region des Persischen Golfes.[46] Es sind ursprünglich sechs Bände gewesen, die diese Stoffmenge enthalten haben. Aus den Beschreibungen der späteren Autoren wissen wir, dass er für alle Pflanzen bereits eine Art wissenschaftlicher Terminologie benutzt hat, oft hat er Beduinen in der Wüste zu den Namen befragt. Dazu baut er zu den Begriffen Belegverse aus der Dichtung ein und verbindet damit oft linguistische und historische Untersuchungen. Die Pflanzen klassifiziert er in zwei Gruppen. Zum einen schildert er die Bodengestalt Arabiens, Wetter- und Wasserverhältnisse sowie deren Auswirkungen auf den Pflanzenbau. Zum anderen teilt er die Pflanzen in drei Gruppen: angebaute Nährpflanzen, wilde und Pflanzen mit essbaren Teilen. Jede Pflanze stellt er nach dem Standort, der allgemeinen Beschaffenheit und ihrer Verwertbarkeit vor.[47] Auch mit diesem Buch scheint er neue Wege gegangen zu sein. Zwar steht er im Ansehen seiner Zeit nicht ganz auf einer Stufe mit Ibn Qutaiba, trotzdem zählen die Späteren ad-Dīnawarī zu den Klassikern.[48] Dabei hat er neue Fachgebiete wie die Geschichte für die Literatur erschlossen und dabei seine Zeitgenossen weit hinter sich gelassen. Auch sein Pflanzenbuch ist bei der Nachwelt höchst populär. Damit hat er weit in die Zukunft gewirkt. Seine Lebensdaten sind ziemlich umstritten, doch hat sich als Datum für sein Ableben das Jahr 895 ergeben.

Das Postwesen

Zwei zentrale Bereiche des Staates haben durch die neue Papierproduktion und die damit gegebene höhere Sicherheitsgarantie besondere Vorteile. Das ist zum einen das Postwesen, zum anderen betraf das die staatlichen Kanzleien auf allen Ebenen. Deshalb sind sie hier zu behandeln. Unter Post hat man damals etwas ganz anderes verstanden als heute. Denn diese Einrichtung existiert nur für die Regierenden und bezieht sich auf geheime Berichte vor allem aus den Provinzen. Hier steht die Frage der sicheren Übermittlung besonders im Vordergrund. Die Anfänge solcher Postunternehmen liegen noch vor der Einführung des Papiers. Denn Muʿāwija (gest. 680), der Begründer der Umajjadendynastie, die in Damaskus residiert, hat kaum seine Macht gefestigt und seine gefährlichsten Gegner ausgeschaltet, als er an die Errichtung einer Postverbindung geht, „um schnelle Nachrichten aus allen Teilen seines Reiches zu erhalten".[49] Um diese Maßnahme vorzubereiten, holt er persische Grundbesitzer und einstige byzantinische Verwaltungsleute ins Land. Sie alle leben jetzt in dem von den Arabern eroberten Gebieten, um ihre Erfahrungen für den Aufbau zu nutzen. In beiden früheren Großreichen hat es offensichtlich bereits solche Einrichtungen gegeben. Von ihnen lässt sich Mu'āwija nunmehr eine Postorganisation aufbauen. In dem Zustand besteht sie fort, bis die Verbindungen aus dem Iran abbrechen. Um 750 endet die Umajjadenherrschaft. Die neuen Herren haben ihren Sitz in Bagdad und nennen sich Abbasiden. Auch sie sind viel zu sehr mit den inneren Machtkämpfen befasst, um sich dem Aufbau einer Post zu widmen. Erst unter dem Kalif al-Mahdī (reg. 775-758) sieht man dafür eine Notwendigkeit, da er einen Krieg mit Byzanz begonnen hat und schnell informiert werden will, was an der Grenze geschieht. Deshalb schafft er eine Postverbindung zwischen Bagdad und seinem Sohn Hārūn ar-Rašīd, der an der Grenze steht.[50] Als Letzterer im Jahr 786 die Macht übernimmt, hört er auch seine Berater zur Frage einer Post. Inzwischen hat sich das Papier durchgesetzt. Man ist sich einig, dass eine Post die Effektivität der Macht erhöht. So beschließt der Kalif deren Aufbau. Man hält sich an das Modell der früheren Dynastie. Maultiere werden an bestimmten Stationen stationiert; Zugang zu den Informationen hat nur der Kalif und der Herr der Nachrichten. In den Provinzen sitzen vertrauenswürdige Personen, die Nachrichten sammeln oder vom Herrscher Meldungen erhalten, die Posthalter. Besonders muss solch ein Posthalter auch auf die örtlichen Steuereintreiber achten, damit sie nichts in die eigene Tasche stecken. In einem Gedicht aus dieser Epoche klagt der Poet über die Höhe der Abgabe, 70% des Einkommens, und führt an, dass man bei dem Steuereinnehmer die Listen fürchten muss, in denen man steht.[51] So blieben die Verhältnisse bis zur Regierung des Kalifen al-Ma'mūn (reg. 813-833), der gerade in Byzanz Krieg führt und sich in einer Rastpause an dem Flüsschen al-Birḍaun erfrischt. Das Wasser schmeckt ihm so gut, dass er alle Postmaultiere umfunktionieren lässt, weil sie nun das Wasser nach Bagdad zu transportieren haben. Offensichtlich wundern sich viele über diese Maßnahme. Ihm liegt offensichtlich wenig an der Postverbindung. Die alte Form der Post setzt sich indes nach seinem Tod fort.

Die Routeneinteilung für die Postbeförderung ist nach einem einheitlichen Maßstab reglementiert. Die längste Maßeinheit nennt sich Farāsaẖ. Deshalb lautet die Poststrecke von Bagdad nach Mossul: Von Bagdad nach al-Bardān vier Farāsaẖ; nach 'Ukbarā fünf Farāsaẖ; nach Bāḥmšā drei Farāsaẖ; nach al-Qādisīja sieben Farāsaẖ und weitere neun Poststationen.[52] Insgesamt gibt es 139 solcher Postrouten. Die Kosten für die Tiere und die

Postmitarbeiter aller Art betragen jährlich 159.100 Dinar.[53] Daran erweist sich nochmals das frühere persische Vorbild, denn im Persischen lautet der Begriff Parasangen. Farāsah̲ ist das Maß der generellen Entfernungen zwischen den Poststationen; gewisse Änderungen treten ein, wenn an dem gewünschten Punkt ein Dorf oder ein Gewässer liegt. Dieses längste Maß gliedert sich in drei Meilen; jede Meile in 3.000 Ellen. Mit der Post werden sogar kleine Truppenteile geschickt, die Beförderung von Gepäck für die Bedürfnisse des Hofes und der Regierung geschieht ebenfalls auf diesem Weg. Als Posttiere kommen neben Pferden auch Maultiere und Kamele zum Einsatz. Der Oberste Postmeister erhält allmählich die Funktion des höchsten Aufsichtsorgans über die Provinzbeamten, eine Tätigkeit, die auch in gehässige Spioniererei ausarten kann.

Eine weitere Beförderung von Nachrichten geschieht zu dieser Zeit mit Brieftauben. Bereits unter dem Kalifen al-Mahdī (reg. 775-785), der keine Post auf dem Landweg aufgebaut hat, beginnt man mit dieser Postart. Zu der Zeit hat sich im irakischen Basra eine Taubenzucht entwickelt, die das Projekt sehr erleichtert. Die Preise für solch ein Hochleistungstier steigen durch die Nutzung auf gewaltige 700 Dinar. Für Tauben, die aus Istanbul kommen, zahlt man sogar 1.000 Dinar. Man verfügt jetzt auch über richtige Aufzeichnungshefte mit den entsprechenden Stammbäumen. Ein Pärchen der besten Tiere kann bei seinem Verkauf so viel erbringen wie ein Landgut, sodass man damit den Lebensunterhalt einer Familie bestreiten, Schulden bezahlen, sich von ihren Erträgen und Preisen schöne Häuser bauen und einträgliche Läden kaufen kann. Für den Kalifen Nāṣir (reg. 1180- 1225) verfasst Ibn Mulā'ib al-Farāwis ein Taubenbuch, worin er die Anatomie, die Farbspiele des Gefieders, die besonderen Eigenschaften und die Leistungen bei der Bewältigung der Entfernungen darstellt. Auch seltene Begebenheiten, die mit Tauben passiert sind, kommen darin vor. Dieses Buch wird später ergänzt durch die Schrift eines Juristen. Die Taube, die 1.000 Dinar gekostet hat, ist von Istanbul nach Basra geflogen. In Ägypten startet eine Taube in Gegenwart des Oberrichters des Landes und trifft in kurzer Zeit in Basra ein. Diese Nützlichkeit schneller Meldungen ist offensichtlich sehr überzeugend. Denn dieser Einsatz verbreitet sich rasch weiter. Der Regionalherrscher von Mossul, az-Zangī, übernimmt diese Postform im Jahr 1170. Sie verwenden 969 die Fatimiden in Ägypten und richten sogar einen besonderen Diwan, eine hohe Verwaltungseinheit, für Tauben ein. Auch erstellen sie ganze Text-Sammlungen über diese Tiere.

In den Kanzleien der Kalifen hat man in der Frühzeit des Kalifats, das heißt noch vor der Erfindung des Papiers, das Pergament benutzt. Dabei spielt die Größe des Bogens die entscheidende Rolle. Für Mitteilungen an Staatsoberhäupter anderer Länder nutzt man von dem Bogen des Pergaments zwei Drittel. An die Fürsten schicken die Kalifen die Hälfte desselben. An die Statthalter kommen die Schreiben in Form von einem Drittel. An Händler und dergleichen beträgt die Größe ein Viertel. Das kleinste Stück bekommen Rechnungsführer auf lokaler Ebene, ein Sechstel. Aus diesem Muster leitet man später ein ähnliches Verfahren ab; nun geht man allerdings von Papierbogen aus. Auf solch einem Bogen, der meist in der Breite eine Elle beträgt, schreibt man für die Kalifen die Eidesformel für ihre Inthronisierung. Diese Art des Papiergebrauchs bleibt in dieser Form das gesamte Mittelalter hindurch an der Staatsspitze bestehen. Das technische Problem ist, dass die Papiergrößen in Bagdad und Kairo etwas unterschiedlich sind. Ein Drittel des Papierbogens bekommen jetzt die höchsten Emire, die Minister und Oberrichter.[54]

So berücksichtigt man die unterschiedliche Situation des erweiterten Staatsapparates. Die Hälfte des Bogens bekommen nun die niederen Fürsten, kleinere Beamte und Könige ferner Länder. Die gewöhnliche Form – ein Sechstel des Bogens – erhalten alle Bürger des Landes. Diese Größe beträgt in ihren Maßen auf der einen Seite zwei Spannen – die Entfernung zwischen Daumenspitze und kleinem Finger –, auf der anderen vier Finger breit.[55] Die syrische Art der Papieranwendung ist in den Staatsverwaltungen kaum üblich. Im privaten Gebrauch für Notizen über seine Bücher oder seine Tauben gebraucht der Betreffende Zettel, die an der breiten Seite nur das Maß von drei Fingern betragen. Durch die Weiterentwicklung der staatlichen Kanzleien im islamischen Mittelalter setzen sich im ganzen Reich einheitliche Papiergrößen durch.

Immer noch bringt die Papiergröße die Stellung des Empfängers zum Ausdruck. Doch ist festzustellen, dass überwiegend die Schreiben innerhalb der Beamtenhierarchie kursieren. Ein neuer Akzent tritt ein, als die Statthalter von Syrien und Karak, letzterer Ort liegt in Kirman, einer Region in Persien bei der zentraliranischen Wüste, ihre Schreiben an die Staatsführung auf rotem Papier schreiben. Die Schreibarbeit in den staatlichen Kanzleien wird auch dadurch etwas erschwert, dass bestimmte Papiere passende Schreibrohre erfordern.

In Ägypten ist ein verkürztes Schreibrohr in Gebrauch, das nur zwei Drittel seiner normalen Länge beträgt, dadurch ist es besonders leicht und gut handhabbar. Dieses Schreibrohr stammt aus dem Röhricht der Sümpfe Ägyptens. Man wählt dafür am liebsten jenes Stück des Rohres zwischen zwei Knoten, das die wenigsten Knoten, das festeste Fleisch und die härteste

Rinde besitzt. Dabei wird besonders darauf geachtet, dass es ganz gleichmäßig gewachsen ist..

Die Bürokratie ist auch in der arabischen Welt je nach Ausprägung des zentralistischen Staates mehr oder weniger ausgeprägt. Die Vorschriften für das Schreiben im staatlichen Dienst nehmen ständig zu. Dazu gehört, wie viel der Papierfläche freigelassen werden muss. Die Faustregel ist dabei, je größer das Papier ist, desto mehr Freiraum muss bleiben. In Bagdad heißt das, man hat zirka sechs Finger Breite freizulassen, beim siebenten beginnt der Text. Im übrigen Text gibt es dafür keine direkte Vorschrift. Privatpersonen sind sowieso an keine dieser Vorschriften gebunden. Beim Textrand hat man nichts weiter zu beachten; den kann der Schreiber nach eigenen Vorstellungen gestalten. Dafür ist der Zeilenabstand wieder ein Problem. Bei den Schreiben des Sultans ist vorgeschrieben, dass zuerst auf der Seite das Glaubensbekenntnis steht, dann soll je nach der Ansicht des Schreibers ein Freiraum bleiben. Danach folgt die erste Zeile. Zwischen ihnen betragen die Abstände bisweilen drei bis vier Finger Breite. Bei kleineren Papiergrößen und weniger wichtigen Schreiben sind zwei Finger Breite üblich.[56]

Über die Tinte ist das geflügelte Wort im Umlauf, „es ist der Stoff des Jüngers der Wissenschaft und das Blut des Märtyrers beim Tag der Auferstehung“.[57] Die Tinte stellt man her aus Gallapfel, Vitriol und Harz. Diese Zusammensetzung ist mit leichten Abwandlungen überall zu finden. Eine dieser Varianten geht vom Ruß aus, der bei der Ölverbrennung entsteht. Man sammelt den Ruß in einem Kupfergefäß und gibt drei Teile Wasser und einen Teil Honig hinzu.[58] Dazu kommt etwas Salz, Harz, Gallapfel. Das Ganze wird so lange gekocht, bis alles zu einem Brei vermischt ist. Das Gefäß bleibt stehen, bis man es braucht. Zum Schreiben ist auch noch der Glättstein erforderlich, um notfalls die Schreibfläche zu verbessern, damit die Feder leichter vorankommt. Schwierig dabei ist, dass bei der Benutzung desselben sich die Tintenfarbe verändern kann.

Die Sandbüchse gehört ebenfalls zum Werkzeug der Schreiber – es sind dafür verschiedene Namen im Gebrauch. Damit wird die Schrift getrocknet Doch gibt es fast immer Schwierigkeiten mit dem Sand, wenn das Tintenfass aus Kupfer ist. Dann soll die Schrift mit einem geeigneten Holz getrocknet werden. Offensichtlich hat man chemische Reaktionen gefürchtet.

Der beste verwendete Sand ist rot; er stammt von dem Berg al-Muqaṭṭam bei Kairo.[59] Vor allem auf seiner Ostseite hat man das beste Material gefunden. In anderen Gegenden des Reiches gibt es ähnliche Vorkommen. Der Öffner ist ein weiterhin benötigtes Instrument, er gleicht einer Ahle und ist nötig, um das Papier an ganz bestimmten Stellen zu durchlöchern. Sie müssen genau übereinander liegen, um die Seiten verbinden zu können. Lappen oder Tuch sind dazu da, überflüssige Tinte schnell zu trocknen. Eine kleine Gießkanne benötigt man, um Wasser in das Tintenfass nachzugießen. Dieses Instrumentarium haben alle Schreiber des arabischen Mittelalters verwendet; in der Beherrschung desselben besteht die Kunst des hoch angesehenen Berufszweiges der Schreiber.

Die arabischen Bibliotheken im Mittelalter

Öffentliche Bibliotheken

Aus der Bibliografie des Ibn an-Nadīm ist bereits zu erkennen, welchen Umfang die Bücherproduktion um das Jahr 987 – den Zeitvermerk hat dieser Autor selbst in seinem Werk vermerkt – erreicht hat. Alle Bücher sind mit der Hand geschrieben, aber sie sind fest gebunden und haben einen soliden Einband. Diese geistigen Produkte finden sich ab dem 9. Jahrhundert in Bibliotheken großer Städte des arabischen Reiches. Der Ausgangspunkt aller Einrichtungen dieser Art ist die Stadt Bagdad. Unter dem Abbasidenkalifen al-Ma'mūn (reg. 813-833) erfolgte die erste Einrichtung, das „Haus der Weisheit", wie die Bibliothek genannt wird. Der Kalif selbst ist ein die wissenschaftliche Wahrheit suchender Mensch. Von ihm ist aus einer Abendunterhaltung mit Gelehrten der Ausspruch überliefert: „Einige Leute nennen manches Wissenschaft, was gar keine ist. Was ist das für eine Wissenschaft, die nicht ihre Grundlagen geistig erfasst, die nicht ausmisst ihre Tiefe, ihre Zielsetzung nicht vorschnell verkündet, nicht untersucht ihre Kategorien und nicht auch noch ihr Letztes meistert. Die Sache ist deshalb so. Fangt bei der Wissenschaft mit dem Wichtigsten an; das Anfangen beim Wichtigsten ist Pflicht. Wenn ihr das tut, dann ist alles richtig und wahrhaft."[1] Hier setzt keiner religiöse Grenzen oder sieht in der Forschung bedenkliche Tendenzen; freie ernsthafte Wissenschaft ist gefragt. Das erweist sich auch in seinen Anweisungen, denn al-Ma'mūn lässt wichtige altgriechische Texte ins Arabische übersetzen. In der Bibliothek wird eine Übersetzungsabteilung eingerichtet. Man überträgt vor allem solche griechischen Texte, deren Inhalt sich auf praktische Anwendungen bezieht. Deshalb nimmt man sich die griechischen Mediziner von Hippokrates bis zu Paulus von Aegina vor; die bändereichen Schriften des Galen, des Dioskuredes, dann die Elemente des Euklid. Der Almagest des Ptolemäus, viele Schriften des Platon und der Neuplatoniker und schließlich auch Aristoteles mit seinem Organon zählen dazu. Diese Übersetzungen sind sehr erwünscht. Dagegen interessiert man sich überhaupt nicht für die Geschichtsschreibung und die Dichtung der Griechen. Auch Plastik, Architektur und Kunst der antiken Welt finden keine Berücksichtigung.[2]

Aus einer anderen Gegend holt man sich ebenfalls wichtige Anregungen: aus Indien. Unter dem Kalifen Hārūn ar-Rašīd (reg. 786-809) und seinem Vorgänger taucht bei Hof ein iranischer Arzt auf, der Christ ist, Bahtīšū' b. Georgios. Er leistet hervorragende Arbeit, bleibt in Bagdad und bekommt den Namen Abū Gabriel. Vor allem kümmert er sich medizinisch um die Frauen der Kalifen. Seine Stellung bei Hof wird dadurch noch gestärkt, dass er gleichzeitig das Krankenhaus in dem iranischen Ǧundīsūāpūr leitet. Der Ort liegt in einer Region, die im Westen an den Irak grenzt, im Osten und Süden an das eigentliche Persien. Seine ärztliche Leistung führt dazu, dass in Bagdad ein Krankenhaus errichtet wird. Damit aber kommt auch medizinisches Wissen in theoretischer und praktischer Form aus der indischen Ärzteschule.

In dieser Epoche ereignet sich ein umstürzlerisches Ereignis. Denn in seiner festen Überzeugung, dass nur die Vernunft sich durchsetzen wird, legt der Kalif al-Maʿmūn fest, dass ab sofort der Koran erschaffen sei. Diese Position legt er als Staatsdogma fest. Damit rückt er entschieden von der islamischen Orthodoxie ab, die am Wortsinn des Koran und seiner ewigen Natur festhält. Eine Allmacht der Vernunft soll uneingeschränkt herrschen. Dieses erste Drittel des 9. Jahrhunderts wird zum goldenen Zeitalter der Literatur. Der Rationalismus dominiert in einer bisher nicht gekannten Art. Die Bibliothek ist der Kernpunkt vielfältiger Forschungsaktivitäten. Ausgehend von solchen Tatsachen nehmen Gelehrte auf Wunsch des Kalifen eine Meridianvermessung der Erde vor. Sie haben festgestellt, dass die Angabe des Ptolemäus zu der Frage nicht stimmen kann. Deshalb begeben sich die Gelehrten in die Wüste Sanǧār, die zwischen Euphrat und Tigris liegt, und legen die Vermessungslinien in genauer Nord-Süd-Richtung fest. Gleiches tun sie noch an einem anderen Ort. Dazu beobachten sie täglich den Sonnenstand. Sie kommen bei ihren Aktionen auf umgerechnet 41.287 Kilometer; unser heutiger Stand lautet exakt 40.070 Kilometer. Trotz dieser geringfügigen Abweichung haben die arabischen Wissenschaftler eine große Leistung vollbracht.[3] Sie haben damit die Kugelform der Erde bewiesen und belegt, dass man die griechischen Quellen nicht als ewig verbindliche Lehren betrachten darf.

In der Bibliothek arbeitet als eine leitende Gestalt Mūsā al-Ḫwārazmī (gest. zirka 850).[4] Er ist ebenfalls Wissenschaftler und befasst sich vor allem mit der Astronomie. Vielleicht ist seiner Aktivität zuzuschreiben, dass in Bagdad eine Sternwarte gebaut wird. Er hinterlässt unter anderem ein Buch über die Zeitmessung und über die Rechenformen. Zu dieser Zeit erfindet man auch ein Instrument zur Himmelsbeobachtung. Ein gewisser al-Fazārī, von Beruf Koch,[5] soll als einer der ersten dieses Gerät entwickelt haben; es handelt sich um das Astrolab. Das ist eine Metall-Konstruktion, mit der man eine Projektion der Himmelskugel auf eine Ebene, die Projektion hiervon auf eine gerade Linie oder die Himmelskugel selbst ohne jede Projektion darstellen kann.[6] Damit hat man eine für die Schifffahrt sehr brauchbare Orientierungshilfe und für die Forschung auf dem Gebiet der Astronomie ein unverzichtbares Arbeitsinstrument entdeckt. Auch kann man tagsüber damit die Uhrzeit bestimmen. Ausgehend von der Forschungsbibliothek ergeben sich zu dieser Zeit auch ganz erstaunliche technische Erfindungen, die von den Banū Mūsā gemacht werden. Ingesamt sind es drei Vertreter dieser Familie, die hierbei die größten Fortschritte leisten. Zur Zeit des Kalifen al-Ma'mūn lebt der Vater Mūṣā b. Šākir.[7] Er hat drei Söhne. Diese sind sehr gebildet in Mathematik, Astronomie, Medizin und Mechanik und hinterlassen die ersten Schriften über den Aufbau und die Arbeitsweise von Maschinen. Sie fördern nebenbei noch Übersetzungsarbeiten. In ihrem überlieferten „Buch der Tricks" sind zirka 100 technische Erfindungen enthalten.[8]

Bei den technischen Apparaturen handelt es sich vor allem um Gefäße mit raffinierten technischen Effekten, sich selbst nachstellende und füllende Öllampen und Gasmasken zum Schutz von Arbeiten in vergifteten Brunnenlöchern. Das Bewundernswerte daran ist die technologische Raffinesse; denn man führt zum Beispiel automatische Kontrollelemente ein und nutzt feinste Druckabstufungen von Luft und Flüssigkeiten. Die drei Söhne entwickeln Ventile, die sich unter entsprechenden Bedingungen selbst schließen. In einer hoch effektiven Weise nutzen sie Ventilklappen, die hauptsächlich in hydraulischen Systemen installiert sind und sich durch vorbestimmte Impulse automatisch öffnen und schließen. Sie wenden auch Rollensysteme und Getriebe an. Das sind einmalige Erfindungen, die weitgehend im Forschungszentrum des „Hauses der Weisheit" entstehen. Die Techniker sollen mit ihren Arbeiten recht gut verdient haben; man meldet Jahreseinnahmen von 400.000 Dinar.[9] Ihre Sponsorentätigkeit ist bereits erwähnt worden; sie haben die Fortsetzung wissenschaftlicher Bemühungen auf allen Gebieten unterstützt. Glücklicherweise hat sich ihr wichtigstes Buch erhalten. Ihre Tätigkeit fällt in eine wissenschaftlich hoch produktive Epoche.

Die Bibliothek in Bagdad hat ihren akademisch-wissenschaftlichen Charakter verloren, als der Kalif al-Mu'taṣim (reg.833-842) im Jahr 836 die Residenz nach Samarra, am Ostufer des Tigris, verlegt. Er hat sich dazu gezwungen gesehen, weil er sich vor den Aufständen seiner türkischen und berberischen Söldner fürchtet und in der entlegenen Stadt etwas Ruhe erhofft. Vom oben erwähnten Jahr bis 889 haben sieben Kalifen dort residiert. Für die Bibliothek in Bagdad ist das ein schwerer Schlag, weil sich die Zuwendungen vom Hof reduzieren. Sie trägt nun den Namen „Bibliothek des Ma'mūn";

damit erhält sie einen historischen Charakter, die Erinnerung an ihren Gründer und geistigen Promotor ist darin zu erkennen. Aber gleichzeitig distanziert man sich zunehmend von der Bibliothek, obwohl Gelehrte aus allen Gegenden des arabischen Reiches bis ungefähr 930 zu ihr reisen, um dort zu arbeiten. Dann verschwindet der Name aus der Literatur. Wahrscheinlich ist sie weiterhin die Bibliothek der Kalifen. Ab 1055 taucht die fürstlich türkische Dynastie derSelǧuken in Bagdad auf und übernimmt die weltliche Macht; den Kalifen bleiben nur mehr formelle Rechte. Unter den neuen Herren sind die Bücher der Bibliothek aufgeteilt und auf neu eingerichtete Stätten verteilt worden.[10] Damit hat die berühmte Forschungsstätte und Büchersammlung in Bagdad aufgehört zu existieren. Ihre letzten Spuren tauchen im 13. Jahrhundert auf, als der berühmte Arzt und Autor Ibn Abī Uṣaibiʿa (gest. 1270), der vor allem in Ägypten lebt, einige Bücher geschenkt bekommt, in denen noch der Name des Kalifen al-Maʿmūn eingetragen ist. Er schreibt gerade an seinem wichtigen Buch über die berühmten Ärzte und Mediziner. Sie entstammen noch dem „Haus der Weisheit" aus Bagdad. Die Tatsache, dass der Gelehrte ausdrücklich diese Bücher in seinen Schriften vermerkt, macht deutlich, welch hohen Stellenwert diese Bibliothek bei den Gelehrten besitzt.

Doch hat die Idee dieser „Zentral"-Bibliothek offensichtlich bleibende Spuren hinterlassen, ihre geistige Leistung und der hohe Rang ihrer Erfolge sind ein Vorbild für alle Zeit geblieben. So hat in der nordirakischen Stadt Mossul ein Regionalherrscher, sein Name lautet Muḥammad b. Ḥamdān (gest. 935), ein „Haus des Wissens" in dieser Stadt gegründet. Die Regionaldynastie der Ḥamdān finden wir zwischen 885 und 1008 in der Gegend; immer im Kampf mit sich selbst und Feinden ringsum. Für Beschaulichkeit und Wissenschaft ist das kein günstiger Ort, doch diesem erwähnten Herrscher liegt es am Herzen, die Idee einer zentralen „Wissenskartei" nicht untergehen zu lassen. In seiner Bibliothek hat er möglichst alle Wissenschaften versammelt, sodass Studierende schnell in der Lage sind, sich zurecht zu finden. Auch entlegene Literaturwünsche sucht man zu erfüllen. Papier gibt es kostenlos; das Haus ist täglich geöffnet. Der Fürst selbst hält sich darin auf, wenn er es bei seiner vielen Reiterei, gemeint sind Kämpfe, ermöglichen kann. Gelehrte strömen dorthin, diktieren und forschen. Das betrifft die Sammlung von Gedichten, aber auch die Niederschrift anderer Werke. Viele kommen hierher, um wichtige Geschichten aufzuschreiben, Seltenheiten zu entdecken und islamisches Recht zu formulieren. Wahrscheinlich wird diese Bibliothek unter den wirren politischen Verhältnissen nicht lange existiert haben. Doch im Bemühen, eine freie

Bildung durchzusetzen, kommt der Einrichtung solch eines wissenschaftlichen Zentrums hohe Bedeutung zu.

Deshalb entsteht in Kairo im Frühling 1005 die nächste Groß-Bibliothek. Diesmal aber ist der Gründer ein schiitischer Staat, der mit der Eröffnung solch einer Einrichtung mehrere Ziele verfolgt. Die im arabischen Reich lange unterdrückten Schiiten haben sich erstmals in der Geschichte in Nordafrika und Ägypten eine feste Basis geschaffen. Nun wollen sie mit der Bibliothek alles Vorherige in den Schatten stellen. Ein weiterer Grund aber ist geheimer Natur. Denn in der Bibliothek hofft man, geeignete Leute zu finden, um verdeckte schiitische Propagandaarbeit zu leisten für die Ausbreitung der Lehre in anderen arabischen Staaten. Diese Absicht hat man selbstverständlich nicht bekannt gemacht. Vielmehr will man mit viel Aufwand Eindruck machen. In der Bibliothek, sie verfügt über 600.000 Bände, ist alles teuer möbliert und bestens dekoriert; an allen Türen und Durchgängen hängen bunte Vorhänge. Überall warten Angestellte, Diener und Helfer, um den Nutzern der Bibliothek beizustehen. Kostenlos erhalten die Nutzer Tinte, Schreibfeder, Papier und Tintenfass. Die Organisatoren der Einrichtung stellen die Anlage als Wunder dar, um ihr Ansehen in der ganzen arabischen Welt zu erhöhen. Wissenschaftlich hat man zu einigen Themen, die nicht religiös kontrovers sind, bedeutende Dinge im Angebot. Von dem um 791 verstorbenen Begründer der arabischen Grammatik, dem Entdecker der arabischen Metrik und dem Verfasser des ersten arabischen Wörterbuches al-Ḫalīl, besitzt man viele Handschriften. Von letzterem Werk verfügt die Bibliothek über mehr als 30 Kopien. Darunter die Urschrift des Autors selbst. Eine mehrbändige Handschrift des großen Geschichtswerks des Gelehrten aṭ-Ṭabarī (839-923) kaufen die Verantwortlichen für 100 Dinar an. Auch von diesem Autor besitzt man die Originalschrift, hinzu kommen noch mehr als 20 Kopien des Werkes. Von weniger wichtigen Werken besitzt man 100 und mehr Exemplare.[11] Ungefähr 100.000 Bände sind in Leder gebunden. Auf alle Bücherborte sind Zettel mit dem Inhalt des Werkes geklebt. Koranexemplare lagen vielfältig aus; darunter auch Exemplare, die von dem Erfinder der arabischen Kalligraphie Ibn Muqla verfasst worden sind.

Die erste große Krise erlebt die Bibliothek im 11. Jahrhundert. Denn unter dem schiitischen Kalifen al-Mustanṣir (reg.1036-1094) kommt es zu einer großen Teuerung und Not; das nutzen vor allem türkische Söldner, um sich aus den Schätzen des Kalifen das zu nehmen, was man später für gutes Geld verkaufen kann. Die Folgen betreffen auch die Bibliothek. Von den Schriften, die sich mit den alten Wissenschaften befassen, verschwinden etwa 2.400 Bände. Vorher betrug der Bestand zu diesen Themen 18.000 Stück. 12.400

Koranexemplare, die in goldener und silberner Schrift verfasst sind, werden geraubt. In die inneren Bereiche der Bibliothek, wo kistenweise Schreibfedern der berühmtesten Kopisten stehen, gelangen die Plünderer zum Glück nicht. Zeitgenossen dieses traurigen Ereignisses beobachten, das 15 Kamele, voll mit Büchern beladen, davon geführt wurden.[13] Die hat sich ein Minister genommen, der sein Gehalt damit aufbessern will. Er erhält zirka 5.000 Dinar regelmäßig und rechnet sich aus, dass er für die Bücher mehr als 100.000 Dinar bekommen kann. Damals haben sich schlimme Dinge ereignet, die den Bestand der Bibliothek bedrohen. Darüber hinaus deutet der politische Vorgang bereits die wachsende Instabilität an, die diesen Staat zunehmend in allen seinen Teilen charakterisiert. Die Situation ruft politische Kräfte auf den Plan, die willens sind, das Regime in Ägypten gänzlich zu beseitigen. Im Oktober 1182 erobert Salāḥ ad-Dīn (1138-1193), in Europa bekannt als Saladin, das Land und greift energisch durch, um das bisherige schiitische Regime in allen seinen Teilen zu vernichten. Als bis heute sichtbares Zeichen seiner Macht lässt er auf der höchsten Erhebung vor der Stadt Kairo die Zitadelle errichten. Mit der Bibliothek der früheren Herren macht er kurzen Prozess. Er verfügt, dass ihre Bücher verkauft werden. Zwei Tage pro Woche sind dafür vorgesehen. Der Vorgang dauert insgesamt 10 Jahre.[14] Ein Richter, al-Faḍil, selbst ein Bücherfreund, schmerzt, was man bei dem verordneten Bücherverkauf beobachten kann: Da kaufen manche Bürger vor allem in Leder gebundene Handschriften, wobei sie nur auf das Leder aus sind. Sie reißen die Einbände ab und werfen sie in ein bereit stehendes Boot; den Rest lassen sie liegen. Al-Faḍil entschließt sich deshalb, 100.000 Bände zu kaufen. Er schafft eine Bildungsanstalt und stiftet sie dieser Einrichtung.

Wir haben oben bereits erwähnt, dass diese Bibliothek von einem schiitischen Staat getragen wird. Für die Mehrheit der islamischen Gläubigen ist das ein unhaltbarer Zustand. Deshalb sehen wir, zeitlich weitgehend parallel, dass in kleineren Städten Bibliotheken entstehen, die das Gegenmodell zu der Kairoer Einrichtung bilden. Ein Regionalfürst in der Kleinstadt Rāmharmaz, die an den Ufern des Persischen Golfes liegt, gründet dort eine Bibliothek, einige Zeit später noch eine im irakischen Basra,[15] die größer, besser ausgestattet und mit mehr Büchern ausgerüstet ist. Kopisten und Vorleser stehen bereit. Demonstrativ legt man als Bildungsziel fest, dass nur der vorherrschende Glaube des Islam dort studiert und vertreten werden darf. Auch kleinere Gruppierungen in der großen Gemeinde, die die Religion anders akzentuieren, haben dort keine Chance. Geschlossenheit ist offensichtlich das Gebot der Stunde. Die nächste Bibliothek gründet der

Minister Abū Naṣr (gest.1025) in dem Stadtteil Karḫ von Bagdad. Dieses Viertel besitzt schon lange ein Eigenleben. Die Finanzierung der dort entstandenen Bibliothek sichert der Gründer durch eine Spinnerei, die mit dem Projekt in einer Stiftung zusammengefasst ist. Zwei Leiter werden bestimmt, von denen einige Zeitgenossen wissen, dass sie beide schiitische Neigungen haben. Daraus ergibt sich aber offensichtlich kein dominierender Einfluss. Das ist insofern günstig, weil die finanzielle Sicherung der Bibliothek durch die Spinnerei keinerlei weitere Geldgeber erfordert, die irgendwelche Richtlinien für die Weiterführung der Bildungsstätte erlassen können. Sogar Veränderungen an der Spitze des Staates übersteht sie ohne Schwierigkeiten. Der Buchbestand zählt zirka 10.000 Bände; alle Wissenschaften sind darin vertreten, darunter 100 Koranexemplare, die von dem Kalligraphen Ibn Muqla geschrieben worden sind. Das Ende der Bibliothek kommt, als sich die Situation im Staat dramatisch zuspitzt. Im Jahr 1058 bemächtigt sich der türkische General al-Basāṣīrī (gest. 1060) gewaltsam der Stadt Bagdad und führt ein Regime der Gewalt ein. 1057 wird die Bibliothek verbrannt. Vorher sind von den neuen Herren zahlreiche Bücher geraubt worden. Der berühmte Dichter al-Maʿarrī (973-1057), der sich trotz frühzeitiger Erblindung ein großes Wissen erworben und selbst einige Zeit in Bagdad gelebt hat, aber aus Nordsyrien stammt, gedenkt in einem seiner Gedichte der Bibliothek, in der auch musikalische Vorführungen stattfinden, mit den Worten:

> Uns hat im Haus der Schönheit (Bibliothek) eine Sängerin entzückt,
> Von Papier dort begeisternde Seltenheiten, mit Gold geschmückt.[16]

Der traurige Verlust bewegt die Gemüter vieler Zeitgenossen. Die nächste kleinere Bibliothek öffentlicher Art entsteht in dem syrischen Tripolis. Dass man sich auch in der Stadt um solch eine Einrichtung bemüht, hängt vielleicht mit dem ernsten Schicksal der vorigen zusammen. Organisiert und finanziert wird die Bibliothek durch die kleine Regionaldynastie Ibn ʿAmmār, die von etwa 1099-1109 in der Stadt regiert. Die Bestände sollen um die 100.000 Bände aus allen Fachgebieten betragen haben. Darunter sind 5.000 Exemplare des Koran. Beinahe noch mal so viele Schriften gibt es zu dem heiligen Buch mit Kommentaren. Die Herrscher unterstützen die Bildungsstätte in jeder Weise. 180 Kopisten stehen zur Verfügung, um sofortige Abschriften gewünschter Werke anzufertigen. Tag und Nacht ist die Bibliothek geöffnet. In allen arabischen Ländern werden weitere Bücher angekauft. Damit verbreitet sich auch ihr Ansehen, sodass viele Gelehrte weite Reisen unternehmen, um nach Tripolis zu gelangen. Konflikte zwischen Schiiten und der sunnitischen Mehrheit gibt es kaum; jeder kann das studieren, was er will.

Die tragische Wende für die Bibliothek kommt im Jahr 1109. In diesem Jahr erobern die christlichen Kreuzritter die Stadt und begründen dort eine Grafschaft unter der Dynastie der Grafen von Toulouse. Sie stoßen auch auf die Bibliothek. Ein mit den Kreuzrittern ziehender Pfarrer schaut sich etwa 20 Bände an und erklärt, dass die ganze Büchersammlung nur aus Koranexemplaren bestehe. Deshalb können alle verbrannt werden. Der alte arabische Chronist, der über den Vorgang berichtet, fügt anlässlich der Entscheidung des Pfarrers und seiner Leute hinzu: „Allah, der Erhabene, verfluche sie!" Vor der Zerstörung werden noch einige Bände gestohlen. Die Stadtbewohner, die sich bei der Eroberung schutzsuchend in Moscheen geflüchtet haben, werden alle umgebracht.[17]

Zunehmend sind die Bibliotheken in den kleineren Städten des Vorderen Orients politischen Spannungen ausgesetzt, die im Laufe der Jahre immer gravierender werden. Deshalb ist keine dieser Einrichtungen mehr nachweisbar. Die letzte Großbibliothek entsteht im fernen Spanien. Unter wissenschaftlichem Aspekt ist sie wahrscheinlich die beste Einrichtung; man hat dort viele Lehren aus den bisherigen Erfahrungen in Bagdad und Kairo gezogen. Dazu kommt das eindeutige Interesse des dortigen Kalifen al-Ḥakam (reg. 961-976) für Wissenschaft und Bildung. So stiftet er in Cordoba 27 Schulen mit unentgeltlichem Unterricht für die Armen. Die Lehrer werden täglich bezahlt, um sie zu entsprechender Leistung anzuhalten. Sein Bildungsstreben geht weit über die Bibliothek hinaus; doch sie ist sein wichtigstes Anliegen. Er hat extra bezahlte Agenten in der ganzen arabischen Welt, die bestimmte Bücher suchen und ankaufen. Auch sammeln sie Informationen über den Büchermarkt. Als der Kalif deshalb von der bevorstehenden Fertigstellung des Werkes „Kitāb al-aġānī" (Buch der Lieder), einer bedeutsamen Sammlung von Liedern mit Anmerkungen zu den jeweiligen Dichtern und Anlässen ihrer Entstehung, hört, übermittelt er dem Autor Abū l-Faraǧ al-Iṣfahānī (gest. 967) 1.000 Dinar in Gold nach dem Irak, um sich eine Kopie des Werkes noch vor der allgemeinen Verbreitung desselben zu sichern.[18] Auf diese Weise bringt der Kalif etwa 400.000 Bände zusammen. Der handgeschriebene Gesamtkatalog, der den Titel und den jeweiligen Verfasser ausweist, umfasst 44 Bände. Die Leidenschaft des Kalifen betrifft im besonderen Maß Mathematik, Astronomie und Medizin.[19] In der Außenpolitik ist der Herrscher vor allem auf friedlichen Ausgleich orientiert; innenpolitisch sieht er sein Ziel in einer maximalen Bildung für jeden. Er selbst ist wahrscheinlich einer der kultiviertesten Herrscher des arabischen Mittelalters. In seinem Palast gibt es eine Abteilung, manche sprechen von einem Atelier, wo Kopisten, Kalligraphen und Buchbinder für seine speziellen Wünsche am Werk sind.[20] Alte Schriften und moderne sind gewünscht, der Preis spielt keine Rolle. Der Kalif selbst ist der intensivste Nutzer seiner Bibliothek. In vielen Bänden hat er eigenhändig den Namen des Autors, dessen Familie, Stamm, Lebensdaten vermerkt; auch welche Anekdoten über den Autor in Umlauf sind.[21] Er kennt fast alle Gestalten der arabischen Literaturgeschichte. Dabei zeigt er eine gewisse Liberalität, denn er bezieht zum einen persische und syrische Schriften mit ein; zum anderen sind die Philosophen bei ihm hoch geschätzt. Das ist selten und vermittelt vielen Gelehrten neue Impulse auf dem Gebiet der Philosophie.

Die Universität von Cordoba ist eine der renommiertesten der damaligen Welt. Viele Gelehrte suchen in der Stadt ihr Glück. Zu ihnen gehört auch al-Qālī (901-967) aus Bagdad, der jetzt am Hof in Cordoba lebt und arbeitet. Auch er ist ständiger Gast in der Bibliothek. Zu ihr gehört ein großer Markt, wo die Gelehrten und Gäste alles kaufen können, was sie zur Arbeit benötigen.[22] Es gibt sogar eine Werkstatt, wo hochspezialisierte Fachleute für Ledereinbände das genaue Einbinden und die technischen Zuarbeiten dafür leisten. Natürlich regt solch eine Bildungsstätte dazu an, dass im ganzen Land kleinere Bibliotheken entstehen. In Cordoba gibt es allein 20 solcher Einrichtungen; im ganzen Land zirka 70.[23] Bildung ist weit verbreitet, fast jeder kann in diesem Reich lesen und schreiben; während im christlichen Europa nur sehr hochstehende Personen, vor allem der Klerus, dazu in der Lage sind.[24] Die Bibliothek ist deshalb ein Markstein in der Landesgeschichte; ihre Ausstrahlung über die engen Grenzen des Reiches hinaus zeigt, wie selten und kostbar solch eine Leistung ist. Dazu tragen wesentlich die zur Verfügung stehenden Geldmittel bei, denn der Staat verfügt jährlich über Einnahmen von 12,4 Millionen Gold-Dinar.[25]

Diese epochale Dimension wirkt zu einem Zeitpunkt, da es noch keine bedrohlichen äußeren Kräfte gibt. Deshalb ist es umso trauriger, dass die Bedrohung der Bibliothek von inneren Faktoren ausgegangen ist. Nach dem Tod des Gründers der Bibliothek Ḥakam II. hat es kurzzeitig Schwächemomente im Staat gegeben; doch nimmt in der Folge eine Herrschergestalt die Zügel in die Hand und schafft es, die Verhältnisse wieder zu stabilisieren. Die Rede ist von Ibn Abī ʿĀmir, der sich als Kalif den Namen al-Manṣūr beilegt (gest. 1002). Tatkräftig, ehrgeizig und zielstrebig baut er seine Macht aus.[26] Vor allem müssen die Christen im Norden Spaniens in Schach gehalten werden. Im Jahr 986 kehrt er von einem Feldzug gegen Barcelona zurück und initiiert eine Aktion, um die islamische Geistlichkeit und die zum Teil unter ihrem Einfluss stehende Bevölkerung für sich zu gewinnen. Er selbst ist für Ordnung und Recht, weniger für die freie Ausübung der Wissenschaft; deshalb empfindet er es wohl als passend, seine Haltung auch durch öffentliche Aktionen zu unterstreichen. Er denkt eher daran, was dem Staat nützt oder schadet. Und wenn die religiösen Gefühle der Untertanen die eigene politische Sache unterstützen, dann ist es aus seiner Sicht nur recht und billig, etwas dafür zu tun. Er verfügt, dass aus der Bibliothek alle Bücher entfernt werden, die „Philosophie, Astronomie und andere Wissenschaften enthalten, die von der Religion verboten sind".[27] Wie viel das sind, ist nicht genau bekannt. Doch die ungenaue Formulierung von angeblich durch den Islam verbotenen Wissenschaften zeigt schon bald, dass man fast unbegrenzt aussortieren kann.

Al-Manṣūrs Absicht ist, die wichtigsten Theologen seiner Zeit für sich zu gewinnen. Da ist der bekannte Rechtsgelehrte al-Aṣailī (gest. 1002), der letzte Stadtrichter von Cordoba Ibn Ḏakwān (gest. 1022) und der Philologe und ehemalige Prinzenerzieher az-Zubaidī (gest 989). Sie sollen zufrieden gestellt werden durch die Bücherverbrennung, die nun angeordnet wird. Die Listen dafür sind vermutlich teilweise von den betreffenden Gelehrten erarbeitet worden. Dieser Vandalismus ist Ausdruck einer sich geistig verfinsternden Zeit. Dazu gehört auch, dass al-Manṣūr in Reden ganz explizit die Philosophie als Unglaube verurteilt.[28] Die islamische Geistlichkeit wird ermutigt, die Bevölkerung anzuleiten und zu führen. Natürlich ist damit auch Gesinnungsschnüffelei angesagt; denn dieser Freibrief für die Geistlichkeit heißt gleichzeitig, dass keinerlei Irrlehre erlaubt ist. Da aber die meisten Bürger lesen und schreiben können, besitzen sie auch andere Schriften als nur den Koran. Der Angriff auf die Bibliothek ist damit ein gravierendes Anzeichen wachsender Intoleranz.

Das Ende der gesamten Bibliothek tritt am 19. April 1013 ein, als marodierende Berbereinheiten, die lange die Stadt Cordoba belagert haben, eindringen und alles vernichten, was sie vorfinden. Paläste werden angezündet und viele Menschen getötet, die Angreifer wüten in sinnloser Grausamkeit. Selbst nach der Beseitigung der islamischen Herrschaft in Spanien geht die Vernichtung arabischer Bücher weiter. Am 2. Januar 1492 ergibt sich die Stadt Granada; der letzte Rest der islamischen Herrschaft in Spanien. Seit 1499 ordnet Kardinal Jimenez (1436-1517) Zwangsbekehrungen zum Christentum an und lässt auf einem Platz in Granada alle arabischen Bücher verbrennen, die seine Leute finden können.[29] Als der spanische König Philipp II. ab 1559 seinen Escorial erbauen lässt, findet er für seine Bibliothek keine arabischen Handschriften mehr. Erst 1612 gelingt es dem spanischen Hof, die Bibliothek des Sultans von Marrakesch zu übernehmen, womit er nun über 4.000 Handschriften verfügt.[30]

Nur im äußersten Osten des islamischen Weltreichs existiert noch eine öffentliche Bibliothek von beachtlichem Umfang. Es handelt sich um die iranische Stadt Merw, in der reichen Oase am unteren Teil des Flusses Muǧāb gelegen. Dort gibt es noch um 1219 mehrere solche Einrichtungen. Doch hat sich das Vorrücken „der Tartaren" – gemeint sind die Mongolenschwärme – schon in der Gegend bemerkbar gemacht. Zwei Büchereien sind in Moscheen untergebracht; die dritte und größte ist von einem reichen Bürger gestiftet worden, der einmal als Obsthändler auf dem Markt begonnen hat, dann Weinhändler wird und schließlich so viel Geld erwirtschaftet, um diese Bibliothek zu gründen. Insgesamt zählt sie zirka 12.000 Bände. Eine vierte trägt den Namen al-Kamālija, sie muss um das Jahr 1101 gestiftet worden sein und ist in einer Lehranstalt angesiedelt. In drei weiteren Bildungsstätten sind Bibliotheken vorhanden, auch in einem Gasthof. Wo man sich in der Stadt hinwendet, sofort hat man die Möglichkeit, Bücher zu studieren. Auch kann man zielgerichtet Bücher suchen und kaufen. In der größten Moschee der Stadt gibt es eine Bibliothek, die der Grammatiker al-Marwazī (gest. 1212) betreut. Der Katalog der Bücher umfasst ungefähr 60 Seiten. Darunter sind sehr viele, die noch Originale sind und die Unterschrift des Verfassers tragen. Diese entwickelte Buchkultur in der Stadt ist nun hoch gefährdet. Im Jahr 1221 zerstören die vorrückenden Mongolen die Stadt vollständig. Der Deich des Muǧāb wird gänzlich dem Boden gleich gemacht; und die blühende Oase wird zu Wüste. Diese Verheerung setzt dem Gedeihen der großen Stadt für mehrere Jahrhunderte ein Ende. Die absolute Zerstörung tritt damit ein; in ihrem langsamen Vormarsch sollen die Mongolen 1258 Bagdad erreichen. Auf dem Weg dorthin vernichten sie den gesamten Iran.

Privatbibliotheken

Diese Art von Bibliotheken finden sich vor allem bei Gelehrten; jeder von ihnen besitzt eine respektable Büchersammlung. Erst wenn den Zeitgenossen der zahlenmäßige Umfang dieser Privatbibliotheken bekannt geworden ist, interessieren sich Chronisten oder mit der Stadtgeschichte befassende Spezialisten dafür, die zu erfahren versuchen, welches Schicksal die Sammlung weiterhin erlebt hat. Leser sind an solchen Vorgängen offenbar immer interessiert. Eng damit verbunden sind Buchliebhaber; sie sammeln Schriftwerke, weil sie an einem Autor oder einer besonderen Fachrichtung

Gefallen finden. Natürlich sind dazu Geldmittel erforderlich, deshalb finden wir unter den Buchliebhabern vor allem Wohlhabende, aber es sind keine Fürsten und keine hohen Minister. Den ersten, den wir hier nennen, finden wir gleich nach der Papiereinführung. Es handelt sich um den Perser Sahl b. Hārūn (gest. 830). Er ist in der glücklichsten Epoche der arabischen Literatur einer ihrer führenden Köpfe. Er ist Dichter, sammelt aber auch die Poesie der alten Araber, lange und kurze Berichte, große in Leder gebundene Werke, schöne Geschichten und glaubwürdige Nachrichten. All das trägt er zusammen. Er selbst ist Leiter des „Hauses der Weisheit" bei dem Kalifen al-Ma'mūn und besitzt in seiner Stellung sogar das Privileg, seine persische Herkunft nicht nur zu betonen, sondern das Persertum über die arabische Kultur zu erheben. Das ist durchaus bekannt, doch kann er als Sekretär des Kalifen alle Kritik gegen seine Person ignorieren. So schreibt er eine Abhandlung, in der er den Geiz lobt und gleichzeitig die Freigebigkeit kritisiert. Damit zielt er auf die alt-arabische Tradition, die diese Tugend als ein zu erstrebendes Ideal empfunden und propagiert hat. Dieses Streben will er lächerlich machen. Auch verfasst er Fabelbücher; vor allem konzentriert er sich darauf, die bekannte Geschichte eines indischen Fürstenspiegels, gerade ins Arabische übersetzt, zu kopieren, womit er eigentlich eine Art Gegenposition aufbauen will. Seine Berühmtheit erreicht solch eine Ausstrahlung, dass sogar mancher weniger bedeutende Autor unter dem Namen dieses Verfassers erste Schritte auf dem Buchmarkt zu gehen versucht. Das spricht ungewollt von seinem Renommee.[31]

Ein bedeutender Freund von Büchern und gleichzeitig ein wichtiger Autor ist al-Wāqidī (gest. 823). Er ist 747 in der Stadt Madina geboren, wo er einen Getreidehandel betrieben und in der Stadt als bester Kenner der islamischen Heiligtümer gegolten hat. Als der Kalif Hārūn ar-Rašīd 770 seine Pilgerfahrt macht, fungiert al-Wāqidī für ihn und den ersten Minister als Stadtführer.[32] Wegen undurchsichtiger und unbedachter Aktionen häuft er solche Schulden an, dass er es vorzieht, seine Heimatstadt schleunigst zu verlassen. Er lässt sich in der Hauptstadt des Reiches nieder, Bagdad, um dort sein Glück zu versuchen. Er hat auch Glück, denn ein hoher Minister verschafft ihm die Mittel, seine geschäftlichen Angelegenheiten zu ordnen.[33] Da er sich neben finanziellen Fragen auch mit dem islamischen Recht befasst hat, erhält er eine Richterstelle in einem östlichen Viertel von Bagdad. Dazu trägt wohl auch bei, dass sich der Kalif seiner freundlich erinnert. Auch zu dem neuen Kalifen al-Ma'mūn stellt er so gute Beziehungen her, dass er diesen bittet, sein Testamentsvollstrecker zu werden. Was später der Kalif auch wirklich tut.

Al-Wāqidī hat in seinem Haus zwei Sklaven angestellt, die Tag und Nacht Bücher kopieren.[34] Damit baut er sich eine Bibliothek auf, die schließlich 600 Bücherkästen umfasst; jeder dieser Behälter hat so viel Gewicht, dass ihn zwei Leute tragen müssen. Obwohl er von den kopierten Schriften nicht leben muss und sein Lebensunterhalt gesichert ist – der neue Kalif bestätigt seine Richterstelle, verlegt nur seinen Einsatzort in die Hauptstadt –, erfährt man von ihm, dass er einmal Bücher für 2.000 Dinar verkauft hat. Seine schiitischen Neigungen hat er für sich behalten, da bei Hof solche Gedanken streng verboten sind.

Er hinterlässt zahlreiche Schriften. Dabei sind ihm auch Schriften nach seinem Tod untergeschoben worden, sodass seine wirkliche Autorenschaft schwer zu ermitteln ist. Seine Bedeutung liegt in der Geschichtswissenschaft. Er befasst sich vor allem mit der Frühgeschichte von Mekka und Madina, aber auch mit der durch Zitate späterer Historiker überlieferten „großen Geschichte". Das Gleiche gilt für seine Geschichte über den Bürgerkrieg nach dem Tod des Propheten. Viele spätere Autoren haben diese Abfassung benutzt; damit ist seine Existenz bewiesen, obwohl das Werk nur in Bruchstücken vorhanden ist.

Ein Bücherfreund ist auch az-Zijādī (gest. 858), ein Wissenschaftler in Bagdad, der sich mit Literaturgeschichte und Historie befasst hat. Dabei stützt er sich auf Quellen, die ihm sicher und glaubhaft erschienen sind. Er ist Richter von Beruf, in dieser Eigenschaft und in seiner wissenschaftlichen Arbeit ist er respektiert und angesehen. Auch er lässt sich offensichtlich Bücher kopieren, sodass er über eine große und schöne Bibliothek verfügt. Wo er Bücher bekommen kann, beschafft er sie sich. Dafür ist er offenbar bekannt. In seinen Schriften hat er die Geschichte von Dichtern behandelt. Darüber hinaus widmet er sich einem Stoff, der aus historischer Sicht bisher kaum behandelt worden ist: „Väter und Mütter", womit die Geschichte eine sehr individuelle Färbung erfährt.[35]

In Bagdad lebt gleichzeitig ein Bücherfreund, dessen Zuneigung zu Schriften aller Art bekannt ist. Es handelt sich um Ibn Ḫāqān (gest. 861). Er lebt in einer schlimmen Zeit. Der regierende Kalif Mutawakkil (reg. 847-861) ist wegen seiner Grausamkeit gefürchtet. Einer der inneren Unsicherheitsfaktoren sind die türkischen Leibwachen, die sich zu einer unberechenbaren Truppe entwickelt haben. Ibn Ḫāqān hat als Bibliothekar den Astronomen ʿAlī b. Jaḥjā eingestellt; manche behaupten sogar, dass es dieser Mann ist, der die Büchersammlung zusammengestellt hat. Dieser Gelehrte stammt aus dem fernen Iran und hat sich auf die Pilgerschaft nach Mekka begeben. Damals hat er kaum Wissen über die Astronomie. Auf seinem Weg nach

Mekka hört er von der Bibliothek des Ibn Ḫāqān in Bagdad. Er stellt sich vor, wird angestellt, verzichtet auf seine Pilgerfahrt und bleibt in der neuen Stellung, wo er sich zu einem Fachmann der Astronomie entwickelt. Ibn Ḫāqān lebt in Bagdad und bekommt wegen seiner Belesenheit auch Zugang zum Hof. Der Kalif sieht ihn fast als Bruder an. In Zusammenkünften mit dem Kalifen kann es passieren, dass dieser ein wichtiges Problem anspricht. Sofort holt Ibn Ḫāqān aus seinen weiten Ärmeln ein entsprechendes Buch und liest daraus vor.[36] Seine Bibliothek muss riesig gewesen sein. Gelehrte aus Kufa und Basra reisen extra an, um in ihr zu arbeiten. In diesem Gebäude – einige nennen es „Palast", manch einer bezeichnet es ebenfalls als „Haus der Weisheit" – kann man auch wohnen, wenn man von auswärts kommt. Und Interessenten werden viele angezogen.[37] Ibn Ḫāqān steht über den Menschen, ohne überheblich zu sein. Obwohl er weitblickender als seine Zeitgenossen ist, stellt er nicht seine Vorzüge demonstrativ dar; man braucht ihn nicht zu fürchten. Er hat wesentlichen Anteil an der Wissenschaft und Literatur seiner Zeit, schreibt naturwissenschaftliche Werke mit dem Titel „Der Garten" oder „Wiese und Blumen".[38] Aber auch über die Könige hat er geschrieben. Als sich die türkischen Garden gegen den Kalifen verschworen haben und ihn umbringen wollen, ist Ibn Ḫāqān gerade bei ihm. Mit dem Schwert versucht er sich gegen die Angreifer zu verteidigen, doch er unterliegt zusammen mit dem Kalifen im Dezember 861.

Wie sich in jener Zeit politische Ereignisse im Nahen Osten auf die Privatbibliotheken ausgewirkt haben, zeigt sich im Jahr 896. Noch östlicher als der Iran liegt das Reich Siǧistān, an der Grenze zu Mittelasien. Dort regiert der Herrscher Ibn al-Laiṯ; er ist gefürchtet als rücksichtsloser Machthaber. Dieser hat erfahren, dass die in dem persischen Schiraz und der Region Ahwāz regierende Dynastie ausgestorben ist. Letztere Region stößt unmittelbar an den Irak. Nun rechnet man sich in der irakischen Stadt al-Basra aus, dass der Gewalthaber früher oder später auch hier auftauchen wird. Diese Ängste verstärken sich noch, als bekannt wird, dass Ibn al-Laiṯ beim Einzug in Schiraz und die anderen Teile Irans die dort vorgefundenen Schriften sofort verkaufen lässt.

In al-Basra ist die Bevölkerung gespalten angesichts dieser Gefahr. Der größte Teil der Bewohner will sich nicht von ihren Büchern trennen. So verbleibt die überwiegende Menge der Bücher in den Haushalten. Ein kleinerer Rest wird versteigert und erbringt 40.000 Dinar. Die Mehrheit der Bürger setzt sogar durch, dass in dieser Situation noch mehr für Bücher getan wird. Man sorgt dafür, dass jedes Haus, falls es das will, Kopisten und Papier erhält, um sich noch weitere Schriften anzulegen. Damit hat man sich in der Stadt mehrheitlich trotz der drohenden Gefahr für die Bücher erklärt. Das zeigt, wie schwierig die politischen und sicherheitsmäßigen Verhältnisse werden; die Einschätzung der Lage durch den Einzelnen ist, wie der Fall zeigt, äußerst kompliziert.[39]

Um 967 verstirbt der Gelehrte und Politiker Ḥāǧib Nuʿmān. Auch in seiner Zeit sind die politischen Verhältnisse nicht einfach. In vielfachen Kämpfen hat sich eine politische Kraft in Bagdad durchgesetzt, die sich als Beschützer des Kalifen empfindet, aber gleichzeitig wenig Stabilität mit sich bringt.[40] Der Bücherfreund gehört zu den Angeseheneren. Dazu kommt, dass er offensichtlich in der oberen Verwaltung Erfahrungen besitzt. Denn wir sehen ihn an der Spitze der Verwaltungseinheit – dort verantwortlich für die Steuereinnahmen –, die dem fruchtbaren Schwemmland von Euphrat und Tigris vorsteht. Das ist ein wichtiger Posten, denn der Steuerbetrag dieser Region beläuft sich auf 130 Millionen Dirham.[41] Doch gehört er nicht zum Adel. Seine Fachkenntnisse in der Verwaltungstechnik sind wohl seine entscheidenden Vorteile. Er baut sich eine Bibliothek auf, deren großer Wert darin besteht, dass es von fast jeder Kopie die Originalschrift gibt, von jedem Band einer Dichtung das Urexemplar. Das ist eine Liebhaberei besonderer Art. Er selbst ist ebenfalls Autor, schreibt über „Die Kindheit" und den „Duft des Tages in Nachrichten von der Nachbarschaft".[42]

Es kommt auch vor, dass sich zwei Buchliebhaber zusammentun. Solch einen Schritt unternimmt der stellungslose Gelehrte Ibn ʿAbbād (gest. 995), der ein ganzes Haus voller Bücher besitzt. Bei seinem Umzug braucht er für seine Sammlung von zirka 260.000 Büchern 400 Kamele zur Beförderung.[43] Er pflegt zu sagen, die habe ich alle gehört und selbst aufgeschrieben. Der Forscher wendet sich mit einem Geheimschreiben an den Regionalherrscher Nūḥ b. Manṣūr as-Sāmānī (reg. 976–997), der den nordöstlichen Teil des Iran regiert, und bittet ihn um eine Anstellung. Sicher weiß er, dass der Machthaber ebenfalls über eine ansehnliche Büchersammlung verfügt. Wegen der Übereinstimmung ihrer Interessen stellt der Herrscher den Gelehrten als Minister ein. Die Bibliothek von Ibn ʿAbbād muss gewaltig gewesen sein. Beschrieben wird, dass in jedem Zimmer eines ganzen Hauses Kästen stehen, in denen die Bücher angeordnet sind. In einem Zimmer ist die arabische Philologie und die dazu gehörige Dichtung zu finden; im nächsten das islamische Recht. Überall stehen einzigartige Exemplare. Es gibt auch ein Gesamtverzeichnis, sodass man sich schnell orientieren kann. Mancher, der diese Bibliothek betreten kann, findet dort Schätze, deren Namen er noch nie vernommen hat. Diese wissenschaftliche Privatbibliothek befindet sich in der persischen Stadt Iṣfahān – wo die Dynastie seit 913 regiert und Ibn ʿAbbād auch begraben wird – und liegt in einem fruchtbaren Wadi, das von dem Fluss Zarīn bewässert wird. Der wirtschaftliche Ertrag des Ortes ist aufgrund seiner günstigen Verhältnisse sehr hoch. Der Steuerbetrag beläuft sich auf 10,4 Millionen Dirham, die dem Regionalherrscher zustehen.[44] Das große Interesse am Buch führt somit zu einer Verbindung, die einerseits über das Thema hinausgeht; andererseits aber zeigt, wie sich wissenschaftliche Interessen als stabile Basis für eine fruchtbare Zusammenarbeit erweisen.[45]

Besagter Gelehrte Ibn ʿAbbād hat die Liebe zu den Büchern von einem seiner Lehrer empfangen. Dieser Lehrer namens Ibn al-ʿAmīd, mit dem Beinamen „der Schreiber", ist ebenfalls in der Verwaltung bewandert. Aufgrund seiner technischen Fertigkeiten hat er eine Stellung als Minister in der fernen Region Irans gefunden und erlebt dort die politischen Spannungen und Auseinandersetzungen. Seine Bibliothek, die er sich aufgebaut hat, besitzt gewaltige Ausmaße, weshalb er den bedeutenden Historiker Ibn Miskawaih (gest. 1030) als Bibliothekar eingestellt hat. Daneben treibt Ibn al-ʿAmīd auch erfolgreiche Studien in Philologie, Philosophie und Medizin.[46] Einen Fachmann wie Ibn Miskawaih kann er offensichtlich gut gebrauchen. Denn in seinem Leben muss er aufgrund politischer Wirren zuweilen den Wohnsitz wechseln. Auf 100 Kamelen verstaut, begleiten ihn stets die wichtigsten Bücher seiner Sammlung. Sie sind in seinem Leben der wichtigste Besitz. In dem ständigen Auf und Ab der politischen Arbeit ist die Bibliothek der feste Boden, um sich zu sammeln und zu entspannen. Wissenschaftlich ist Ibn al-ʿAmīd sehr bedeutsam. Seine Zeitgenossen schätzen ihn als den letzten großen Stilisten.[47] Seine geistige Vielseitigkeit und die Kraft seiner Bilder verschaffen ihm einen Rang besonderer Art. Bedeutende Dichter preisen ihn in langen poetischen Elogen. Für eine bedankt sich der Gelehrte mit 3.000 Dinar.[48] Zu seiner Zeit ist er eine hoch angesehene Persönlichkeit; in der hohen Bildung, der Literatur, Philosophie und Astronomie kann es keiner mit ihm aufnehmen. Er verstirbt 969. Sein Schüler, der erwähnte Ibn ʿAbbād, hat ihn bei vielen Gelegenheiten begleitet. Auf diese Weise vererbt sich bei ihm die Liebe zu den Büchern.

Anders steht die Angelegenheit bei einem Gelehrten, der um das Jahr 990 gestorben ist. Sein Name lautet Ibn Abī Baʿra. Er lebt in dem neuen Stadtteil von Mossul; ein Ort am Ostufer des Tigris. Damals ist die Stadt halbkreisförmig auf dem stufenweise ansteigenden östlichen Tigrisufer angelegt. In diesem Teil des Nordiraks herrscht noch der Kalif von Bagdad. Ibn Abī Baʿra hat sich eine große Bibliothek vor allem auf seinem Fachgebiet, der Sprachwissenschaft, zugelegt. Die seltensten Bücher über Grammatik, Sprache und schöne Literatur sind vorhanden. Vor allem aber die ältesten Werke auf diesen Gebieten. Er hat sehr viel Mühe darauf verwandt, um diesen Zustand zu erreichen. Er ist freundlich und umgänglich, wenn man mit ihm bekannt war. Aber scheu und vorsichtig zu Fremden. Vor allem hat er Angst vor den Ḥamdaniden. Das sind ursprünglich Regionalherrscher aus Persien, die jedoch, die Schwäche des Kalifen ausnutzend, bis Mossul vorgestoßen sind und auch Teile Syriens erobert haben. 989 befindet sich die Stadt wieder einmal in ihrer Hand.[49] Der Gelehrte fürchtet Raub und Plünderung unter den neuen Herren und bringt einen großen Bücherkasten voll besten Leders für Einbände, Dokumente, ägyptisches Pergament, Papier aus China und Iran zu einem Freund. Auch Kommentare zu Sprachproblemen der Araber und kostbare Gedichtsammlungen sind darunter. Dazu kommen Texte zur Grammatik, Volkserzählungen, Nachrichtensammlungen über alte Völker, Plaudereien über alte arabische Kämpfe, Genealogien und vieles andere. Angesichts der drohenden Gefahr will er bei einem Überfall auf sein Haus zumindest einen Bruchteil davon retten. Diese Sorgen sind nicht ganz unbegründet, haben sich doch solche Fälle bei Raub und Plünderung häufig wiederholt. Da ist es sicher klüger, den Schaden, wenn er denn schon eintritt, etwas zu minimieren. Ibn Abī Baʿra verstirbt, ohne die Bücherkiste zurückgeholt zu haben.

Die Probleme bei dem nächsten Bücherfreund, Ibn al-Furāt, in Bagdad liegen etwas anders. Dieser Gelehrte schreibt sehr viel und sammelt, was er bekommen kann. Von manchem der einstigen Autoren besitzt er das Gesamtwerk; das kann sich schon auf 1.000 Teile belaufen. Er orientiert sich mehr auf historische und religiöse Werke. So verfügt er über 100 Korankommentare. Das meiste ist in seiner Handschrift verfasst. So auch fast 100 Geschichtsbücher, die in 18 Bücherkisten untergebracht sind. Dabei tritt folgender Umstand ein. Er hat eine Sklavin, die regelmäßig Bücher entwendet, um sie wahrscheinlich zu verkaufen. Der Gelehrte kommt nicht dahinter; denn er stirbt im Jahr 994.

Das Verhalten der Sklavin wirft die Frage auf, welche Stellung Sklaven damals haben. Nach islamischem Recht sind sie eigentlich nur Sachen, Eigentum ihres Herren. Dieser kann sie veräußern wie er will: durch Verkauf, Schenkung oder als Ehegabe. Sklaven können – theoretisch – nichts verkaufen; auch keine Verpflichtungen übernehmen. Sie können allerdings im Auftrag ihres Herren vermögensrechtliche Abmachungen treffen; zum Beispiel bei einem Geschäft als Verkäufer auftreten. In Absprache mit ihrem Besitzer können sie auch Verbindlichkeiten eingehen. Wenn die Sklavin von einem Herren ein Kind bekommt, so folgt dieses dem Stand des Vaters und ist frei. Wird die Sklavin beim Ableben des Herren frei; darf diese Sklavin weder verkauft noch verpfändet werden. Die Freilassung von Sklaven gilt im Islam als gottgefälliges Werk und sogar als Anrecht auf eine Belohnung im Jenseits. Höchst verdienstvoll ist es gleichsam, Sklaven bei einem Freikauf zu unterstützen. Sklaven sind eigentlich in das Rechtssystem integriert. Das zeigt sich auch, wenn der Sklave freigelassen wird; dann steht er noch zu seinem früheren Herrn in einer Klientel-Verwandtschaft. Der ehemalige Sklave erwirbt dadurch das Erbrecht und kann in dem bestehenden Verhältnis auch Besitz erwerben.[50] So auch die Sklavin des Ibn al-Furāt. Im eigentlichen Sinn sind Sklaven also nicht rechtlos. Einfach ist ihr Los nie, aber es gibt klare Möglichkeiten für eine Verbesserung ihrer Lebenssituation. Dabei spielt, wie wir gesehen haben, der Islam und sein Rechtssystem eine entscheidende Rolle.

Sklaven finden sich im gesamten islamischen Reich; auch im arabischen Spanien. Dort gibt es ebenfalls Privatbibliotheken. Eine von ihnen wird von einer Frau aufgebaut. Es handelt sich um ʿAʾiša bint Aḥmad b. Qādim. Sie lebt in der Hauptstadt Cordoba und ist weithin bekannt für ihre Sammlung. Gleichzeitig ist sie eine angesehene Gelehrte, die tiefes Verstehen, große Wissenschaftlichkeit, Belesenheit in der Literatur und in der Poesie zeigt. Sie spricht ein sehr gutes Arabisch, zeichnet sich durch die Reinheit des Stils und ein gesundes Urteil aus. Ihre Schrift ist schön und klar. So erwirbt sie viele Koranexemplare, kopiert selbst zahlreiche Hefte und zeigt ihre Liebe zur Wissenschaft. Zudem besitzt sie Vermögen, was vielen Männern zu Überlegungen Anlass gibt, sie heiraten zu wollen. Aber sie liebt ihre Unabhängigkeit und wird ein Vorbild für zahlreiche gebildete junge Frauen im Land. Sie verstirbt im Jahr 1010 in ihrer Heimatstadt.

In Cordoba lebt und arbeitete auch der Richter Ibn Faṭīs (gest. 1012). Er ist neben seiner Arbeit wissenschaftlich tätig und schreibt sauber und gut lesbar. Sehr genau ist er bei der Beachtung aller sprachlichen Regeln und Vorschriften. Mit einem klaren Blick, einem guten Gedächtnis und umfassendem Wissen geht er an das Sammeln von Büchern. Er hat dafür eine „mehrfache" Strategie. Zum einen hat er in seinem Haus sechs Kopisten angestellt, die ständig auf der Basis eines festgelegten Lohns arbeiten müssen. Auf diese Weise schafft er sich aus geliehenen Büchern einen eigenen Bibliotheksbestand. Zum anderen aber ist er überall dort zu finden, wo wichtige Bücher im Land entstehen, die er für einen überhöhten Preis sofort kauft. So schafft er sich eine beachtliche Bibliothek. Damit hat er sich ein Reich geschaffen, das zu seiner großen Freude ständig neue Erkenntnisse bietet. Die politischen Umstände sind damals relativ günstig. Als er stirbt, hat er keine direkten Erben. Entfernte Verwandte sagen sich, dass der Verkauf der Bücher wohl das Beste sei. Man veräußert sie aber nicht an einen Händler, sondern bietet sie ein Jahr lang öffentlich in der Moschee an. Wie beachtlich die Menge der Bücher sein muss, ist bereits an dieser langen Zeitspanne ersichtlich. Der Verkauf erbringt die gewaltige Summe von 40.000 Dinar.[51] Damit haben auch die ferneren Verwandten einen direkten Nutzen. Die vorausschauende Lebensplanung des Richters trägt also beachtliche Früchte.[52]

In den Fragen der Qualität von Büchern, die viel kosten, geht man bei dem möglichen Verkauf den besten Weg. So denkt sich auch der Bücherfreund Ibn Mauṣil im spanischen Cordoba. Seine Name weist darauf hin, dass seine Vorfahren aus dem irakischen Mossul eingewandert sind. Er spezialisierte sich auf wichtige Werke der arabischen Literatur. Das ist deshalb nicht einfach, weil der spanische Buchmarkt weit entfernt lokalisiert ist von den Quellen in Syrien, Ägypten und dem Irak. Man muss also große Anstrengungen und kostspielige Forschungen anstellen, um überhaupt die gewünschten Bücher zu bekommen.

Die zweite noch schwierigere Frage ist die nach der Qualität der Überlieferung. Sind die Kopisten sehr gut oder hat sich ihre Leistung verschlechtert? Diese Fragen müssen ihn beschäftigt haben. Dazu kommt seine Neigung, die Bücher kostbar einbinden zu lassen, um auch ihre ästhetische Note hervorzuheben. Seine Nachforschungen bringen offensichtlich gute Resultate. Von dem 965 in Cordoba verstorbenen Qālī besitzt er in dessen eigener Handschrift ein Buch über die Reform der sprachlichen Logik. Dieser Wissenschaftler ist im fernen Armenien geboren, dann nach Bagdad gekommen, wo er studiert hat. 942 ist er in Spanien eingetroffen und hat die Sprachwissenschaft begründet. Hier muss Ibn Mauṣil auf dem eigenen Büchermarkt forschen, was noch relativ einfach ist. Aber bei dem nächsten Autor steht er vor schwierigeren Aufgaben.

Es handelt sich um den in Mekka im Jahr 837 verstorbenen ʻUbaid al-Qāsim. Dieser hat ein Wanderleben hinter sich. Geboren im afghanischen Herat, studiert in Kufa und Basra, hat er anschließend im äußersten Iran gearbeitet, wo ihm der dortige Statthalter für eines seiner Werke eine Monatspension von 10.000 Dirham ausgesetzt hat. Von dort begibt er sich schließlich über Bagdad nach Mekka. Er ist einer der großen Philologen seiner Zeit. Eines seiner Hauptwerke von ihm selbst zu bekommen, ist sicher äußerst schwer. Noch schwerer, den Beweis zu erbringen, dass ʻUbaid al-Qāsim 40 Jahre lang an dem Werk gearbeitet hat.[53] Man muss deshalb die Lebensgeschichte und Arbeitsergebnisse genau erfassen, um überhaupt einen Ansatzpunkt zu gewinnen. Nicht anders ist es mit dem nächsten Autor, den Ibn Mauṣil auch in Besitz hat. Das betrifft den Philologen al-A'rābī, in Kufa geboren und 844 hochbetagt im irakischen Samarra verstorben. Ibn Mauṣil besitzt eine Handschrift, die von einem relativ angesehenen Gelehrten verfasst worden ist. Diese riesige Weltgeschichte des Gelehrten aṭ-Ṭabarī (gest. 923) besitzt er in einer Version, die einigermaßen zuverlässig ist. Aṭ-Ṭabarī hat ein bewegtes Leben hinter sich. Geboren im fernen Tabaristan, unternimmt er später eine Studienreise durch Ägypten, Syrien und den Irak. Dann lässt er sich in Bagdad nieder, wo er auch verstirbt. In der Bibliothek des Ibn Mauṣil ist im Fall dieser Geschichte der Haupttradent des Gesamttextes vermerkt. Damit hat man eine einigermaßen sichere Textversion.[54]

Ganz andere Sorgen hat der nächste Bücherfreund. Nicht auf die höchste wissenschaftliche Qualität des Textes ist er aus, das Sammeln von Büchern begreift er als seinen Lebensinhalt. Ibn Ḥamdūn lebt in Bagdad. Er hat sich eine Bibliothek aufgebaut, vor allem durch Ankauf und bei Versteigerungen. Dadurch ist eine beachtliche Zahl zusammengekommen. Doch in wirtschaftlichen Krisen, die er erlebt, muss er einige davon verkaufen. Dabei weint er bittere Tränen, als wären gerade seine Liebsten gestorben. Ein Freund versucht ihn zu beruhigen. So sei nun mal die Zeit. Ibn Ḥamdūn dagegen verweist darauf, dass er 50 Jahre auf die Sammlung der Bibliothek verwandt habe. Und es mache ihn traurig, dass alles schon zu Lebzeiten hinschwinde. Ehe er gestorben ist, tritt bereits der Verlust ein. Diese Haltung verbindet sich bei ihm mit der Liebe zu Büchern und dem Eifer bei Diskussionen darüber. Nichts anders ist für ihn von Interesse. Deshalb ist er in einer etwas schwierigen Lage. Er muss sich darein finden, dass es für keinen Besitz letzte Sicherheit gibt. Eine Zusatzaufgabe hat er sich gestellt. Dazu gehört, dass er selbst größere und kleinere Bücher kopiert. Weiterhin sichtet er seine Handschriften, um dort mögliche Fehler zu korrigieren. Wenn er Zeit hat, geht er in die Moscheen und hört bei wichtigen Gelehrten, um sein Wissen noch zu vertiefen. In dem Erleben dieses Bücherfreundes, er verstirbt im Jahr 1211, spielt das schwierige Zeitgeschehen eine wichtige Rolle. Denn das Kalifat wird immer schwächer, sodass Söldner, türkische Garden und Abenteurer ihren schlimmen Einfluss ausüben können. Besitz ist zu jener Zeit stark gefährdet.[55]

Die schlimmen Befürchtungen bestätigen sich bei dem nächsten Besitzer einer Privatbibliothek in gewisser Weise. Aber nicht in Bagdad, sondern in Kairo. Auch hier haben die inneren Spannungen zugenommen; bis die Militärsklaven der Mamluken sich durchsetzen. Ibn Munqiḏ lebt und arbeitet in Kairo. Einer der Gelehrten, die ihn 1213 besuchen, finden ihn aktiv und voller Interesse. Obwohl er schon im fortgeschrittenen Alter ist, baut er seine Buchsammlung bei jeder Gelegenheit weiter auf; auch von gelegentlichen Besuchern kauft er nach Möglichkeit Bücher. In Verbindung mit der unsicheren innenpolitischen Lage hat er bei einem Vorfall 4.000 Bücher verloren. Das ist ein Verlust, der eigentlich nicht wieder gutzumachen ist; aber er verzweifelt dennoch nicht. Ibn Munqiḏ stirbt 1216. An seinem Beispiel wird ersichtlich, dass die wirtschaftliche Situation für Privatbibliotheken nicht unbedingt einfacher wird.

Das muss auch ein bedeutender Gelehrter erleben, der sich offensichtlich viele Gedanken macht, um seinen Bücherbestand auf alle Fälle zu sichern. Es handelt sich um Ibn al-Qifṭī.[56] Er ist 1172 in Oberägypten geboren. In Kairo unterrichtet er sich über alle Wissenschaften. Danach begibt er sich zu weiteren Studien nach Jerusalem, wo er etwa 15 Jahre bleibt. Dann reist er in das syrische Aleppo, wo er sich mindestens 10 Jahre mit wissenschaftlichen Forschungen befasst und dabei eine große Bibliothek aufbaut. Angesichts seiner enormen Bildung überträgt ihm der Regionalherrscher 1236 das Ministeramt. In der Situation nutzt er die Möglichkeiten, die er besitzt, um Gelehrten, die vor den vorrückenden Mongolenarmeen flüchten, tatkräftig zu helfen. Einer der Flüchtlinge ist der bedeutende Gelehrte Yāqūt (gest.1229); er hat sich nach dem Iran begeben, dort aber vor den anrückenden Mongolen Hals über Kopf das Land verlassen, dabei all sein Hab und Gut zurückgelassen, und ist völlig verarmt im irakischen Mossul angekommen. Solche Schicksalsschläge ereignen sich jetzt häufig. Ibn al-Qifṭī gibt ihm so viel Geld, dass er ungestört in Aleppo leben und arbeiten kann. Später begibt er sich nach Ägypten, wo er stirbt.

Ibn al-Qifṭī hat zahlreiche Werke hinterlassen, wozu eine Geschichte Kairos, eine Geschichte des Jemen und Nordafrikas gehören. Erhalten hat sich nur sein wertvolles Werk über die Gelehrten; er behandelt Ärzte, Astronomen und Philosophen von der ältesten Zeit bis in seine Tage. Seine Bibliothek ist sehr gut ausgerüstet. Einer, der eine lebhafte Schilderung darüber hinterlassen hat, ist der bereits erwähnte Gelehrte Yāqūt. Er hat nach seiner Flucht in der Bibliothek gearbeitet. Viele Büchereien hat er besucht und selbst eine besessen, die jetzt zu den Verlusten zählt. Auch mit den geschäftlichen Seiten des Buchhandels ist er vertraut.

Die Bibliothek Ibn Qifṭīs bietet der Forschung alle erdenklichen Möglichkeiten. In dem Sinn ist diese Sammlung ein großer Schatz. Ihr Besitzer ist selbstverständlich über das Heranrücken der mongolischen Armee bestens informiert. Aber er kann nicht wissen und einschätzen, wie weit sie vorrücken werden. Wer soll ihnen Widerstand leisten? Als er die

Frage der Sicherung der Bibliothek nach seinem Tod regelt, legt er fest, dass sie dem Herrscher von Aleppo zufallen soll. Die Anbindung an eine politisch führende Person erscheint ihm günstiger als die private Sicherung. Denn Letzteres böte im Fall der Katastrophe des Mongolenüberfalls keinerlei Sicherung, während der Kampf gegen sie auch von dem Regionalherrscher mitgetragen werden könnte. Das ist eine Hoffnung. Er besitzt noch eine zweite Bibliothek, die er von seinem Vater geerbt hat, der im Jemen gestorben ist. Die Büchersammlung aber lässt sein Sohn nach Kairo transportieren. Das liegt noch weiter entfernt von den vorrückenden Mongolen. Damit hat er, ohne das wissen zu können, das Richtige getan.

Denn es sind die harten Berufssoldaten der ägyptischen Mamluken unter ihrem Feldherrn Quṭuẓ, die am 3. September 1260 bei dem palästinensischen Ort Goliathsbrunnen die heranrückenden Mongolen vernichtend schlagen und anschließend aus Syrien vertreiben, das sie bereits erobert haben. Bei Gaza ist der Vortrupp der Mongolen aufgerieben worden. So spielt die große Politik unmittelbar hinein in die stille Welt der Bibliotheken. Ibn Qifṭī hat zumindest seine Bibliothek in Ägypten gesichert.

In Ägypten, wo es noch keine Invasion fremder Truppen gegeben hat, lebt der Gelehrte al-ʻAsqalānī (gest.1330). Seine Ahnen stammen aus Syrien. Zu seinen Büchern hat er ein enges Verhältnis. Insgesamt sind bei ihm 18 Bücherkisten zusammengekommen, vor allem literarische Werke. Er weiß, dass er nur eine gewisse Zeit mit den Büchern leben kann. Wie man nach seinem Tod damit verfahren soll, legt er nicht fest. So kommt es, dass seine Frau nach seinem Ableben die Bücher, deren Wert sie genau kennt, verkauft, bis sie Kairo 1339 verlässt.[57]

Hat dieser Vorgang bereits verdeutlicht, wie schnell das Ende solch einer Bibliothek eintreten kann, so ist generell anzumerken, dass in der Folge die Bedingungen für private Bildungsstätten immer schwieriger werden. Letzte Spuren großer Privatbibliotheken finden wir im 17. Jahrhundert. Im nordafrikanischen Marrakesch existiert noch 1603 eine große Privatbibliothek im Besitz der Familie as-Saʻdī, die zeitlebens bestrebt ist, Kultur in der Region zu fördern. Aber es tauchen auch Einflüsse bedenklicher Art auf, die auf die schwierige Lage der Kultur hinweisen. Denn es fliehen zahlreiche Gelehrte mit ihren Büchern nach Marrakesch, als spanische Verbände Algerien und Tunesien angreifen und das algerische Oran 1509 und Bougie 1512 erobern.[58]

Nach den Spaniern attackieren die osmanischen Türken ebenfalls Algerien in den Jahren 1518-1536,[59] um es zu unterwerfen. 2.000 Mann der Janitscharen, Elitetruppe des osmanischen Staates, stationiert die Hohe

Pforte hier.[60] Erneut machen sich Gelehrte mit ihrer ganzen Habe auf den Weg nach Marrakesch, weil sie nur noch dort eine gewisse Sicherheit erwarten können. Was sie mitbringen an Büchern, haben sie der drohenden Verbrennung entzogen. Damit wird die Bibliothek in Marrakesch ein letzter Hort der arabischen Kultur in dieser Region; die politischen Vorgänge veranschaulichen die sich gravierend verschlechternde Lage für Buchkultur und Forschung.

Auch in Marrakesch treten nach der letzten Blüte Unruhen und Kämpfe auf. Nachkommen des vorigen Herrschers richten sich gegenseitig zugrunde und ruinieren damit das Land. Blutbäder und Hinrichtungen sind fortan an der Tagesordnung. Die Menschen fliehen aus der Stadt. Das Klima für Bildung und Bibliotheken verschlechtert sich zusehends. Das trifft auch für Ägypten zu; denn seit dem Jahr 1517 ist das Land vom osmanischen Reich besetzt. Die Wirkungen auf das soziale und kulturelle System sind verheerend. Die jeweiligen Statthalter dieser Staatsmacht haben kein Interesse an der Landesentwicklung. Da sie nicht wissen, wie lange sie auf dem Posten bleiben, meist ist die Einsatzzeit relativ kurz, sind sie mit aller Macht bestrebt, so viel als möglich über den abzuführenden Steuerbetrag hinaus für sich in die Tasche zu wirtschaften. Mit der Zeit bedeutet dieses brutale Vorgehen ein Ende aller Kulturleistungen.

Einer der wenigen, der sich dieser Tendenz entgegenstellt, ist der Gelehrte al-Baġdādī in Kairo. 1621 in Bagdad geboren, hat er in Damaskus studiert und sich dann in Kairo niedergelassen. Aus dem Land Ägypten kann er ausbrechen, indem er sich dem osmanischen Großwezīr Köprülü Pāšā anschließt und mit ihm nach Adrianopel zieht. Dieser Großwezīr, die zweitwichtigste Person im osmanischen Staat, hat ein waches Interesse an Kunst und Wissenschaft, deren Förderer er sogar bleibt, wenn er im Feldlager die eigenen Truppen zu führen hat. Er gründet auch eine Bibliothek in Istambul, die es heute noch gibt und seinen Namen trägt.[61] Mit diesem Mann tritt der Gelehrte in Verbindung und findet Anerkennung. Er zieht sich bald nach Kairo zurück, weil er an einer Augenkrankheit leidet. Er stirbt 1682. Auch er hat sich eine Bibliothek aufgebaut, die bei Besuchern Staunen erregt, weil so viele Kostbarkeiten darunter sind. Ungefähr 4.000 Bände kommen zusammen.

Diese Sammlung ist heute verstreut in der ägyptischen Nationalbibliothek, in der Köprülü-Bibliothek Istambul und anderen europäischen Einrichtungen.[62] So verteilt sich das geistige Erbe dieses Gelehrten über viele Erdteile. Seine Bücher sind daran zu erkennen, dass er in fast jedem Band eigenhändige Notizen hinterlassen hat. Vor allem bei eigenen Werken gibt er am Schluss Tag und Stunde der Fertigstellung an. Manchmal hat er noch den Zeitpunkt des Beginns hinzugefügt. Damit hat er sein geistiges Erbe zuverlässig gesichert, wohin es auch immer gelangt sein mag. Dieser Gelehrte hat mit seiner Bibliothek damit einen Brückenschlag in die Welt geleistet. Bibliotheken in aller Welt schätzen sich glücklich, Werke von ihm zu besitzen. Dasbeweist seine vortreffliche Leistung, die er noch in einer Zeit des allmählichen Verfalls der arabischen Kultur und Wissenschaft vollbracht hat.

Die einzelnen Wissenschaftszweige und ihre Auswirkungen auf Europa

Die Mathematik und verwandte Gebiete

Die Wissenschaft der Araber im Mittelalter trägt weitgehend ganz praxisbezogene Züge, da man einerseits technische Notwendigkeiten zu lösen hat, andererseits weit in die Zukunft gerichtete Schritte erforderlich sind, wenn man den Meridian der Erde vermisst und damit der weltumspannenden Handelsschifffahrt der Araber Impulse vermitteln will. Auf jeden Fall ist die arabische Welt in ihrer glücklichsten Phase um das Jahr 800 bereit und willens, aus der griechischen Antike alles Verwertbare zu übernehmen und fortzuentwickeln; aber auch aus Indien kommen gerade in Bezug auf die Mathematik viele Anregungen.

Die Assimilation dieser Gedanken beginnt unvermittelt. Die arabischen Gelehrten haben oft praktische Anliegen und fördern dadurch gleichzeitig die Wissenschaft. So macht es sich zu jener Zeitepoche dringend erforderlich, die Landwirtschaft maximal zu nutzen. Beinahe sofort gibt es den Beruf des Muhandis, „der den Verlauf der Bewässerungskanäle berechnet und die Plätze, wo sie angelegt werden".[1] Dieser Fachmann erfüllt die Aufgaben eines heutigen Zivilingenieurs. Damit sind wir bereits in der Geometrie. Die erwähnte Berufsbezeichnung oszilliert zwischen praktischer und theoretischer Lehre, womit wir in der Geodäsie sind.

Beflügelt werden diese Wissenschaften auch durch die Notwendigkeit, die Gebetsrichtung der Muslims zu bestimmen, die stets, wo auch immer sie leben, nach Mekka gerichtet ist. Das wichtigste Vorhaben der Geodäsie ist die Vermessung des Erdmeridians. Damit hat man gleichzeitig erstmalig die Grundlage zur Erarbeitung richtiger Atlanten gelegt, denn das ist offenbar ein wichtiges Anliegen bei der Bestimmung der Erdoberfläche.

In kurzer Zeit werden viele Fragen geklärt. So charakterisiert man den Punkt in der Geodäsie: „Er hat keine Höhe, Breite und Tiefe; er ist nicht fühlbar. Er taucht auf bei der Linie; ist sonst nur vorstellbar als Idee".[2] Das sind neue Vorstellungen, die einer beachtlichen Definition gleichkommen. Die Araber berechnen auch in zutreffender Weise die Ekliptik der Erde, ihren Neigungswinkel mit 23 Grad und 33 Minuten.[3]

Durch solche Forschungen regt man in vielfältiger Weise auch die Geographie an, die herausragende Werke vorlegt. Die Forschungen damals sind oft strukturiert; interdisziplinär in ihrer Konzeption und haben oft auch die praktische Nutzanwendung in vielfältiger Form vorbedacht. Damit greifen sie weit in die Zukunft und gehören zur universellen Wissenschaftsgeschichte der Menschheit.

Der Name des Gelehrten al-Ḫwārazmī hat sich in Europa in verstümmelter Form als „Algorithmus“ für jedes wiederkehrende, zur Regel gewordene Rechnungsverfahren erhalten. Der Begriff Algebra wird aus dem Titel seines Buches „Muḫtaṣar min ḥisāb al-ǧabr wal-muqābala“ abgeleitet. Wer also ist dieser Mann? Wir wissen relativ wenig über ihn. Fest steht, dass er in der ersten großen Bibliothek unter dem Kalifen al-Ma'mūn (reg.813-833) gearbeitet hat. Er stammt aus Persien und ist einer der ersten, die Sternenkunde und Mathematik betreiben.[4] Seine Hauptbedeutung bis heute besteht darin, dass er die Dezimal-Idee entwickelt und diese mit den indischen Zahlen verbunden hat.[5] Er führt die Null ein, bezeichnet durch ein O. Auf der epochalen Basis seiner Erkenntnisse entwickelt er seine Mathematik. In seinem Werk führt er erste Gleichungen vor, Messungen und Vermessungen sowie Erbteilungen im Zusammenhang mit Testamenten.

Wir besitzen das einflussreichste seiner Werke nur noch in einer ins Lateinische übersetzten Form. Gerard von Cremona (1114-1187) hat diese Arbeit im 12. Jahrhundert geleistet. In dem Buch heißt es zum Beispiel: „Für die Problemstellung verfügt man über eine Summe minus Wurzel drei, gleich zu Wurzel eins, bringt dazu eine Quantität von Wurzel vier. Das ist sechzehn, so hast du die Summe vervollständigt und das hinzugefügt, was weggelassen ist von ihm. So hat man den kompletten Betrag.“[6] In unserer Rechnung würde sich der Vorgang folgendermaßen darstellen: $x^2-3x = x$; daher ist $x = 4$, $x^2 = 16$. Er schafft damit und mit anderen Rechenvorgängen die Basis für die spätere Verfeinerung der mathematischen Methode. Spätere Kommentare zu diesem Werk sind in der arabischen Welt zahlreich. Der Einfluss reicht bis nach Europa.

Leonardo von Pisa (1180-1228) steht ganz unter dem Eindruck von al-Ḫwārazmī. Er lernt bei seinem in der arabischen Stadt Bugia als Konsul weilenden Vater die arabische Sprache und Rechenkunst. Durch Reisen bildet er sich weiter und übermittelt zuerst den Europäern das indisch-arabische Zahlensystem. In naher Beziehung steht er zu dem Stauferkaiser Friedrich II. (1194-1250), der von Christen verraten und von den Muslims verehrt wird. In seinen Hauptwerken stellt al-Ḫwārazmī die arabische Mathematik dar und entwickelt selbst die allgemeine Arithmetik weiter.[7] Für den regierenden Kalifen verfasst er einen Auszug aus dem indischen Astronomie-Werk „Sindhind“ und eine Revision der Tafeln des Ptolemäus. Unter dem indischen Werk muss man astronomische Tafeln verstehen, zu denen eine längere Einleitung gehört. Zusammen bildet das eine Art von theoretischer Astronomie.

Dieser Auszug hat ebenfalls große Wirkung in der arabischen Wissenschaft gehabt. In lateinischer Übersetzung liegt er ebenfalls vor. In dem Tafelwerk sind zugleich trigonometrische Tabellen enthalten, die auch mit Sinusfunktionen verbunden sind. Möglicherweise befasste sich al-Ḫwārazmī in einem Werk auch mit dem Erscheinen des Neumondes, doch haben sich dazu keine konkreteren Angaben erhalten.

Auch sind zwei Schriften nur in Zitaten späterer Autoren überliefert; diese betreffen das technische Gerät des Astrolab. Wichtiger noch ist seine Schrift „Die Gestalt der Erde“. Den Text, der uns in einer einzigen Handschrift erhalten geblieben ist, soll er auf Veranlassung des Kalifen geschrieben haben. Er grenzt sich darin entschieden von griechischen Vorbildern ab. Auch bringt er getrennte Listen von Städten, Flüssen, Bergen usw. Seine Information über die Erde orientiert sich an den Klimazonen; auch das ist ein neuer, wegweisender Aspekt.[8] Damit stellt er die bewohnte Welt dar, wie man sie damals versteht. Konkret reicht seine Erfassung aller geographischen Gegebenheiten von den Kanarischen Inseln im Westen bis nach China im Osten. Dem Ganzen unterlegt er sieben Klimazonen; von Süden nach Norden in parallelen Linien zum Äquator dargestellt. Diese basieren auf der Dauer des jeweils längsten Tages. Die erste Zone erhebt sich über dem Äquator nördlich um 16 Grad und 20 Minuten. In ihr dauert der längste Tag 13 Stunden. In der zweiten Zone beträgt die Dauer 13,30 Stunden. In der unmittelbaren Nähe des Äquators und der nördlichsten Klimazone gibt es nach dem Gelehrten kein Leben, weil die natürlichen Gegebenheiten fehlen. Gleichzeitig sind diese Regionen für ihn offensichtlich weitgehend unbekanntes Land. Innerhalb der Klimazonen sind die Städte und Flüsse mit Längengraden von West nach Ost angeordnet. All diese Klimazonen hat er berechnet und dem Modell zugrunde gelegt. Auch hier ist erneut das Zusammenwirken zweier Wissenschaften zu erkennen. In seiner Klimadarstellung liegt der Irak mit der Hauptstadt Bagdad in der vierten Zone; also einem gemäßigten Klima. Einerseits wird damit der Irak zum Zentrum der ganzen Welt, andererseits aber tauchen die anderen Regionen zum ersten Mal in einer solchen Darstellung auf. Sehr viele von ihnen sind dadurch erstmalig geographisch erfasst.

Der Begriff Klimazonen hat sich inzwischen bei uns eingebürgert. Heute haben wir fünf Klimazonen, die sich vor allem nach den Arbeiten des deutschen Klimatologen und Meteorologen W. Köppen (1846-1940) auf die jeweilige Vegetationsform orientieren. Der Grundsatz ist dabei der Gleiche, wie ihn al-Ḫwārazmī gebraucht hat, denn man definiert Klima gegenwärtig als „den charakteristischen durchschnittlichen Zustand an einer Stelle der

Erdoberfläche".[9] Weitsichtig hat er die Sonnenstrahlung als entscheidendes Kriterium erkannt; denn was sind Wetterelemente wie Temperatur, Luftfeuchtigkeit und Niederschlagsmenge anderes als die durch Sonnenkraft vermittelten Elemente. Obwohl der arabische Gelehrte die Meteorologie nicht kennt, ist ihm trotzdem der entscheidende Schritt gelungen, die ganze Erde in Klimazonen einzuteilen, in denen jeweils typische Formen des Lebens existieren, wozu er indirekt das Wetter einbezog. Auch ist seine Vermutung teilweise richtig, dass in den extremen Klimazonen kein Leben zu finden ist. In seinen Klimavorstellungen sieht er nicht die Vegetation als entscheidendes Element, sondern zum einen das zivilisatorische Faktum der Städte, zum anderen auch Flüsse und Berge. Angesichts der vielfältigen Probleme der in der Welt entstandenen Megastädte mit vielen Millionen Menschen werden wir auch auf die Tatsache verwiesen, dass neben der Vegetation die urbane Form des Lebens, wie sie der Gelehrte entwickelt hat, an Bedeutung gewinnen kann. Ihm ist klar, dass in letzter Konsequenz der Mensch mit seinen kulturellen und sozialen Fähigkeiten zum Kern der Klimavorstellungen wird. Denn als Wissenschaftler ist er sich der Tatsache bewusst, dass Städte auch verschwinden können, doch bleibt das Menschenwerk der Zivilisation in jedem Fall erhalten. Diese humane Botschaft ist inhärenter Bestandteil seiner Klimaforschung. Damit erweist er sich als weitsichtig und konzeptionell neuartig im höchsten Maß.

Nach den vorliegenden Informationen hat der Kalif al-H̱wārazmī um dieses Buch gebeten.[10] Das besagt immerhin, dass es gewisse sachliche Beziehungen zwischen ihnen beiden gegeben haben muss. Das Besondere daran ist sicher die generell schöpferische Atmosphäre, die im „Haus der Weisheit", der Bibliothek und Forschungsstätte, herrscht. Alle, die dort tätig sind, befassen sich mit Übersetzungen, neuen Planungen und verfassen Texte. Bestimmt ist nicht alles optimal organisiert, aber jeder kann dort ungehindert entsprechend seiner Befähigung arbeiten. Solch ein besonderer Auftrag liegt als praktische Nutzanwendung nach der spektakulären Meridianvermessung quasi in der Luft. Doch so einfach ist die Lage bestimmt nicht. Al-H̱wārazmī ist eine Persönlichkeit von hohem wissenschaftlichen Rang. Er hat sich umfassend gebildet. Dass er nun dieses Buch mit seinen vielfältig neuen Zügen einfach so hingeschrieben und gezeichnet hat, ist nicht anzunehmen. Ihm muss das Problem selbst auf den Nägeln gebrannt haben; er kennt ja bereits erste Vorstellungen der alten Griechen zu dem Problem. Dabei aber sieht er sich neuen Erfordernissen gegenüber. Hier existiert ein arabisches Weltreich, das sich von Spanien im Westen bis nach Samarkand im Osten erstreckt. Der Handel zwischen den einzelnen Teilen

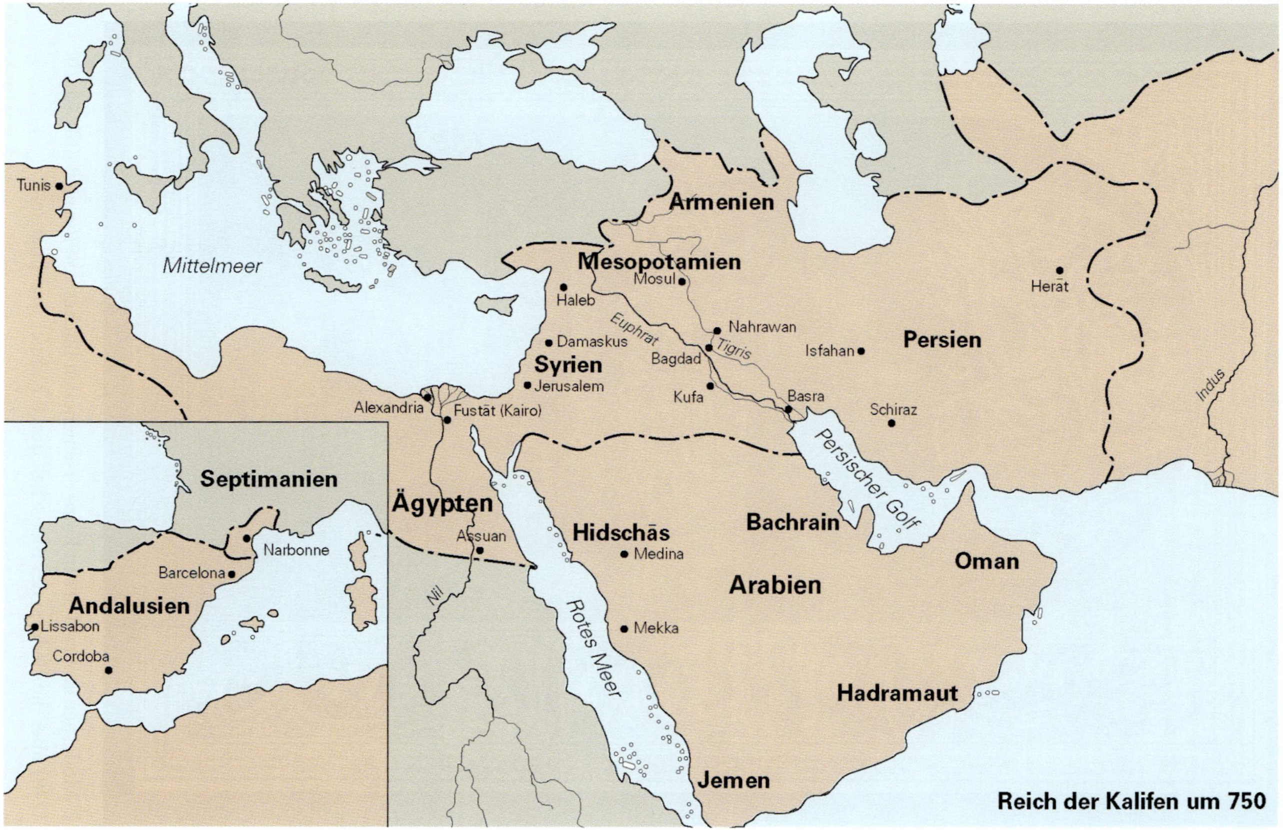

1 Das arabische Reich der Kalifen um 750.

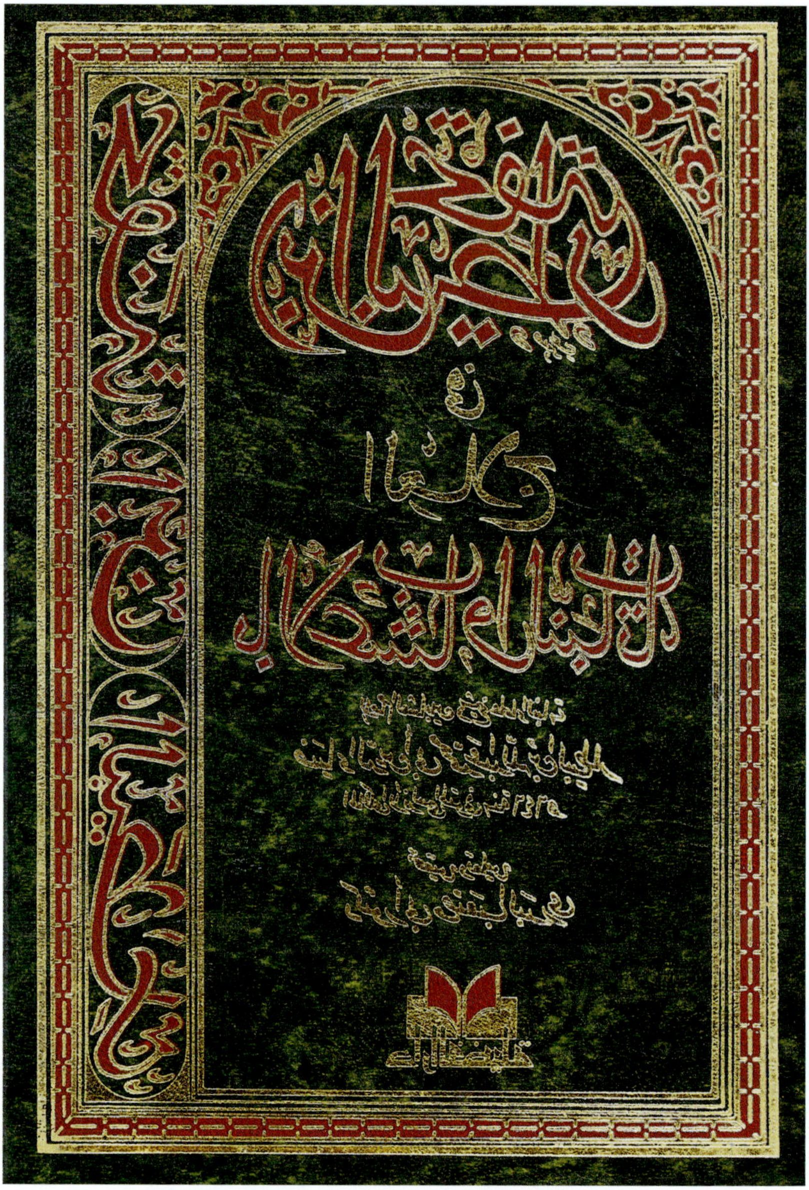

2 Moderner Einband des in Kairo erschienenen Buches von Ibn al-Baiṭār (starb 1248) über die Heilung des Menschen durch Kräuter und Pflanzen.

3 Arabische Buchgestaltung. Dargestellt ist ein nächtlicher Angriff von Südarabern, die einen Nordaraber mit dessen Begleitern ermorden.

4 Gelehrter beim Studium des Koran.

5 Blick in eine ägyptische Schreibstube Mitte des 18. Jhs.

6 Geographische Karte des Irak von al-Iṣṭaharī (starb 961) aus dem Buch „Die Wege der Länder“. Dargestellt sind links der Tigris mit der Stadt Bagdad (oben) und rechts der Verlauf des Euphrat.

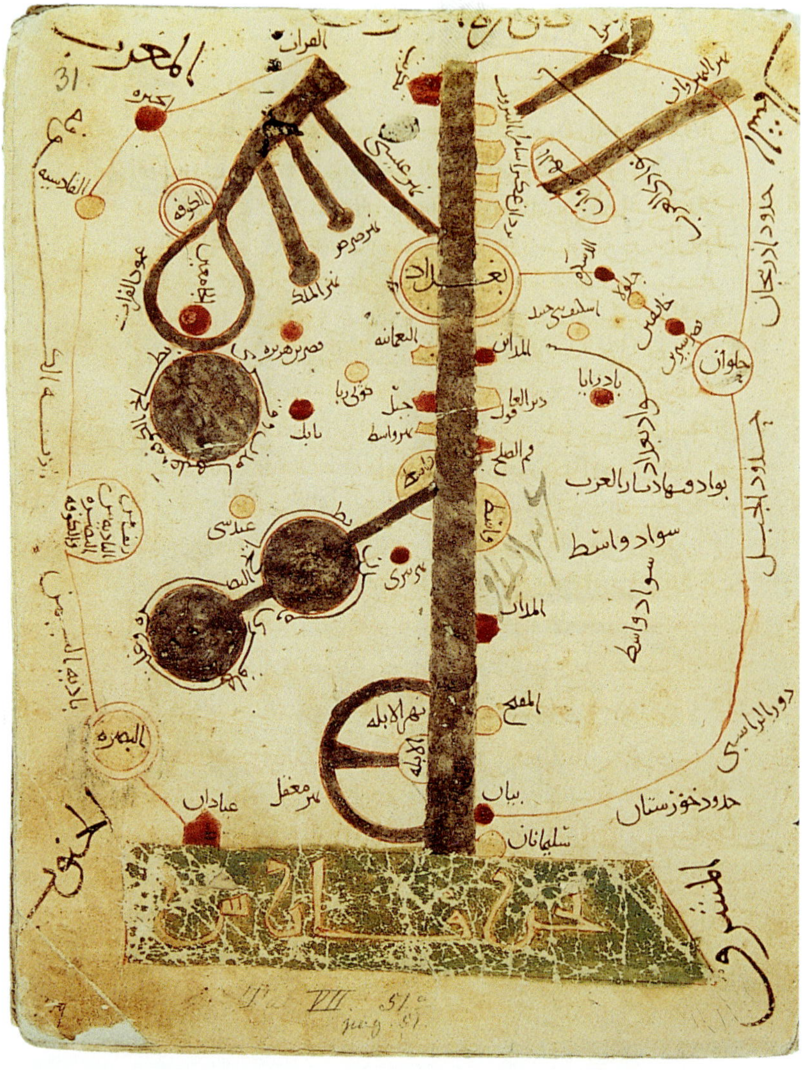

7 In dieser Handschrift aus dem Jahre 1173 ist der Unterlauf des Tigris abgebildet. Auf der rechten Seite werden die östlichen Nachbarländer angegeben, nördlich Aserbaidshan, südlich das persische Ḫūzistān. Im Westen führt die rötlich markierte Handelsroute vom nördlichen Kufa ins südliche Basra.

8 Karte von Nordafrika (links) und Spanien (rechts) mit dem Zentrum Cordoba, von dem strahlenförmig Wege und Straßen ausgehen. Die Städte sind rot gekennzeichnet.

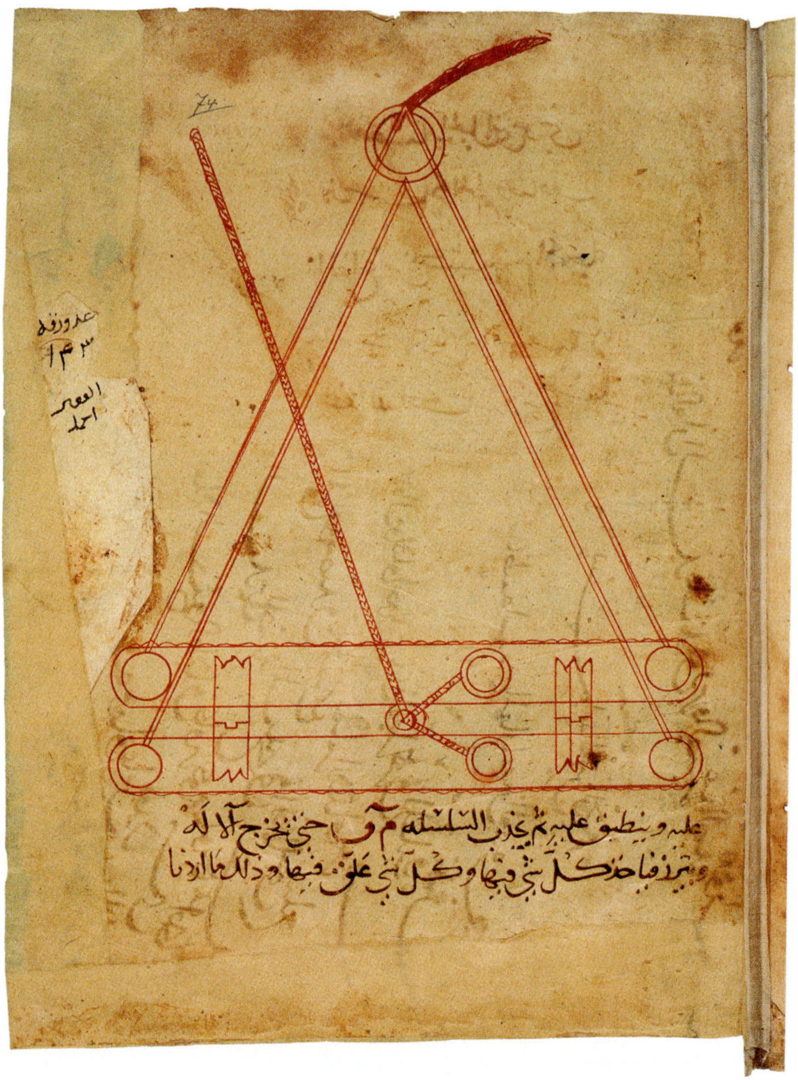

9 Modell einer Dreschmaschine aus dem „Buch der Erfindungen“, das Banū Mūsā b. Ṣākir im 9. Jh. verfasst hat. Auf einem festen Gestell werden über eine Kette zwei Trommeln angetrieben, in denen das Getreide gedroschen wird. So funktionierten auch noch die ersten deutschen Dreschmaschinen im 19. Jh.

beginnt sich zu entwickeln. Daher begreift er, dass seine Darstellung sowohl der Theorie als auch der Praxis dienen soll. Das Buch vermittelt dem Kalifen einen ganz neuen Eindruck von seinem Reich, denn ihm wird deutlich, dass es mehrere Klimazonen umfasst. Es vermittelt aber auch den Fachkollegen unter den Geographen und sogar Kaufleuten wichtige Hinweise auf die Gegebenheiten, die zu beachten sind. Faszinierend daran ist, dass trotz solch eines speziellen Auftrags des Kalifen generell eine freie spekulative Arbeitsweise möglich ist. Der Herrscher und einige - wenige - seiner Nachfolger sind nicht geprägt durch die Enge orthodoxer religiöser Sichtweisen. Freies Denken ist unbeschränkt möglich. Das aber veranlasst unseren Gelehrten und andere ebenfalls, aus ihrer fachlichen Sicht das aufzugreifen, was sie als wichtig und dringlich empfinden. Quellen aller Art stehen zur Verfügung; keinerlei Beschränkung wird verfügt. Der Forschungseifer ist beachtlich - aber was kriegt der einfache Bürger davon mit? Welchen Nutzen hat er von den neuen Erkenntnissen?

Von den Berechnungen des Erdmeridians, von der genauen Festlegung der Klimazonen und den beginnenden Sternbeobachtungen haben die Menschen in den Dörfern und Städten schon einen sehr unmittelbaren und direkten Nutzen. Denn Fachleute wie der 996 mit 74 Jahren verstorbene Abū Manṣūr - ein Astronom, der nicht zu der hohen Bildungsstätte des „Hauses der Weisheit" gehört - errechnen für die Bewohner des Irak, Syriens und Libanons nicht nur die entsprechende Gebetsrichtung nach Mekka, sondern geben auch die genauen Gebetszeiten an. Auf diese Weise ergänzen sich wissenschaftliche Exaktheit mit religiösem Pragmatismus für die islamische Welt geradezu ideal.[11] Solche Folgeleistungen der großen Forschungen eines al-Ḫwārazmī müssen wir in vielfältiger Weise in Rechnung stellen. Er selbst ist offensichtlich auch kein der Wirklichkeit der Welt entfremdeter Stubengelehrter. Denn zu den wenigen Fakten über sein Leben gehört die Information, dass ihn der Kalif Wāṯiq (reg. 842-847) mit einer nicht näher bekannten Botschaft um 842 an den Herrscher von Ḫazar geschickt hat.[12] Der Empfänger siedelt an der nordwestlichen Küste des Kaspischen Meeres. Welche Funktion der Gelehrte erfüllen soll, entzieht sich unserer Kenntnis. Doch zeigt dieser Vorgang, dass er nicht nur wegen seiner enormen wissenschaftlichen Leistung, sondern auch als einflussreiche Persönlichkeit in seiner Zeit geschätzt ist. Seine Herkunft aus dem Iran mag entscheidend gewesen sein für den Auftrag.

Mit seiner Leistung hat al-Ḫwārazmī bereits das Muster entwickelt, das wir auch später wieder sehen werden. Um in der Wissenschaft etwas zu leisten, muss man vielseitig ausgebildet und profiliert sein. Viele Wissenschaften sind zur damaligen Zeit eng miteinander verbunden, das erleichtert ihm und anderen die Lösung eines Problems. Bei al-Ḫwārazmī zeigt sich das in der Verbindung von Mathematik, Geographie und anderen Naturwissenschaften. In dem Vorgehen sind diese arabischen Gelehrten überwiegend interdisziplinär und vermögen damit größere Zusammenhänge leichter zu überblicken. Deshalb kann er, der von der Mathematik kommt, in seiner Vorstellung der Klimazonen neue Wege gehen, die ihn über die alten Griechen hinausführen. In seinem Streben, die Welt komplex zu erforschen, konzentriert er sich auf Schwerpunkte, deren Nutzanwendungen vielfältig sind. Sein Forschungsansatz besteht natürlich nicht darin, primär einfache Lösungen zu finden, die einem direkten Gebrauch dienen. Vielmehr ist das komplexe Vorgehen seine wissenschaftliche Methode. Das erweist sich in all seinen Schriften; stets setzt er neue Maßstäbe bei der wissenschaftlichen Bewältigung von Problemen. So beteiligt er sich mit eigenen Untersuchungen an der schwierigen Frage der Zeitmessung. Diese wissenschaftliche Vorgehensweise ist insofern bemerkenswert, weil er noch am Anfang einer langen Entwicklung steht. So trägt er auch zur verbesserten Wirksamkeit der Sonnenuhren bei, was er erreicht, indem er die Stundenlinien derselben mit einer Reihe von Breitengraden verknüpft. Das bedeutet eine beachtliche mathematische Leistung und trägt neue Züge, sodass wir diese doppelte oder erweiterte Darstellung auf den Sonnenuhren von nun an bis ins späte 18. Jahrhundert in der islamischen Welt finden. Bei al-Ḫwārazmī beginnt diese Entwicklung.

Auch in der Trigonometrie gehört er zu den epochalen Köpfen. Eigentlich ist diese kein Teil der Mathematik, sondern der Astronomie. Doch ist damals naturgemäß klar, dass man keinen vollständigen Eindruck von der sphärischen Astronomie erhalten kann, wenn man nicht Kenntnisse in sphärischer Geometrie und Trigonometrie besitzt. Alle guten Mathematiker sind zugleich ausgezeichnete Astronomen, so auch al-Ḫwārazmī. Als Quellen ist den arabischen Gelehrten der „Almagest" des Ptolemäus und das indische Werk „Sindhind" bekannt gewesen. Diese Texte bieten jedoch nicht viel Neues. Die Araber, vor allem al-Ḫwārazmī, lassen die unbeholfene Methode des „Almagest" hinter sich.

Das ist ein wichtiger Schritt in Richtung einer modernen Trigonometrie und eine bedeutende Leistung für die Mathematik. Al-Ḫwārazmī gehört zu den ersten, die in den eigenen Schriften den Sinus und die Tangente darlegen.[13] Dabei muss er sogar neue Begriffe im Arabischen schaffen; so gebraucht er erstmalig für den Sinus das arabische Wort „ǧaib". Er ist also auch sprachschöpferisch tätig; denn in dem Wort findet er offensichtlich den von ihm gewünschten Begriff am besten widergespiegelt. Bei späteren Wissenschaftlern wird sich ein anderes Wort finden. Das zeigt, welch schwierige Aufgaben unser Gelehrter zu lösen hat, da er das sprachliche Instrumentarium oft noch schaffen muss. In dem Sinn hat der Gelehrte zahlreichen Wissenschaften wichtige Impulse vermittelt. Al-Ḫwārazmī verstirbt 850 in Bagdad. Bei der schwierigen Lage hinsichtlich seiner Biografie ist auch dieses Datum nicht ganz sicher; doch geht die Mehrheit der Quellen davon aus.

Anders liegt der Fall bei dem großen Mathematiker und Astronomen al-Battānī, den man in unserem Mittelalter als Albatanius oder Albategni bezeichnete.[14] Er wird wahrscheinlich 858 in Harrān geboren, einer sehr alten Stadt im Nordirak, die als legendärer Heimatort Abrahams galt, aber bekannter ist als die Heimat der Sabier. Das ist eine Sekte, die noch lange unter dem Islam existiert hat, da sie im Koran unter die „schützenswerten Buchbesitzer", gemeint ist damit eine heilige Schrift, gezählt wird. Die Sabier sprachen Syrisch. Auch ein Mond-Tempel, einstiger Verehrungsort, steht dort noch bis etwa 1033.[15]

Al-Battānī trägt den Beinamen „der Sabier", seine Vorfahren haben noch der Sekte angehört. Er selbst sieht sich aber als guter Muslim. Als wichtigsten Wohnsitz wählt er den Ort Raqqa im Irak, am linken Ufer des Euphrat kurz vor der Einmündung des Flusses Balīḫ. Dieser Ort ist 772 von dem Kalifen al-Manṣūr – einem eigentlich für seinen Geiz bekannten Herrscher – für seine nach dem Irak gezogenen Landsleute völlig neu angelegt worden.[16] Der Kalif ist Iraner und will damit für seine Anhänger gute Lebensbedingungen schaffen. Der Ort wird in einem hufeisenförmigen Grundriss errichtet, zwei extra angelegte Kanäle versorgen die neue Stadt mit Wasser. Auf diese Neustadt geht allmählich der alte Name Raqqa über; die ursprüngliche Siedlung mit dem gleichen Namen verfällt allmählich.[17] Große Märkte, die eine eigene Vorstadt bilden, entwickeln sich schrittweise. Dort entsteht die heute hochbezahlte Raqqa-Keramik, auch Glas und Bronze aus der Gegend sind berühmt. Der Bodensteuerbetrag für das ganze Gebiet, in dem die Stadt liegt, beträgt um das Jahr 850 um 5,6 Mio. Dirham.[18] Fünfzig Jahre später hat sich der Betrag bereits auf 7,7 Mio. Dirham erhöht.[19] In der attraktiven und neuen Stadt lässt sich al-Battānī nieder. Seine astronomischen Beobachtungen beginnt er dort im Jahr 877. Fast sein ganzes Leben über setzt er sie fort; genau bis zum Jahr 919, so hat er einmal einem Freund berichtet.[20] Gleichzeitig legt er seine gesammelten Erkenntnisse in zahlreichen Schriften nieder. Als er 929 in einer wichtigen geschäftlichen

Angelegenheit nach Bagdad reisen muss, verstirbt er auf der Rückreise in geringer Entfernung vom westlichen Tigrisufer bei dem Ort Samarra. Bereits zu Lebzeiten erlangt er große Berühmtheit.

Die zeigt sich auch in den arabischen Quellen, die sich, untereinander teilweise ergänzend, einig sind über seine phänomenale Leistung. Sein astronomisches Handbuch, das mit mathematisch-astronomischen Tafeln verbunden ist, enthält Ergebnisse seiner Beobachtungen und Berechnungen. Er erkennt die Beziehung zwischen den Seiten und den Winkeln eines sphärischen Dreiecks, die sich in der heutigen Formel ausdrücken lässt:

$$\cos a = \cos b.\ \cos c + \sin b.\ \sin c.\ \cos a.$$ [21]

Folgende Aufgabe löst er damit erstmalig: Sind vom sphärischen Dreieck a b c zwei Seiten und die von ihnen eingeschlossenen Winkel, zum Beispiel b. c. a., gegeben, so findet man mit dem Seitenkosinussatz die Länge der dritten Seite.[22] Auch fehlende Winkelgrößen kann man mit der abgeleiteten Formel errechnen. Damit schafft er neue entscheidende Wege für die sphärische Trigonometrie. Die Einflüsse dieser Schrift reichen schon sehr früh bis nach Europa.

Die erste Übersetzung des Werkes ins Lateinische stellt der spanische Gelehrte Robertus Retinensius oder auch Ketensia (gest. 1143) her, der in Pamplona lebt und stirbt. Diese Textfassung ist leider verloren gegangen. Eine neue Übertragung fertigt in der ersten Hälfte des 12. Jahrhunderts Plato Tiburtinus an; diese Fassung erscheint, ohne die mathematischen Tafeln, im Jahr 1537 in Nürnberg und 1645 in Bologna. König Alfons X. von Kastilien (reg. 1252-1284) lässt den Text um 1252 ins Spanische übersetzen. Einheimische Astronomen veröffentlichen das Werk unter dem Titel „Alfonsinische Tafeln", benannt nach dem Finanzier. Der spanische Herrscher ist politisch nicht erfolgreich, er manipuliert das eigene Münzsystem und hat große Ambitionen, die alle scheitern. Doch ist er sehr an der Kultur interessiert und trägt bald den Beinamen „der Weise". Vor allem hat er Übersetzungen aus dem Arabischen und Hebräischen finanziert. Ihm ist bekannt, dass im 12. Jahrhundert vor allem in Toledo zahlreiche arabische Texte übersetzt worden sind. Doch das sind eher punktuelle Ausnahmen gewesen; jetzt steht der König mit seinen Mitteln dahinter. Er fördert das Kastilianische und kann nicht wissen, dass es wenig später zur Sprache des spanischen Empires erhoben wird.[23]

Damit kommt das Werk des arabischen Gelehrten auf verschiedenen Wegen und in unterschiedlicher Gestalt relativ früh nach Europa. Gleichzeitig zeigt sich an der Überlieferungsfrage, wie sehr die Transformation des Wissens von Zufällen abhängt. Nur selten geschieht dieser Wissenstransfer einigermaßen zielgerichtet und konzentriert. Zudem ist es damals möglich gewesen, dass das Werk eines arabischen Gelehrten plötzlich als „Alfonsinische Tafeln“ in die Welt tritt.[24] Da keinerlei Autorenrechte existieren, ist solch ein Vorgang ganz normal.

Traurig jedoch ist, dass diese umbenannten Tafeln jetzt ziemlich weit zirkulieren. Sie werden zuerst 1483 in Venedig bei der Firma Radtolt publiziert.[25] Da sie wegen ihrer Genauigkeit hoch geschätzt sind, bringt der Verleger 1493, 1521 und 1545 weitere Ausgaben heraus. 1488 erscheinen sie in Augsburg. Aber auch die politische Situation jener Zeit steht der Ausbreitung der wissenschaftlichen Leistung eines al-Battānī im Wege. Denn die christliche Kirche ist beunruhigt über die Ausbreitung des Islam; Byzanz hat seine nordafrikanischen und asiatischen Besitzungen verloren, sogar Kleinasien ist bedroht. Das Mittelmeer wird von arabischen Piraten unsicher gemacht.

Dadurch wächst langsam das Interesse an der fremden Welt. Auch die Kreuzzüge, in denen beide Welten seit 1096 kriegerisch aufeinander getroffen sind, haben Fragen aufgeworfen, die darauf hinauslaufen, das geistige Phänomen des Gegners näher kennen lernen zu wollen. Davon profitiert auch allmählich der Wissenschaftsaustausch, wobei sehr diametral gegeneinander gerichtete Strömungen zu beobachten sind.

Doch die Verbreitung der tatsächlichen Gedanken des großen Mathematikers und Astronomen al-Battānī geht weiter. Einer, der die mathematischen neuen Erkenntnisse für sich adaptiert, ist Regiomontanus (1436-1476). Er heißt eigentlich Johannes Müller und hat seinen Namen latinisiert nach dem fränkischen Königsberg, in dessen Nähe er geboren wird. Er studiert in Wien und wird Professor der Astronomie. 1461 begibt er sich zu Studienzwecken nach Italien. Danach lebt er ab 1471 in Nürnberg, wo er Geldmittel erhält, eine Sternwarte aufzubauen, übrigens die erste in Deutschland, sowie eine Werkstatt zur Herstellung astronomischer Instrumente zu schaffen und eine Druckerei einzurichten für seine Publikationen.[26] Von Papst Sixtus IV. wird er zur Verbesserung des Kalenders berufen. Er kennt die mathematischen Leistungen al-Battānīs und ahmt sie nach. Deshalb wird er der erste in Deutschland, der die Trigonometrie mit dem Gebrauch der Tangenten einführt. Von ihm stammen auch astronomische Jahrbücher, worin die Stellung der Sonne, des Mondes, der Planeten und die übrigen Erscheinungen am Himmel tagweise, und zwar im Voraus, verzeichnet stehen. Sie kommen 1475-1506 heraus und werden von Vasco da Gama und Kolumbus auf ihren Entdeckungsreisen genutzt.[27] In den Publikationen finden wir unter anderem „Die Lehre der Dreiecke“ (Venedig 1463).

Der Engländer Dunthorne ist 1749, ausgehend von den ausgezeichneten Berechnungen und Beobachtungen unseres Gelehrten zur Sonnen- und Mondfinsternis, in der Lage, die Säkulargleichung des Mondes vornehmen zu können. Darunter versteht man die langsame Beschleunigung der mittleren Mondbewegung. Aus den Wirkungen und Einflüssen, die von dem Werk al-Battānīs bis ins 18. Jahrhundert reichen, ersieht man, welche hervorragende Stellung er in der Wissenschaftsgeschichte einnimmt. Dabei ist das Zusammenwirken von Mathematiker und Astronom charakteristisch. Auf beiden Gebieten setzt er Maßstäbe. Denn er bestimmt mit großer Genauigkeit die Schiefe der Ekliptik, die Dauer des tropischen Jahres sowie der Jahreszeiten. Weiterhin errechnet er erstmalig die wahre und die mittlere Bewegung der Sonne. Er beseitigt das ptolemäische Dogma, dass die Erdferne der Sonne unbeweglich sei und beweist, dass sie die Präzision der Tag- und Nachtgleiche mitmacht und somit die Zeitgleichung einer langsamen, erst nach Jahrhunderten merklichen Veränderung unterliegt.

Gegen die Lehren des Ptolemäus orientiert er weiterhin auf die Veränderlichkeit des scheinbaren Sonnendurchmessers und die Möglichkeit einer ringförmigen Sonnenfinsternis. Die Werte verschiedener Bewegungen des Mondes und der Planeten legt er genauer fest und stellt eine neue, sehr bemerkenswerte Theorie zur Bestimmung der Bedingungen für die Sichtbarkeit des Neumondes auf. Die Werte der zwei Äquinoktien, die Tag- und Nachtgleiche am 21. März und 23. September, beziffert er genauer als Ptolemäus. Auch berechnet er erstmalig die Dauer des Sonnenjahres mit 365 Tagen, fünf Stunden, 46 Minuten und 24 Sekunden. Damit leistet er auf vielen Gebieten Gewaltiges. Schon die Errechnung des Sonnenjahres wird für Regiomontanus äußerst wichtig gewesen sein, wenn er vom Papst zu Kalenderfragen konsultiert wird. Man erkennt an der Leistung al-Battānīs, wie zielgerichtet er das altgriechische Wissen hinter sich lässt.

Das allein ist aber nicht die wichtigste Dimension seiner Leistung. Aus dem Streben heraus, eigene Forschungen voranzutreiben, erzielt er für die gesamte Welt der Wissenschaft bahnbrechende Ergebnisse. Denn durch ihn wird die Astronomie, basierend auf fundierten Berechnungen, eine respektierte und das Universum in seinen Zusammenhängen erhellende Fachdisziplin.

Das alles schafft er offenbar mit wenigen technischen Hilfsmitteln; es gibt kein Observatorium in der Stadt, in der er lebt. Die konzentrierte Feststellung und Erfassung der täglichen Naturabläufe ist sein wesentlichstes Instrumentarium; dabei hat er sich durch die mathematischen Ergebnisse bereits eine gewisse Basis für das technisch-wissenschaftliche Herangehen geschaffen. Die Regelmäßigkeit seiner Beobachtungen, die weitblickende Konsequenz seines Denkens und die Unerschütterlichkeit seines Festhaltens an den strengen Maßstäben wissenschaftlicher Arbeit sind Voraussetzung für die hervorragende Bilanz, die er vorlegt. Schon sein wichtigstes Werk, „Wissenschaft vom Himmel", hat einen neuen Klang. Der Himmel ist ja bereits von den alten Sumerern, Ägyptern und Griechen beobachtet worden; nun aber steht erstmalig fest, dass diese Arbeit einen streng wissenschaftlichen Charakter besitzt. Damit stößt er die Tür für eine zielgerichtete Bearbeitung dieses Fachgebiets auf. Religiöse Bedenken kennt er bei seinen Forschungen nicht; keine arabische Staatsmacht kümmert sich um die Art seiner Gedanken und Publikationen. Keiner versucht, die Arbeiten des Gelehrten zu verhindern oder einzuschränken. Es zieht keine islamische Orthodoxie gegen ihn zu Felde, obwohl sie an jedem Ort zahlreich vertreten ist. Auch der Kalif in Bagdad bekundet keinerlei Absicht, die stille Tätigkeit dieses Gelehrten einzuschränken. Hinzu kommt sicherlich, dass seine Zeitgenossen ganz überwiegend die weitreichenden Konsequenzen seiner Arbeit nicht zu überblicken vermögen. Er selbst fühlt sich offenbar nicht als ein Rebell gegen irgendwelche einengenden Mächte. Das freie Feld der Wissenschaft ist für ihn eine beglückende und schwierige Angelegenheit; nur sich selbst ist er verpflichtet.

Die Forschungen, die er über Jahre kontinuierlich realisiert hat, müssen in der islamischen Welt objektiv umstürzend wirken, weil sie den Himmel zunehmend als ein von mathematischen Berechnungen und Vorgängen beherrschtes Regelwerk erklären. Um das ganze Ausmaß von al-Battānīs System zu begreifen, sind allerdings Kenntnisse der Mathematik Voraussetzung. Es mag daher wichtig und interessant sein, die Wirkungsgeschichte dieses Werkes in der arabischen Welt kurz zu skizzieren. Die epochalen Leistungen des Gelehrten sind den informierten arabischen Kreisen sicher nicht sofort bekannt geworden. Dennoch finden wir ihn bereits in dem hervorragenden Bücherverzeichnis des Ibn an-Nadīm erwähnt. Beide sind fast Zeitgenossen; das Bücherverzeichnis entsteht nach dem Tod al-Battānīs; aber nur wenige Jahre liegen zwischen den beiden Daten. Der gewissenhafte Büchersammler Ibn an-Nadīm (gest. 996) räumt ihm indes nur knappen Raum ein, indem er sein Leben kurz skizziert und lediglich erwähnt, dass er im Jahr 911 die Planeten genau berechnet hat. Im Werkverzeichnis nimmt er eine sehr subjektive Wertung von al-Battānīs Buch über den Himmel vor. Es habe zwei Teile – so ist es auch bis heute überliefert –, doch der zweite sei besser als der erste.[28] Der so gelobte zweite Band enthält die Tabellen, das Glossar und die Indices.

Ganz anders sieht der Zeitgenosse Ibn an-Nadīms, al-Maṣ'ūdī, die Rolle des Gelehrten. Al-Maṣ'ūdī hat ein ruheloses Leben geführt. In Bagdad geboren, bereist er später Persien, Indien, Ceylon, China, Sansibar, Palästina, Syrien und verstirbt 956 in Fusṭāṭ,dem späteren Kairo. Dieser Wissenschaftler hat auch noch andere Schriften hinterlassen. Für ihn zählt al-Battānī zu den berühmtesten Astronomen des Islam.[29] Durch seine zahlreichen Reisen besitzt al-Maṣ'ūdī viel größere Kenntnis über das literarische und wissenschaftliche Geschehen seiner Zeit und vermag die besondere Leistung des Astronomen besser zu würdigen. Damit sind wichtige Akzente einer zutreffenden Bewertung formuliert. Gleichsam ist damit der wissenschaftliche Rang der Leistungen al-Battānīs nur wenige Jahre nach seinem Tod gewürdigt worden.

In dem Bücherverzeichnis hat es keine derartige Beurteilung gegeben. Wahrscheinlich hat sein Autor einen recht kompletten Überblick über den Buchmarkt im Irak und Syrien; doch die erfolgreichen Sonderleistungen gehen in dem Fall in der Fülle des gesammelten Materials einfach unter. Die signifikante Besonderheit registriert Ibn an-Nadīm nicht. In gewisser Weise entwickelt sich die Wirkungsgeschichte al-Battānīs in zwei getrennten Linien fort, wobei mit der Tatsache, dass immer mehr Jahrhunderte Rückschau dabei eintreten, die Frage der Bewertung dadurch an spezifischer Bedeutung gewinnen muss. Der Gelehrte as-Sam'ānī (gest. 1167) stammt aus dem iranisch-zentralasiatischen Ort Merw, der in einer Oase am Unterlauf des Flusses Muǧāb liegt. Er ist Religionsgelehrter und bis nach Damaskus und Jerusalem gereist, schließlich in seinen Geburtsort zurückgekehrt, wo er auch verstorben ist. Er hat ein fünfbändiges Werk verfasst, in dem er viele Biografien berühmter Namensträger gesammelt hat. Wenn man den Namen al-Battānīs dort sucht, findet man nur den Begriff al-Buttānī, ein Dorf bei der iranischen Stadt Nīšāpūr. Dann nennt er einige Gelehrte, die aus dem Ort stammen. Dem Herausgeber des Werkes ist diese Aussage sichtlich peinlich, deshalb macht er in den Anmerkungen auf der Seite darauf aufmerksam, dass es auch einen bekannten Astronomen namens al-Battānīs gegeben habe.[30]

Diese Position as-Sam'ānīs ist unter zwei Aspekten bemerkenswert. Zum einen hat er in sein Biografiewerk fast nur Religionswissenschaftler aufgenommen, obwohl das nicht in dem Titel und nicht direkt im Vorwort steht. Zum anderen beschränkt er sich bei den erwähnten Personen fast nur auf den Iran und die noch weiter östlich liegenden Gebiete Transoxaniens. Bedenklich ist allerdings, dass er von sich aus nicht einmal die Namensform als eine Variante zugelassen hat. Das legt den Verdacht nahe, dass man unausgesprochen ausdrücken will, dass islamische Gelehrsamkeit nichts mit Astronomie zu tun haben darf.

Der Politiker, Bücherfreund und Gelehrte al-Qifṭī (gest. 1248) hat in seinem „Buch der Nachrichten über die Gelehrten und Weisen", einer wichtigen Schrift zu vielen Philosophen, Ärzten, Chemikern, Mathematikern und Astronomen, selbstverständlich al-Battānī erwähnt. Auffallend ist, dass er auch einen andalusischen Wissenschaftler über ihn heranzieht. Die entscheidende Würdigung zu al-Battānī lautet: „Keiner im Islam hat den Umfang seines Wissens bei der Beobachtung der Sterne und der Untersuchung ihrer Bewegungen."[31]

Auch in dem übrigen Textabschnitt verbeugt er sich gleichsam sinnbildlich vor der Leistung dieses Gelehrten, vor seinen Schriften und seiner Produktivität. Diese Aussage wiegt deshalb umso schwerer, weil al-Qifṭī in seinem Buch zahlreiche zu ihrer Zeit berühmte Mathematiker und Astronomen behandelt; unter den vielen ist al-Battānī eine herausragende wissenschaftliche Gestalt. Gleichzeitig ist die Bewertung so prinzipiell, dass sie auch für die Zukunft des Islam gilt; gemeint ist damit die islamische Welt insgesamt. Dagegen ergibt sich bei dem Historiker und Rechtsgelehrten Ibn H̱allikān (gest.1282) ein anderes Bild. Sein wissenschaftliches Leben verbringt er in Damaskus und Kairo, wo er als Professor öfter abgesetzt und wieder ins Amt eingeführt wird. Einige Wochen muss er im Gefängnis zubringen. Als Gelehrter hat er ein achtbändiges Werk geschaffen, das die biografischen Daten wichtiger Persönlichkeiten aus allen Bereichen der Kultur und Politik enthält.

Auch al-Battānī ist mit einem gesonderten Artikel behandelt. Dabei fällt auf, dass hier offensichtlich die Bibliografie des Ibn an-Nadīm als Quelle herangezogen worden ist; zum Beispiel finden wir wörtlich das Zitat über die beiden Bände seines Hauptwerkes, mit dem Vermerk, dass „der zweite besser sei".[32] Dann formuliert Ibn Ḫallikān: „Er ist einzig zu seiner Zeit in Kunst und Forschungsaktivitäten, die von der Vielheit seiner Vorzüge und der Weite seines Wissens zeugten". Demnach ist er für Ibn Ḫallikān nur von eingeschränkter Bedeutung; keineswegs eine über sein Jahrhundert hinaus wirkende Gestalt. Ibn Ḫallikān ist allerdings kein Fachmann für so spezielle Wissenschaftszweige wie Mathematik und Astronomie; das mag zum Teil sein Fehlurteil erklären. Vielleicht kann er die besondere Leistung al-Battānīs gar nicht ermessen. Jedenfalls muss seine Meinung in einem zentralen Werk arabischer Biografik sehr ernst genommen werden. Die knappe Darstellung der Wirkungsgeschichte des Gesamtwerks von al-Battānī fällt jedenfalls ziemlich ernüchternd aus. Wobei man bedenken muss, dass nur wenige Fachleute, die sich in der Welt orientiert haben oder sich speziell diesem Thema widmen, seine wirkliche Leistung gebührend würdigen können.

Während er in Europa über den Gelehrten Regiomontanus mit seinen Ergebnissen gewissermaßen an der Erforschung der Welt und der Entdeckung neuer Kontinente beteiligt ist, ist er in der arabischen Welt ohne jede praktische Wirkung geblieben. Nicht einmal die Kenntnis über ihn ist in zutreffender Dimension einigermaßen verbreitet. Der Kontrast zwischen beiden Kulturwelten könnte krasser nicht sein. Das ist ein erster Hinweis auf das Unterbleiben einer eigenständigen Wissenschafts- und Technikentwicklung in der arabischen Welt, die auf ihren spezifischen Leistungen aufbaut. Eine gezielte Nutzung so bedeutsamer Erkenntnisse von Wissenschaftlern wie al-Battānī ist in späterer Zeit völlig ausgeblieben.

Der nächste große Mathematiker heißt **Abū l-Wafā'**, eigentlich bekannter durch seinen Schlussnamen **al-Būrzağānī**. Der ist abgeleitet von seinem Geburtsort **Būrzağān**; der auf dem Weg zwischen dem afghanischen Herat und dem iranischen **Nīšāpūr** in einer sehr bergigen Gegend liegt. Im Juni 940 geboren, erhält er von zwei Onkeln, die selbst auf dem Gebiet bei wichtigen Lehrern studiert haben, ersten Unterricht in Mathematik. Im Jahr 959 begibt er sich in den Irak und lässt sich in Bagdad nieder. Hier studiert er weiter, findet aber dank eigener Leistungen bald selbst Anerkennung. Viele studieren bei ihm; mancher zieht weiteren Nutzen aus seinen Lehren und tradiert sie eigenständig für spätere Generationen.[33] Das deutet auf eine beachtliche Popularität hin. In Bagdad stirbt er im Jahr 988. Schon der Gelehrte **aṣ-Ṣafaḍī** (1296-1363), einer der späteren Biografen, gibt Sterbeort und -datum falsch an.[34] Damit soll hier auf die allmählich nachlassende Zuverlässigkeit bei Quellenangaben hingewiesen werden.

Al-Būrzağānī hat zahlreiche Schriften hinterlassen. Zum einen finden wir das „Buch darüber, was die Schreiber und die Geschäftsleute von der Rechenkunst gebrauchen", also eine Art von Rechenbuch für die Allgemeinheit. In sieben Kapiteln geht es um die Multiplikation, die Division, die Berechnung von Flächen, das Errechnen der Bodensteuer, weitere Teilungsformen, Geldwechsel und Umgangsformen der Händler.[35] Dann gibt es von ihm „Das vollständige Buch". Darin umreißt er in drei großen Kapiteln in einer mehr einführenden Form, was man zunächst wissen muss, ehe man sich mit den Bewegungen der Sterne beschäftigen will. Das beinhaltet hauptsächlich mathematische Grundlagen. Im letzten Kapitel beschreibt er Faktoren, die auf die Bewegung der Sterne Einfluss haben. Man kann vielleicht solche Schriften zu denen rechnen, die sich an einen weiter gefassten Leserkreis richten. Sie belegen, wie weit sich bereits verschiedene Berufe mit höheren Mathematikformen zu befassen haben, um ihren täglichen Aufgaben gerecht zu werden. Gerade in der staatlichen Verwaltung sind vor allem Sekretäre und Schreiber auf solche Nachschlagwerke und einführende Schriften angewiesen. Damit erfüllt der Gelehrte gewiss ein starkes gesellschaftliches Bedürfnis.

Seine besondere Leistung zeigt ein weiteres Werk, das den Titel trägt „Das Buch der Geometrie". Ein anderer Titel meint das gleiche Buch; er heißt „Buch über die geometrischen Konstruktionen". Damit nähert er sich dem eigentlichen Stoff seiner Studien. Sein besonderes Augenmerk gilt der höheren Mathematik in Form der sphärischen Trigonometrie. Hier hat er entscheidende Erfolge erzielt, die ihm einen bleibenden Ehrenplatz in der Mathematik sichern. Er ist der erste, der die allgemeine Gültigkeit des Sinussatzes für sphärische Dreiecke nachgewiesen hat, der entscheidende Schritt für die Realisierung der sphärischen Trigonometrie. Wir haben bereits bei seinem Vorgänger gesehen, dass dieser mit Sinus und Cosinus gearbeitet hat. Jedoch erst al-Būrzaǧānī geht noch weiter und sieht die Frage genereller. Ausgangspunkt für ihn ist die Formel: cos c = cos a cos b.[36] Das ist die erste Hälfte des so genannten Seitenkosinussatzes. Entsprechend dem Kosinusatz der ebenen Trigonometrie stellt der Seitenkosinussatz für ein sphärisches Dreieck eine Beziehung fest zwischen der Größe einer Seite und den Größen der beiden anderen sowie des Winkels, der von diesen Seiten gebildet wird.[37] Diese Stufe hat der Gelehrte bereits im Wesentlichen erreicht.
In weiteren drei Stufen arbeitet er sich vor zu dem Sinussatz. Zuerst schafft er eine Vorform, die nach Multiplikationen und der Nutzung von Vektorprodukten folgendes Ergebnis zeigt:

sin b sin c x A sin a. = B x C – cos b (B x A) – cos c (A x C) + cos b cos c (A x A)

Dabei sind A x (B x A) gleich 0. Das Gleiche trifft zu für A x (A x C).
Daraus resultieren die beiden neuen Beziehungen:

sin b sin c sin a. = A x (B x C), sin c sin a sin b. = B x (C x A) und sin a sin b sin c. = C x (Ax B).

Deren rechte Seiten haben gleiche Werte. Daraus wiederum schafft man die Gleichheit der linken Seiten, sodass nun:

sin b sin c sin a. = sin c sin a sin b. = sin a sin b sin c.

herauskommen. Damit hat er den Sinussatz erreicht, der da lautet:

sin a : sin b : sin c= sin a. : sin b. : sin c.

Im sphärischen Dreieck stellt er Beziehungen fest zwischen Paaren einander gegenüberliegender Stücke.[38] Mit diesen Rechenschritten hat sich der

Gelehrte zu einem der wesentlichsten Resultate der sphärischen Trigonometrie vorgearbeitet. Auch das ist ein Ergebnis, dass noch heute von entscheidender Bedeutung ist.

Noch durch eine andere Leistung ist al-Būrzağānī in der Mathematik berühmt. Er hat erstmalig Sinus-Tabellen erstellt und dabei ebenfalls neue Methoden angewandt. So erreicht er bei der Größe des Sinus von 30 Grad einen achtstelligen Wert. Gebräuchlich ist heute bei diesen 30 Grad ein Sinuswert von 0,5000. Im Allgemeinen, so sagt die moderne Mathematik, sind die Werte der trigonometrischen Funktionen transzendente Zahlen, deren Wert sich aus unendlichen Reihen mit jeder gewünschten Genauigkeit ergeben.[39] Damit wird die rechnerische Leistung unseres Gelehrten nicht geschmälert; zu seiner Zeit ist es ein gewaltiger Fortschritt, solche Tabellen überhaupt zu erfinden. Denn damit gibt er allen Praktikern und Wissenschaftlern ein Instrument in die Hand, um Probleme der Mathematik leichter und schneller zu lösen. Durch solch eine tabellarische Aufstellung von Sinuswerten hat er, ganz vom rechnerischen Wert abgesehen, für alle Zeit eine mögliche Form der Information geschaffen. Selbst wenn man heute den Wert solcher Berechnungen im Bereich der sphärischen Trigonometrie wegen ihrer nicht realen und endlosen Form kritisch sieht, existieren auch solche Tabellen in der Gegenwart, hauptsächlich für den nicht professionellen Gebrauch.

Während dazu heute eindeutige Positionen bestehen, hat zur Zeit von al-Būrzağānī niemand diese Problematik überschauen können. Im Gegenteil; für ihn, der die allgemeine Gültigkeit des Sinussatzes für die sphärischen Dreiecke nachgewiesen hat, ist es eine logische Konsequenz, diese Sinuswerte zu berechnen. Seine durch zielgerichtete Arbeit erlangte Position der erstmaligen Leistung vermag er damit zu untermauern. Denn er durcharbeitet alle Winkelstufen und macht gleichzeitig die allgemeine Gültigkeit der Sinusfunktion auch auf diesem Weg deutlich. Für ihn ist deshalb dieser Schritt konsequent und erwächst aus seiner erarbeiteten neuen Position. In dem Sinn sind seine Tabellen bedeutende innovatorische Erfolge, die generell positive Resultate ergeben. Die alten Griechen liefern dafür keinerlei Beispiel, weder rechnerisch, noch tabellarisch.

In seiner mathematischen Problemstellung ist er völlig neue Wege gegangen. Die Besonderheit von al-Būrzağānī besteht darin, dass er sich in der beschriebenen Weise auf die Höhen der mathematischen Forschungen erhebt, gleichzeitig jedoch Schriften publiziert hat, die für die breite Leserschaft sowie praktisch rechnende Kaufleute und tabellarisch ausgerichtete Verwaltungssekretäre gedacht sind, denen die Mathematik in einfacherer Form genügt. Offenbar weiß er nur zu gut, dass auch einfache Texte eine gewisse Qualität erfordern, die nur er liefern kann.

Einen Eindruck davon, wie populär das Mathematikbuch für Kaufleute und Sekretäre zu seiner Zeit gewesen ist, erhält man von dem bereits erwähnten späten Biografen aṣ-Ṣafaḏī (1296-1363), der nur noch bruchstückhaft den Titel des Werkes kennt, es aber „ganz ausgezeichnet“ findet.[40] Das gewaltige Echo auf diese Schrift muss sogar bis zu ihm gelangt sein. Damit scheint sich die Absicht al-Būrzaǧānīs erfüllt zu haben, als er das Werk verfasst hat. Für ihn sind das offensichtlich keine Gegensätze, wenn er sich der populären Verwertungsform von Mathematik zuwendet und gleichzeitig der sphärischen Trigonometrie entscheidende neue Impulse gibt. Fachlich ist er weit über die einfachen Grundlagen der Mathematik hinausgelangt, um so leichter fällt gerade ihm die Erfüllung der Interessen von Gewerbetreibenden und Sekretären. Bei al-Būrzaǧānī erkennen wir deshalb in exemplarischer Weise die Fähigkeit jener mittelalterlichen Gelehrten der arabischen Welt, für das eigene Fachgebiet in vielerlei Form einzutreten. Sie haben sich nicht in ihr Gehäuse eingesponnen, sondern tätig im realen Leben gestanden und sich optimal nützlich gemacht. Das trifft auch auf die Tabellenform von Sinuswerten zu. Auch hier hat al-Būrzaǧānī den direkten Nutzen für den Verbraucher und Interessenten vor Augen. Seine Erfolge auf beiden Ebenen sind bemerkenswert. Durch seine zielgerichtete Arbeitsweise und die effektive Nutzung der eigenen Ressourcen schafft er – von heute aus gesehen – wirksame Resultate. In der populären Form ist er jedoch nur für seine Epoche weitgehend relevant. Gleichzeitig aber hat er mit dieser das Niveau der mathematischen Kenntnisse seiner Zeit angehoben und damit auch seinem Fachgebiet unmittelbar genutzt.

Der nächste Mathematiker heißt Ibn Jūnus; selbstverständlich ist auch er gleichzeitig Astronom. Das eine Fachgebiet befruchtet ebenfalls das andere. Er stammt aus Ägypten. Sein Vater ist dort ein angesehener Historiker und Religionsgelehrter und verstirbt 958 in Fusṭāṭ, dem späteren Kairo. Leider bringen die arabischen Biografen Vater und Sohn in der Darstellung weitgehend durcheinander, sodass uns das Geburtsdatum unseres Mathematikers unbekannt geblieben ist. Sein Lebensweg fällt in eine interessante und spannende Epoche. 969 erobern die schiitischen Fatimiden das Land. Im gleichen Jahr gründen sie nördlich des alten Fusṭāṭ eine neue Stadt, Kairo, deren Namen im Arabischen die „Siegreiche“ bedeutet. Die neuen Herren errichten von hier aus ein Netz der konspirativen Einflussnahme, um das Reich perspektivisch weiter auszubauen.

Einzig im Jemen und im Libanongebirge sollen sie damit gewisse Erfolge verzeichnen. Im Inneren ist man auf Prachtentfaltung aus; die Mittel beschafft man sich durch erhöhte Steuern. Zu den positiven Effekten ihres Machtaufbaus gehören die Wiedereinführung der Steinbaukunst, der Aufbau der Zuckerrohrkulturen in Oberägypten in einer erweiterten Produktion und eine Textilindustrie mit künstlerischen Zügen. In diesem Klima wächst Ibn Jūnus heran. Er hat sich auf die Mathematik und ihre Anwendung in der Astronomie orientiert und kann schon bald mit eigenen Werken hervortreten.

So erkennt er, dass die neuen Herren auch für die exakten Wissenschaften eine gewisse Neigung haben. Besonders ist das unter dem Herrscher al-Ḥākim (reg. 996-1021) der Fall; er ist mit elf Jahren an die Macht gekommen und führt ein exzentrisches und puritanisches Regime ein. Ihm widmet Ibn Jūnus seine umfangreichen astronomischen Tafeln. Dafür gibt es auch eine sachliche Basis, denn der Herrscher hat auf dem vor der Stadt Kairo liegenden Berg al-Muqaṭṭam eine Art Observatorium anlegen lassen, wo er selbst Sterne beobachtet. Die Widmung an den Kalifen muss kurz vor dem Tod des Ibn Jūnus erfolgt sein. Er ist auch als Dichter bekannt und fällt seinen Zeitgenossen durch ein etwas sonderbares Wesen auf, das sich bisweilen in der Kleiderordnung zeigt. Im Mai des Jahres 1009 verstirbt Ibn Jūnus in Kairo.

Zu seinen weiteren Schriften gehört auch eine Art astrologische Betrachtung der Tierkreisbilder; streng wissenschaftlich ausgerichtet ist eine weitere Publikation in Form von astronomischen Tabellen.[41] Sein Lebenswerk in der Bemühung, neue Wege in der Mathematik zu gehen, ist recht beachtlich. Vor allem überprüft er einige Ergebnisse von früheren Gelehrten und korrigiert sie notfalls. Die bereits vorliegenden Resultate zu den Sinusfunktionen bieten ihm Ansatzpunkte genug, auch seine Untersuchungen zu positiven Ergebnissen zu führen. Diese betreffen vor allem die Beobachtungen bei Sonnen- und Mondfinsternis. Darüber berechnet er auch Planetenverläufe und findet heraus, wann sie sich einander annähern. Die Sternwarte auf dem Berg bei Kairo bietet ihm dafür relativ gute Möglichkeiten. Einen Teil seiner Untersuchungen verwendet er darauf, astronomische Konstanten neu zu berechnen. Das ist keine allgemeine Besserwisserei, vielmehr baut er auf den Ergebnissen seiner Vorgänger auf, ohne diese etwa zu kritisieren.

Dabei stößt er auch in Neuland vor, weil er in der sphärischen Trigonometrie merkt, dass es Schwierigkeiten bei trigonometrischen Umrechnungen geben kann. Deshalb erfindet er die so genannte prosthaphäretische Formel, eine praktische Angelegenheit zur Rechenerleichterung. Sie lautet:

$$\cos f. \cos d. = 1/2 \{ \cos (f. + d.) + \cos (f.-d.)\}.$$ [42]

Dadurch werden schwerfällige Multiplikationen von Sexagesimalbrüchen in eine schlichte Addition verwandelt, wodurch man schneller und sicherer das beabsichtigte Ergebnis erzielt. Hintergrund der ganzen Bemühungen ist der Umstand, dass man noch nicht die Logarithmen erfunden hat. Daher muss man sich mit diesem praktischen Hilfsmittel behelfen. Durch solche nützliche mathematische Erfindung kann Ibn Jūnus der Astronomie seiner Zeit eine gesicherte rechnerische Basis in der sphärischen Trigonometrie geben. In der Weise ist auch bei ihm eine schöpferische Fähigkeit vorhanden, die das Gebiet der höheren Mathematik prägt. Aus der Formel erkennt man deutlich, dass er auf al-Battānī und andere hier bereits erwähnte Gelehrte aufbaut. Wieder stößt ein arabischer Gelehrter in mathematisches Neuland vor. Auch die Erfindung einer Rechenerleichterung stellt eine nicht einfach zu bewerkstelligende Angelegenheit dar. Denn man muss die Rechenwege soweit aufklären, das sie eine sichere Grundlage bieten, von der aus man in alle Richtungen suchend neue Wege finden muss. Ein sehr schwieriges Unterfangen ist das, weil Überlegung und sogar Fantasie dazu gehören, neue Varianten von Rechenwegen zu entdecken.

Auch auf einem anderen Gebiet der sphärischen Trigonometrie leistet Ibn Jūnis Bedeutendes. Eigentlich ist es sogar die sphärische Astronomie. Das ist ein Feld, das gerade wieder enge Beziehungen zur konkreten Praxis bietet. Durch seine Arbeit wird auf diesem Gebiet die entscheidende Voraussetzung geschaffen. Der Praxisbezug besteht damals wie heute. Denn bis heute nutzen Flugzeuge und Schiffe neben der Peilung auch die Gestirne, um die eigene Lageposition zu bestimmen. Früher ist sie die einzige Methode der Orientierung für die Schifffahrt auf hoher See gewesen. Forschungsreisende in unbekanntes Gebiet sind ebenfalls auf die Sterne angewiesen. Schon die Kenntnis der wichtigsten Sternbilder genügt für eine ungefähre Orientierung. Ibn Jūnis hat dafür die Voraussetzungen geschaffen, indem er durch eine Orthogonalprojektion das astronomische Koordinatensystem in Gestalt des Horizontalsystems und des Äquatorsystems einführt.

Dazu sind zwei Schritte notwendig. Da sich alle Sterne auf Parallelkreisen um den Himmelspol bewegen, muss ihr Abstand von jedem dieser Kreise konstant sein. Deshalb schafft er als Grundkreis einen Großkreis, der Polar zum Himmelspol ist; das ist der Äquator. Als zweiten entscheidenden Schritt kombiniert er alles. So schneiden sich Horizont und Äquator im Ost- und Westpunkt. Durch die Gestirne geht der Stundenkreis, die Bahn der Sterne verläuft parallel zum Äquator. Damit ist die bis heute gültige Betrachtungsweise in der sphärischen Astronomie und auch die Möglichkeit des so genannten nautischen Dreiecks von Gestirn, Himmelspol und Zenit gegeben. Auf diese Weise hat der Gelehrte der modernen Astronomie, aber auch dem arabischen Welthandel, entscheidende Impulse verliehen. Nun können alle Fernreisenden mit einfachen Mitteln wie einem Winkelmessinstrument sicher ihre Fahrt zu Wasser oder Land unternehmen. Durch seine Vorarbeiten hat die Astronomie weitgehend ihre gültige Form erlangt. Beide Ebenen, die wissenschaftliche und die praktische sind in dem Forschungsergebnis vereint. Damit hat der Mathematiker erneut bewiesen, wie praxisbezogen die arabischen Wissenschaften in jener Zeit ausgerichtet sind.

In diesem Zusammenhang ist ebenfalls auf eine besondere mathematisch-technische Leistung einzugehen. Zwei Gelehrte haben uns Einblick in mechanische Konstruktionen gegeben, die auf einen beachtlichen Stand des Wissens und der Fertigkeiten zu jener Zeit hindeuten.

Von dem ersten, es handelt sich um al-Ǧazarī, wissen wir relativ wenig. Nur das, was er im Vorwort seines Werkes, das er im Jahr 1206 abgeschlossen hat, selbst berichtet. Er lebt in einer Region im Iran, die unmittelbar an den Irak grenzt. Die Hauptstadt Āmid liegt am Tigris, wo dieser von seiner bisherigen Nordostrichtung scharf nach Osten abbiegt.[43] Das Buch nennt sich „Werk über die Kenntnis der geometrisch sinnreichen Anordnungen". Bei dem zweiten Autor verfügen wir ebenfalls nur über wenige Daten aus seinem Leben. Aus der Handschrift wird ersichtlich, dass er im Jahr 1203 das Werk in Damaskus beendet hat.[44] Es heißt „Buch über die Herstellung der Uhr und ihre Benutzung". Daraus wird ersichtlich, dass beide Zeitgenossen ungefähr gleichzeitig, doch in sehr unterschiedlichen Regionen des arabischen Reiches leben. Sie beschreiben vor allem „Wasseruhren" – also Chronometer, deren Zeitmechanismus durch Wasser angetrieben wird. In gewisser Weise sind das Wunder der Technik. Da gibt es den Trommler, der jede Stunde geräuschvoll anzeigt; dann Wasseruhren in Gestalt eines Kahnes, der sich bewegt; eines Elefanten, der pfeifend die Stunden angibt; eines Bechers, der sich stundenweise füllt und dann wieder entleert. Pfauen, Schwertträger, Schreiber, Affen und Kerzen dienen als Uhren. Alles ist in Bewegung und funktioniert bestens.

Die Antriebstechnik jener Uhren ist für die damalige Zeit hoch entwickelt. Röhren stellt man in der einfachsten Form aus geeigneten Pflanzen her. Metallrohre fertigt man aus Blechen, die man zusammenbiegt und an den Rändern verlötet. Auch konische Rohre werden so hergestellt. Kurze dicke bohrt man aus Metallklötzen heraus. Metallene Hähne sowie Kegel- und Klappventile verschließen die Röhren. Antriebs- und Kraftübertragungsketten sind aus Kupfer oder Eisen. Für die Seile nimmt man den besten Hanf. Oft werden sie vor dem Gebrauch an ein großes Gewicht gehängt, damit sie sich strecken. Die Seile laufen auf Rollen oder sind an Scheiben befestigt. Rillen in denselben verbessern die Führung.[45] Die Rollen drehen sich entweder um eine feste Achse; oder die Rolle ist mit der Achse verbunden, dreht sich also in Lagern. Letztere bestehen aus Metallgabeln.[46] Das Holz der Rollen muss aus altem, hartem, gut getrocknetem Holz der Steineiche sein. Zwei auf einer Achse befestigte Räder sind nie aufeinander geleimt. Auf den größeren steckt man einen Radkranz aus dünnen Brettern. Dort wird das zweite Rad aufgesetzt, sodass die Verbindung maximal versteift ist. Zum Verbinden von Brettern setzt man durchgesteckte Stifte oder Nägel ein. Scharniere und Gelenke kommen zum Einsatz, wenn zwei gegeneinander drehbare Stücke zu verbinden sind. Kreisrunde Platten stellt man her, indem man einen Zirkel einsetzt, an dessen einem Ende kleine kegelförmige Stifte aus Stahl befestigt sind. Dieser Stahl ist gehärtet worden, um alles zu schneiden, worüber sich der Stift bewegt. Man verstand sich auf das Weich- und Hartlöten, wobei man letzteres wegen seiner größeren Festigkeit vorzog. Kupfer- und Messingplatten, die mit Wasser in Berührung kommen, erhalten eine dicke Zinnschicht, um sie gegen Korrosion zu sichern.

Zur Verbindung von Rohren benutzt man bereits den Bajonettverschluss. Auch Verschraubungen gibt es. Vergoldet wird alles, was besonders geschützt werden soll. Wenn sich in der technischen Apparatur Bahnen befinden, auf denen sich ein kleiner Schlitten bewegt, dann hat man auch sie vergoldet, damit sie länger glatt bleiben. Platten mit Nagelköpfen hat man ebenfalls vergoldet. Selbstverständlich setzt man bei der Holzbearbeitung Sägen ein. Holznägel, Holzschrauben und Kupfernägel sind mitnichten unbekannt. Das alles gilt einer Mechanik, die für damalige Verhältnisse hoch entwickelt ist. Vor allem erreicht man mit der durchdachten und erprobten Technik, dass die Geräte und Apparate dauerhaft funktionieren.

Insgesamt sind das technische Erfindungen auf einer beachtlichen technologischen Entwicklungsstufe. Pneumatik und Hydraulik sind dabei die entscheidenden Faktoren in dem ganzen Umfeld. Auf beiden Gebieten, die große Entwicklungspotenzen bis in unsere Gegenwart beinhalten, haben arabische Praktiker erste wichtige Grundlagen geschaffen. Indem sie ihre vielfältige Erfahrung in konkreten Fortschritt umsetzen, haben sie immer mehr Kenntnisse hinzugewonnen. Doch bleibt aus zahlreichen Gründen der entscheidende Impuls aus, diese Ansätze zielgerichtet auf anderen Gebieten fortzusetzen. Eigentlich bleiben sie nur auf die Fertigung dieser Uhren beschränkt.

Das Hauptwerk von al-Ǧazarī wird nach der Eroberung des Nahen Ostens um das Jahr 1517 durch die osmanischen Türken in ihre Sprache übersetzt. Typisch daran ist, dass man sich auf diese Weise den technologischen Fortschritt und die umfassende Arbeitserfahrung in dem Werk zu eigenen Zwecken zugänglich machen will.[47] Doch auch im osmanischen Staat führt dieser Erkenntniszuwachs zu keiner eigenständigen Technikentwicklung.

Die Astronomie

Dieser Wissenschaftszweig hat in der arabischen Welt zwei spezifische Wurzeln. Die eine ist die Sternenkenntnis der Beduinen, die bei ihren Wanderungen und Reisen für das eigene Überleben dieses Wissen entwickeln müssen. Die andere hat ihre Ursache in der Religion. Mit dem Islam ist die schwierige Anforderung an die Gläubigen entstanden, fünfmal zu bestimmten Zeitpunkten das Gebet in Richtung Mekka zu vollziehen. Da auch der Prophet Muḥammad über keine Uhr verfügt hat, setzte er das erste Frühgebet zu dem Zeitpunkt an, da man einen schwarzen von einem grauen Faden unterscheiden kann. Nur die Könige und einige Gelehrte verfügen über Astrolabien, um am Tag die Zeit feststellen zu können. Nachts vermögen sie aus dem Wechsel der Windrichtungen Hinweise auf die Uhrzeit abzuleiten. Manche machen sich Sonnenuhren. Der Gärtner erkennt am wechselnden Blumenduft die Zeit. Christen können das aus dem Verhalten der Schweine ableiten, Hirten von Kamelen ebenfalls.[48] Zudem erfahren die Menschen jener Epoche von Hunden und Hähnen die Zeit. So hat jeder Gläubige gewisse Mittel, um die Gebetszeit zu bestimmen. Jedoch steht jede größere oder kleinere Region bei der Bestimmung der Himmelsrichtung vor besonderen Problemen. Deshalb setzt frühzeitig eine recht konzentrierte Sternenbeobachtung ein. Bald weiß man in weiten Kreisen der Bevölkerung schon, dass man zur richtigen Beobachtung der Bewegungsabläufe der sieben Planeten fast 30 Jahre braucht.

Einer der ersten, der sich dem Thema zuwendet, ist al-Fazārī.[49] Im Jahr 770 kommt ein indischer Gelehrter an den Kalifenhof nach Bagdad. Dort herrscht der Kalif al-Manṣūr (reg. 754-775). Der Inder legt eine Schrift vor, die sich mit der Bewegung der Planeten und anderen Himmelsvorgängen befasst. Das Werk nennt sich „Sindhind". Der Kalif ordnet die Übersetzung an. Daraus soll ein Buch werden, das die Araber an die Sternenbeobachtung heranführt. Der Gelehrte al-Fazārī leitet die Arbeit. Er legt schließlich ein Buch vor, das selbstständig erarbeitete Kenntnisse, aber auch aus der indischen Schrift entlehnte Vorstellungen enthält. Bis zu der Zeit des Kalifen al-Ma'mūn (reg. 813-833) wird das Werk eine Art Richtschnur für alle an Astronomie Interessierten. Zu dessen Regierungszeit erscheint es erneut in gekürzter Fassung.[50] In der Schilderung kommt eine Quelle der arabischen Astronomie zur Sprache, die indischen Studien. Unter dem erwähnten Kalifen kommen noch alt-griechische Überlegungen hinzu, auch eine starke astronomische Bewegung setzt unter ihm ein.

Einer der ersten ist der Gelehrte al-Ǧauharī. Durch Berechnungen von Sternenlaufbahnen und die Konstruktion von Beobachtungsgeräten hat er sich bereits einen Namen geschaffen.[51] Er macht diese Studien in gewisser Weise populär. Einerseits trägt er sie dem Kalifen vor, andererseits bildet sich um ihn eine Art von Gemeinde, die mit ihm die Sterne beobachten und von ihm entsprechende Erläuterungen erhalten will. All das geschieht um das Jahr 830 in Bagdad.[52] Vor allem bei den Planeten gelingen ihm gute Berechnungen. Darüber stellt er eine berühmte Sammlung astronomischer Tabellen unter dem Begriff Zīǧ her, ein zu seiner Zeit berühmtes Werk. Zwei wichtige Schüler, die sein Wissen später weitergeben, schließen sich ihm an. Unter ihnen soll einer von beiden der erste gewesen sein, der die Sterne wissenschaftlich erforscht hat. Die Zeitgenossen folgen ihren wissenschaftlichen Aussagen, weil offensichtlich auch direkter Nutzen daraus zu ziehen ist. Schon al-Ǧauharī hat sich mit den griechischen Texten befasst und ein Werk darüber geschrieben. Unabhängig davon aber sind die erwähnten Tabellen seine bleibende Leistung.

Ein späterer sehr berühmter Vertreter dieser Richtung ist Ibn al-A'lam (gest. 986), bekannt für seine Berechnungen in der Astronomie und der Beobachtung der Planeten. Deshalb wird er auch von Sultan 'Aḍud ad-Daula (reg. 949-983) herangezogen, der seine Regierungszeit mit 13 Jahren beginnt. Er ist Herrscher über die Provinz Iran und setzt sich 980 als König in Bagdad fest, nachdem der dortige Kalif zu ihm verwandtschaftliche Beziehungen hergestellt hat.[53] Dem Herrscher steht der Gelehrte al-Ǧauharī nahe und berät ihn bei wichtigen Entscheidungen. Auszuschließen ist es nicht, dass es sich dabei auch um astrologische Ratschläge handelt. Er hat in seinen astronomischen Tabellen, die in seinem Zīǧ enthalten sind, auch Berechnungen von Planetenverläufen und anderen Himmelserscheinungen erarbeitet, deren Gültigkeit weit über seine Zeit hinaus fortbestehen wird. Für den

Gelehrten selber ist der Tod seines Herrschers eine schmerzliche Zäsur, denn sein Nachfolger will die besondere Beziehung nicht fortsetzen. Deshalb unternimmt er die Pilgerfahrt und verstirbt kurz danach.[54]

Damit wenden wir uns den eigentlichen Astronomen zu. **Abū Ma'šar** heißt der erste von ihnen. Er wird 787 in dem nordiranischen Ort Balẖ geboren,[55] der in einer fruchtbaren Hochebene liegt, die von dem Fluss Dehās bewässert wird, einem Nebenfluss des Amu Darja. Eine wichtige Handelsstraße führt in der Nähe dieser Hochebene vorbei.[56] Die Region, in der die Stadt liegt, erbringt im Jahr 836 eine Steuerabgabe von 38 Mio. Dirham, wobei Naturalleistungen wie Ziegen und Schafe mit eingerechnet sind.[57] Damit erweist sich seine Heimat als eine wirtschaftlich wichtige Region. Hier widmet sich der Gelehrte vor allem der Religionsliteratur und ist auf dem Weg, ein Fachmann auf diesem Gebiet zu werden. In seinem 47. Lebensjahr kommt die Wende. Zwei Vorgänge begründen seine Einsicht, sich fortan der Astronomie zuzuwenden: Er begibt sich auf die Pilgerfahrt nach Mekka, kommt aber nur bis zu einem kleinen Ort bei Bagdad. Dort stößt er bei einem Privatmann auf eine große Bibliothek. Beim Studium von Texten der Astronomie fasst ihn solch eine Leidenschaft für das Fachgebiet, dass er die Pilgerfahrt aufgibt und sich der neuen Wissenschaft widmet.[58] Zusätzlich bekräftigt ein zweites Erlebnis seinen Entschluss. Er lernt den Philosophen al-Kindī (795-865)[59] kennen, einen der frühen Vertreter dieses Faches in Bagdad. Eigentlich treibt dieser Mann viele Wissenschaften, hauptsächlich Mathematik, Logik, Physik, Psychologie, Metaphysik und Ethik. Darüber hinaus interessiert er sich wissenschaftlich für Parfüme, Drogen, Speisen, Edelsteine, Musikinstrumente, Schwerter, Bienen und Tauben.[60] **Abū Ma'šar** kommt mit dem vielfältig beschäftigten Gelehrten ins Gespräch. Dessen Schilderungen über Philosophie und die Berechnung astronomischer Vorgänge überzeugen den 47-Jährigen, sich ab sofort der Astronomie zu widmen.[61] Zwei Schlüsselerlebnisse haben eine Neuorientierung auf fachlichem Gesichtspunkt bewirkt.

Nun müssen wir kurz auf zwei Umstände seines Lebens eingehen. Er hat ja eine Pilgerfahrt nach Mekka abgebrochen, als er von der Leidenschaft zur Astronomie erfasst wird. Solch eine Reise ist aber eine der fünf Grundpflichten des Islam. Eine spätere hat er nach seinem vorliegenden Lebenslauf anscheinend nicht mehr unternommen. Das ist in gewisser Weise auffällig. Wir wissen zudem, dass er bekannt dafür ist, dem Weingenuss ergeben gewesen zu sein.[62] Wein ist im Koran als Getränk unmissverständlich verboten. Nun kommt zu dem Sündenregister der unterlassenen Pilgerfahrt auch noch dieses Vergehen hinzu. Führt er einen freien, unbekümmerten Lebenswandel? Aus den Quellen lässt sich das fast vermuten. Das sind aber keine belegbaren Aussagen. Immerhin muss er als Astronom schon recht früh einen großen Ruf gehabt haben, denn er wird bald wegen seines Ansehens der Astronom des Bruders des Kalifen al-Mu'tamid (reg. 870-892). Dieser Kalif ist schwach und lässt überwiegend seinen Bruder regieren. Damit hat der Gelehrte eine wichtige Stelle in Bagdad inne. Wie kann das geschehen, wenn er ein in der Stadt bekannter Trinker von Wein ist? Gegenüber dem Gerücht sind leichte Zweifel angebracht.

Der Gelehrte begleitet auch seinen Herrscher in einer wichtigen Aktion. Ende des 9. Jahrhunderts erschüttert ein Aufstand von Negersklaven, die in den Salpetergruben der unteren Euphratgegend eingesetzt sind, das arabische Kalifat in Bagdad. Raubend und plündernd haben sie reiche Handelsstädte, unter ihnen Basra, überfallen. Der Bruder des Kalifen nimmt im Kampf gegen die Aufrührer den Gelehrten Abū Ma'šar mit. Die Belagerung von Basra wird in diesem Zusammenhang direkt erwähnt.[63] Es kann auch die in der Nähe der Stadt gelegene Festung der Aufständischen gewesen sein, die 883 erobert wird. Damit finden wir den Gelehrten mitten in den politischen Wirren seiner Zeit. Auf jeden Fall muss er den Regierenden als ausgesprochen kenntnisreich und umgänglich erschienen sein. Angaben über seine Tätigkeit am Hof des Kalifen finden sich nur wenige. So hat er die Zeiten des aufgehenden Mondes berechnet. Im europäischen Mittelalter ist der Gelehrte als Albumasar bekannt. Er stirbt im hohen Alter von mehr als 100 Jahren im Jahr 886.

Sein Bekanntheitsgrad im europäischen Mittelalter hängt mit einem seiner Hauptwerke zusammen, „Das große der Buch der Einführung". Diese Schrift wird bereits 1133 von Johannes von Sevilla ins Lateinische übersetzt. Eine weitere Übertragung in diese Sprache fertigt um 1140 Hermann von Karinthia an. Da Abū Ma'šar dazu noch eine Ergänzung schreibt, wird diese Fassung unabhängig von den beiden anderen im frühen 12. Jahrhundert von Adelard von Bath übertragen. Was ist der Inhalt der Bücher? Der Gelehrte formuliert in ihnen Grundzüge der islamischen Astrologie auf solchen Feldern wie den Entstehungsformen und der astrologischen Geschichte. Dabei stellt er eine Symbiose her von indischen, griechischen und harranischen (von den Sabiern stammenden) Einflüssen. Diese unterschiedlichen Strömungen existieren zu seiner Zeit, deshalb vermag er ein lebendiges Bild davon zu zeichnen. Von besonderer Bedeutung ist seine philosophische Begründung der Astrologie. Dabei nutzt er neuplatonische Interpretationen, die von der „Physik" des Aristoteles ausgehen, und schafft dadurch eine neue

Sichtweise der Astrologie. Wahrscheinlich sind dafür seine Beziehungen zu dem Geisteskreis der Sabier der Auslöser gewesen. Mit dieser Form einer neuen Sicht geht der Gelehrte auch so weit, die Astrologie bei allen Völkern und zu allen Zeiten seit der Sintflut zu erkennen.[64] Damit hat er gleichsam, wie die lateinischen Übersetzungen zeigen, auch für Europa viele astrologische Anregungen vermittelt.

Die Europäer haben damals offensichtlich selbst über wenig wissenschaftliche Vorstellungen verfügt, wodurch ihre besondere Affinität für Lehren, die ihnen einen Einblick in astrologische Zusammenhänge gegeben haben, verständlich wird. Doch ist damit nicht die wissenschaftliche Leistung des Gelehrten erschöpft, denn auf den verschiedenen Gebieten der Astronomie hat er eigene zusätzliche Leistungen vollbracht. Nicht alle Schriften darüber sind erhalten. In Umrissen erkennen wir jedoch seine wissenschaftliche Interessenlage, die nicht ausschließlich auf die Astrologie fixiert ist. Damit soll in gewissen Grenzen auch das Lebenswerk dieses Gelehrten in einem gewandelten Bild erscheinen. Da gibt es zuerst das Werk über den richtigen Gebrauch des Astrolabs, jenes Metallgeräts, das in vielfältiger Form zur Erkennung und Berechnung der Sterne beitragen kann.[65] Ferner arbeitet und publiziert er über die verschiedenen Bewegungsformen der Sonne, Planetenkonjugationen in den Tierkreisbildern,[66] astronomische Winkel und ihre Veränderung[67] sowie Zeitberechnungen von 12 Sternen. Er befasst sich mit Umweltfragen und behandelt in einem Buch das Problem von Klimaveränderungen, die durch Regen und Wind angezeigt werden. Deshalb untersucht er die natürlichen Bedingungen verschiedener Länder, wobei er sich speziell dafür interessiert, wie dort jeweils die Winde entstehen.[68] Dabei ist offensichtlich sein Anliegen, die normalen Verhältnisse für Windentstehung zu erforschen, um bedrohliche Abweichungen besser erkennen zu können. Auf die Weise hat sich Abū Maʿšar einem Wissenschaftsgebiet genähert, das erst in unserer Zeit besondere Aktualität gewinnen soll. Ihm ist aber eine besondere Würdigung dafür nicht zu versagen.

Unser nächster Astronom, Abū Ḥāmid, ist ein bekannter Techniker auf dem Gebiet. Man könnte ihn als den „Instrumentenbauer“ für das Fachgebiet bezeichnen. Er lebt in Bagdad und unterrichtet den Gebrauch des Astrolabs, schreibt ein Buch über die auf dem Gerät konstruierten Stundenlinien und befasst sich mit den Bedingungen der Sternbeobachtung. Zahlreiche Schüler schließen sich ihm an.[69] Zudem tritt er für die Modernisierung alter Beobachtungsinstrumente ein. In Bagdad regieren damals als weltliche Herrscher neben den Kalifen die Dynastie der persischen Būjiden. Als deren Begründer 983 stirbt, regiert in der Stadt dessen Sohn Ṣamṣām ad-Daula. Diesem Herrscher führt der Gelehrte die sieben Planeten mit den bisher üblichen Instrumenten vor. Darauf entschließt sich Ersterer, eine richtige Sternwarte in dem Gartengelände neben dem Palast errichten zu lassen. Dadurch verbessern sich die Möglichkeiten für die örtlichen Astronomen beachtlich. Abū Ḥāmid verfasst auch ein Buch, in dem er die bisherigen Theorien über die untergehende Sonne revidiert. Es handelt sich dabei offensichtlich um neue Berechnungen. Zu seiner Zeit ist er eine sehr geachtete Persönlichkeit. Deshalb stellt seine wissenschaftliche und praktische Arbeit einen markanten Teil der Geschichte der Astronomie dar. Er stirbt im Jahr 989.

Sein Zeitgenosse in Bagdad ist der Astronom Ġulām Zaḥal, der sich vor allem um rechnerische Beweise auf einigen Gebieten dieser Wissenschaft bemüht zu haben scheint. Unter den Fachkollegen besteht offenbar ein geselliges Leben. Eine Anzahl von ihnen versammelt sich häufig, um Fragen des geistigen Lebens zu erörtern. Nicht alle sind Astronomen, vielmehr hat sich wohl die Mehrheit mit der arabischen Frühzeit befasst. Als sie bei ihrer zwanglosen Beratung auf die Astronomie stoßen, stimmen sie mehrheitlich darin überein, dass die Wissenschaft von den Sternen keinen Nutzen bringt und keine sicheren Urteile beinhaltet. Das sind freundlich vorgetragene, aber sehr kritische Vorwürfe. Ġulām Zaḥal erhebt dagegen ernsten Widerspruch, als er von dem Ereignis hört. Er betont, dass die Wahrhaftigkeit bei der Erforschung des Alls und das Nichtwissen eng beieinander stehen. Das liege in der Natur dieser schwierigen Materie. Manchmal schaffe man trotz großer Mühe bei der Erforschung des Weltalls nichts; dann jedoch gelinge es, hinter die Sekunden seines Seins zu gelangen und in seine Tiefen vorzustoßen. Eines Tages, so betont er, wird es so weit sein, dass kaum noch etwas bei der wissenschaftlichen Arbeit missrät. Wenn das Richtige in der Forschung überhand nimmt, dann ist die Situation erreicht, die man wünscht.

Diese Einsicht in die Relativität wissenschaftlicher Erkenntnisse gerade in der Astronomie zeugt von seinem tiefen Realismus in den Anschauungen, jedoch auch von seinem festen Glauben an den Fortschritt der Wissenschaft. Natürlich kann er diese Zeitepoche nicht genau benennen, in der man das All in all seinen Teilen kennen wird. Stets aber, so erklärt er, wird es wissenschaftliche Fragen geben. Abschließende negative Urteile zu diesem schwierigen Thema verbittet er sich deshalb in einem sachlichen Ton. Offenbar hat er seine Gesprächspartner überzeugt. Auch in seinen Publikationen hat er sich vor allem um elementare Grundfragen der Astronomie bemüht. So untersucht er in einer Schrift die Strahlung. Grundsätze der Sternenkonstellationen und die abstrakten Grundlagen der Astronomie sind weitere Themen. Vor allem sucht er neben dem Gesetzmäßigen die Abweichungen in der Astronomie und sogar die Augenblicke, wenn im Weltall Neues durch Abtrennung entsteht. Das sind sehr spezielle Forschungen. Ġulām Zaḥal stirbt im Jahr 987.

Der nächste Gelehrte zeichnet sich in der Frage seines wissenschaftlichen Profils dadurch aus, dass seine allumfassende Kenntnis verschiedener Fachdisziplinen der Qualität seiner Leistung auf diesen Gebieten, die nicht nur geisteswissenschaftliche, sondern im besonderen Maße auch naturwissenschaftliche Probleme beinhalten, ebenbürtig ist. Die Rede ist von dem schon zu Beginn dieses Buches eingeführten Ibn Sīnā (Avicenna), der 980 in Afšana, einem Ort bei Buchara, geboren wird. Über die ersten 30 Jahre seines Lebens liegt eine Autobiografie vor, die bedeutende Details seines geistigen Werdegangs enthält. Sein Vater hat einen Verwaltungsposten bei dem Emir von Buchara inne. Der Wohnsitz und Geburtsort Ibn Sīnās ist eines jener Dörfer im Umkreis dieser Stadt. Später siedelt die Familie nach Buchara über, wodurch sich für den Jungen günstige Möglichkeiten der Bildung erschließen. Die ersten Unterweisungen erhält er von einem Koranlehrer und einem Literaturkenner.[70]

Auf dieser Basis macht er schnell Fortschritte und kann deshalb in seiner Autobiografie mit Stolz vermerken: „Ich hatte kaum das 10. Lebensjahr vollendet und hatte mir schon den Koran und einen großen Teil der schönen Literatur angeeignet, sodass man mich als ein Wunderkind bezeichnete."[71] Der Koran ist die Quelle für die Religionswissenschaft. In Gestalt der schönen Literatur gesellt sich vor allem jenes Bildungsgut hinzu, das in arabischer Sprache eine höhere und feine Bildung verkörpert. Arabisch ist die unangefochtene Sprache der Wissenschaft und Literatur im gesamten islamischen Reich jener Zeit; auch für die Region um Buchara ist deshalb dieser kulturelle Grundzug bestimmend, wie sich nachdrücklich im späteren Schaffen Ibn Ṣīnās zeigt.

Aus den weiteren autobiografischen Angaben geht hervor, dass sich sein Vater heimlich zur Lehre der fatimidischen Schiiten bekannt hat. Dabei ist besonders wichtig, dass sich die Dynastie der in Ägypten seit 969 regierenden Fatimiden als eine theokratische Herrschaft versteht, die mit geheimen Emissären im gesamten islamischen Reich für ihre Ziele wirbt. In den geheimen Lehren sind auch gewisse neuplatonische Vorstellungen verankert, sodass der junge Mann schon früh mit solchem Gedankengut in Berührung kommt, obwohl sich bei ihm später keinerlei schiitischer Einfluss nachweisen lässt.

Wenn solche geheimen Emissäre seinen Vater aufsuchen, geht es zumeist um neuplatonische Begriffe wie Weltseele und Weltintellekt.[72] Auch berühren diese Gespräche die Philosophie, Geometrie und indisches Rechnen, wie **Ibn Sīnā** vermerkt. Doch ergibt sich bald eine Möglichkeit für den Jungen, die Mathematik zu studieren, da sein Vater einen Gemüsehändler ausfindig macht, der gleichzeitig ein anerkannter Mathematiker ist. Diesen ersten Studien folgt die Beschäftigung mit der Rechtsprechung. Eine gewisse Wendung zur Philosophie bahnt sich an, als der Junge noch in Buchara mit dem durchreisenden Gelehrten an-Nātilī in Berührung kommt. Dieser Mann, ein Philosoph, macht den Jungen mit ersten Grundtexten vertraut, hinzu kommen Logik und Astronomie, wobei der Schüler bisweilen besser ist als der Lehrer. Doch vermittelt ihm an-Nātilī offenbar bereits eine gewisse Arbeitsmethodik, um produktiv zu sein. So kann **Ibn Sīnā** selbstständig das Fachgebiet der Medizin in Angriff nehmen, wobei er anmerkt, dass „die Medizin nicht zu den schwierigen Wissenschaften gehört".[73]

Mit 16 Jahren verfügt er bereits über profunde Kenntnisse in den wichtigsten Wissenschaften der Zeit. Durch gezielte Studien vertieft er sein Wissen in Einzelfragen. Dabei zeigt sich bereits ein Grundzug seiner Arbeitsmethode. So schreibt er über seine nächtlichen Studien: „Ich befasste mich mit Lesen und Schreiben. Und wenn mich der Schlaf überfiel und ich mich schwach fühlte, trank ich etwas, sodass die Kraft wiederkam und ich zum Lesen zurückkehrte."[74] Bereits in diesem Alter geht er bis an die Grenzen seiner Leistungsfähigkeit. Mit ungefähr 17 Jahren heilt er den Sultan von Buchara, nachdem alle anderen Ärzte gescheitert sind. Dafür darf er dessen Bibliothek für weitere Studien nutzen. Mit 18 Jahren hat er nach eigenem Bekunden das Erlernen aller Wissenschaften abgeschlossen. Als er 22 ist, stirbt sein Vater. Damit setzt für ihn ein Wanderleben ein. Die bitteren Jahre, die er jetzt auf der Suche nach einer festen Anstellung verbringt, veranlassen ihn zu dem Vers:

Als ich heranwuchs, war jedes Land mir zu eng und schwer;
Als mein Preis stieg, gab es keinen Käufer mehr.

Die weitere Biografie des Gelehrten wird von seinem Schüler weitergeführt. Zunächst begibt sich **Ibn Sīnā** in das persische Raj, dann zieht es ihn nach dem naheliegenden Ǧurǧān, wo er längere Zeit eine Stelle als Lehrer innehat. Dort verfasst er sein medizinisches Hauptwerk in 14 Teilen. Die schwierigste Phase seines Lebens beginnt in der Stadt Hamaḏān, wo er zweimal Minister ist. Zwischen den beiden Amtsperioden wird er von meuternden Soldaten verhaftet und in der Festung Fardağān eingekerkert.[75] Das muss um das Jahr 1021 geschehen sein. Er verliert dabei nicht nur sein ganzes Vermögen, sondern schwebt ständig in Lebensgefahr. Das hindert ihn nicht weiterzuarbeiten. Er schreibt ein Werk über Herzkrankheiten. Nach vier Monaten kommt er wieder frei.

Der Iran ist unter der Herrschaft der Būjiden weitgehend aufgeteilt. Die Unsicherheit resultiert daraus, dass sie ständig untereinander in Fehde liegen. Da Ibn Sīnā vorhersieht, dass sich die politische Lage für das Land und ihn verschlechtern würde, wenn sein Herrscher stirbt, versteckt er sich, als die Todesnachricht bekannt wird. Bei einem Gewürzhändler findet er Quartier. Dort arbeitet er an seinem großen Werk aš-Šifā' weiter; jeden Tag schreibt er ungefähr 50 Blatt.[76] Als sein Versteck entdeckt wird, kommt er wieder ins Gefängnis. Erneut setzt er seine wissenschaftliche Arbeit fort. Eine Arbeit über die Kolik entsteht. Durch ausbrechende Wirren, ausgelöst von einem Angriff auf die Stadt, kann Ibn Sīnā aus dem Gefängnis fliehen. Verkleidet als wandernder Mystikerscheich begibt er sich nach Iṣfahān, wo er zwar durch den dortigen Herrscher einen gewissen Schutz erhält, doch diesen auf seinen vielen Feldzügen – wahrscheinlich als Arzt – zu begleiten hat. Unter diesen Bedingungen vollendet er sein umfassendes Werk aš-Šifā' und verfasst noch eine Kurzfassung dazu. Als sein Herrscher einen Überfall auf Hamaḏān unternimmt, soll der Gelehrte mitziehen, doch sein Gesundheitszustand hat sich so verschlechtert, das er 1037 mit 58 Jahren stirbt und in Hamaḏān begraben wird. In dem oben mehrfach erwähnten Werk aš-Šifā', „Heilung durch Weisheit", das in gedruckter Form 22 Bände umfasst, behandelt er in dem Band, der der sphärischen Trigonometrie gewidmet ist, auch die Astronomie.

Es steht für ihn fest, dass die Erde eine Kugel ist. Viel mehr interessieren ihn der Mond und die Sonne. Technisch geht es für ihn zunächst darum, die unterschiedlichen Geschwindigkeiten beider Himmelskörper zu bestimmen. Dabei erkennt er, dass beide keine einheitliche Bewegung vollführen. Durch genaue Berechnungen stellt er fest, dass der Mond eine ungleiche Bahn beschreibt. Die größte Entfernung hat er zur Hälfte des Tages; die größte Nähe, wenn er den Horizont erreicht. Der zeitliche Unterschied zwischen beiden Bögen beträgt etwa dreieinhalb Sekunden. In dieser kurzen Zeit legt er eine Entfernung von neun Stunden zurück.[77] Das ist seine eigene Geschwindigkeit. Mit Stundenkilometern kann er noch nicht operieren. Wie er überhaupt diese Erkenntnisse wohl nur durch langfristige Beobachtungen und Berechnungen erhalten hat. Vor allem findet er heraus, dass sich Mond und Sonne mit verschiedenen Geschwindigkeiten bewegen. Denn seine Feststellung besagt, wenn der Mond einen vollen Umlauf macht, das heißt, er wird voll und nimmt wieder ab, dann hat die Sonne nicht einmal einen ganzen Monat hinter sich. Etwas vom Monat bleibt zeitlich übrig.[78] Das hat er bei seiner Berechnung zu berücksichtigen.

All das sind aber nur Vorarbeiten für seine Darstellung einer Sonnenfinsternis. Seine Vorgänger sind – er führt solche Ansichten an – weitestgehend von statischen Werten ausgegangen. So haben sie errechnet, dass der Umlaufbogen der Sonne 6.585 Tage betragen soll – was unrichtig ist. Ihn interessiert vor allem die Phase der Sonnenfinsternis: wann sie beginnt, wie lange sie andauert, wann sie beendet ist. Bei der Festlegung der Sonnenbewegung hat er folgenden Weg beschritten. Zuerst berechnet er einen vollen Umlauf der Sonne. Das sind 5.458 Monate. Insgesamt belaufen sich die Umläufe auf 5.123. Nun teilt er die erste Summe, sodass Tage herauskommen. Bei der zweiten Zahl nimmt er die Teilung so vor, dass der geographische Grad herauskommt.[79] Damit hat er die Bewegung der Sonne an einem Tag herausgefunden und dazu einen Grad, wodurch die Grundlage für eine konkrete Berechnung gefunden ist. Besonders wendet er sich gegen die falsche Lehre des Ptolemäus. Alles ist einfacher, ungenauer und unrichtig. Damit distanziert er sich auch von den griechischen Lehren insgesamt. Vor allem erkennt Ibn Sīnā, dass die Sonne in ihrem Verlauf eine Verzögerung zeigt,[80] was in einer Bogenhälfte berücksichtigt werden muss. Dabei entdeckt er jedoch ein ausgleichendes Element. In einer anderen Phase beschleunigt sich der Verlauf, sodass rechnerisch fast kein Unterschied besteht. Er bemüht sich, an der Stelle keinen Fehler zu machen. Man hat die besonderen Verhältnisse zu beobachten, so erklärt er, und kann nicht von einfachen Prinzipien ausgehen.[81] Rechnerisch löst er das Problem. Vor allem fällt ihm auf, dass die Bewegungsschwankungen der Sonne nicht regelmäßig im gleichen Umfang auftreten. Deshalb entscheidet er sich, daraus eine Art Mittelwert zu errechnen. Das sind im Prinzip schon Vorbereitungen für eine rechnerisch durchgearbeitete und optisch dargestellte Sonnenfinsternis.

Er behandelt auch die Frage, welches Land diese Finsternis überhaupt zu sehen bekommt. Dabei schließt er einen Kompromiss, indem er rechnerisch nach einer Lösung sucht, die diese Frage nicht zum Kernpunkt macht.[82] Er berechnet deshalb einen halben Tag dazu oder etwas weniger. Auch mit der Sichtmöglichkeit solch einer Finsternis setzt er sich auseinander. So darf sie nicht zu sehr in der Nähe des Horizonts geschehen. Auf jeden Fall muss auch eine Art von rechnerischem Kompromiss zwischen der optisch wahrnehmbaren Finsternis und der wirklichen gefunden werden, wobei Letztere das eigentliche Anliegen ist. Auch dieses Problem löst er, indem er von der optisch wahrnehmbaren den Zeitfaktor etwas reduziert.[83] Deshalb finden sich auf einer bildlichen Darstellung seiner Berechnung der Sonnenfinsternis folgende Angaben:[84] Die Linie mit den Buchstaben b h d stellt den Verlauf eines halben Tages dar. Gleichzeitig stellen von den drei Buchstaben d den Osten dar, b den Westen. Die Sonnenfinsternis beginnt bei dem Buchstaben t. Der Mond ist bis zu dem Buchstaben h zu sehen. Sogar noch bis r. Wenn der Mond die Hälfte des Tages hinter sich hat, dann ist er mitten in der Sonnenfinsternis. Wenn der Mond westlich weiter rückt von t zu h, dann reduziert sich langsam die Sonnenfinsternis. Bei dem Buchstaben m ist sie noch zu sehen.

Damit konstruiert er erstmalig mathematisch eine Sonnenfinsternis. Viel analytische Arbeit muss Ibn Sīnā dafür leisten, rechnerisch richtige Leistungen vollbringen, die Spezifika zwischen optisch sichtbarer Sonnenfinsternis und der wirklich stattfindenden abwägen, dabei ist der Mond mit seinen Abweichungen zu berücksichtigen und alles in eine übersichtlich optische Form zu bringen. Diese außerordentliche Leistung Ibn Sīnās übertrifft die seiner unmittelbaren Vorgänger bei weitem. Obwohl er sie nicht direkt erwähnt, löst er sich doch entschieden vom alt-griechischen Wissen und eröffnet dadurch der Astronomie neue Möglichkeiten und Wirkungsformen. Die optische Darstellung hat er in einer überzeugenden Weise erarbeitet und dargestellt. Sein erfolgreiches Wirken ist von bleibendem Wert.

Ähnliches ist von dem nächsten Gelehrten zu berichten. Er ist wie Ibn Sīnā ein Enzyklopädist in Bezug auf die eigene Person. Solche universellen wissenschaftlichen Leistungen sind unter den gegebenen schwierigen Umständen mitunter die einzige Chance für das Überleben. Der Gelehrte heißt al-Bīrūnī und wird im September 973 im Nordiran geboren. Über seine Jugend und Studienjahre liegen kaum Nachrichten vor. Nachweisbar beschäftigt er sich mit Mathematik, Astronomie und Medizin, ebenso mit Chronologie und Geschichte.[85] Auch tritt er als Geistesverwandter mit Ibn Sīnā in Korrespondenz. Leider verläuft diese nicht befriedigend, weil, wie sich zeigt, al-Bīrūnī nicht über ausreichende Kenntnisse in Philosophie verfügt.[86] Damit ist die Zeit seiner Ausbildung abgeschlossen.

Seine erste Anstellung als Gelehrter findet er offenbar bei Ḫwārizmī šāh ʿAbḍallāh b. Aškām, obwohl er diesen in seiner Chronologie orientalischer Völker nicht erwähnt. Später arbeitet er für einen Regionalherrscher in der Ortschaft Ǧurǧān; ihm widmet er auch seine erste Arbeit. Die oben erwähnte Chronologie erstreckt sich bis zum Jahr 1000. Um das Jahr 1016 erfasst das allgemeine Chaos auch diese Region, sie wird von dem aus dem afghanischen Ghazna gewaltsam vordringenden Herrscher Maḥmūd (reg. 998-1030) erobert. Al-Bīrūnī wird gefangen genommen und wäre sicher wie viele andere auch hingerichtet worden; als bekannt wird, dass er auch die Astrologie beherrscht, rettet ihn das.[87] Schließlich wird er sogar an den Hof von Ghazna eingeladen. Al-Bīrūnī muss bereits gehört haben, dass der Herrscher relativ freigebig Geschenke verteilt. Angestellt als Astrologe, hat er deshalb auch die Indienfeldzüge des Herrschers Maḥmūd 1017-1030 mitzumachen. Der Gelehrte lernt Sanskrit, um die indischen astronomischen Texte lesen zu können. Er ist für eine friedliche und schöpferische Beschäftigung mit Indien, nicht für den Krieg. Die Erfahrungen, die er in dem Land macht, verarbeitet er in einer weiteren Schrift, seinem Indienbuch. Darin hat er die Religion, Philosophie, Literatur, Chronologie, Astronomie, das Brauchtum, die Gesetze und die Astrologie in klassischer Weise beschrieben. Das geschieht um das Jahr 1030.

Nachdem der Herrscher gestorben ist, dient der Gelehrte dessen beiden Söhnen. Zu jener Zeit entsteht auch sein astronomisches Hauptwerk mit dem Titel „Das glückliche Gesetz der Astronomie und der Sterne". Der Begriff „glücklich" ist doppeldeutig, weil der momentane Herrscher diesen Namen im euphemistischen Sinne trägt. Das Buch wird 1040 fertig gestellt. Neun Jahre später erscheint sein Werk über die Edelsteine, dann über die Pharmakologie. Der Gelehrte stirbt 1048 in Ghazna. In seinem wichtigsten astronomischen Werk, dem „al-Qānūn al-Mas'ūdī", finden wir die Ergebnisse eigener Beobachtungen, die er mit den Ergebnissen anderer zu neuen Planetentafeln gestaltet.[88]

Eine neue Erkenntnis ist seine Feststellung über die Entfernung der Sonne und ihre Bewegungsform. Ansatzweise erkennen wir hier auch spezifische Rechenmethoden. Denn er bemüht sich, spontane und sich beschleunigende Bewegungen rechnerisch aufzuklären; dabei muss er gewisse mathematische Funktionen beherrscht haben. Auch in anderen Werken befasst er sich mit der Astronomie. Dabei steht das vielfältig einsetzbare Gerät des Astrolabs im Mittelpunkt. Ihn interessieren nicht nur die technischen Finessen desselben, sondern auch die falschen Vorstellungen, die manche der Besitzer von diesem Gerät haben. In dem Zusammenhang äußert er: „Ich habe ein einfaches Astrolab gesehen, das nicht einmal eine Nord- und Südsektion besitzt. Es ist von Abū Siǧzī hergestellt worden. Ich mochte es sehr, weil er dazu eine entwickelte Theorie mitgeliefert hat, die auch andere Leute teilten. Diese besagte, dass die universelle Bewegung im All durch die Erde hervorgerufen wird, nicht durch den Himmel. Ich glaube jedoch, dass es schwer ist, solch eine Bewegung der Erde zu analysieren und zu bestätigen. Das sollten keine mit Geometrie arbeitenden Fachkräfte und Astronomen unternehmen, das würde ihre Fähigkeiten übersteigen. Nur die Natur-Philosophen können Analysen solcher Probleme und Doktrinen vornehmen."[89] Diese irrige Ansicht geht davon aus, dass sich die Erde ständig um die eigene Achse dreht. Al-Bīrūnī ist gegen diese Theorie, vermag aber offensichtlich nicht, diese Unrichtigkeit aufzudecken. Ebenso ist seine Formulierung von den Natur-Philosophen etwas unklar. Denn diese Fachrichtung existiert damals nicht. Sollten das Philosophen sein, die sich mit der Natur befassen, oder Naturforscher? Damit ist seine Position in dieser Hinsicht wenig profiliert. Denn wir haben bereits gesehen, wie genau Ibn Sīnā die Bewegungen wichtiger Himmelskörper bestimmt und optisch dargestellt hat.

Die Philosophie

Als erster arabischer Philosoph tritt uns **Abū Naṣr al-Fārābī** (gest. 950) entgegen. Über sein Leben gibt es kaum verlässliche Quellen. Man muss sich fragen, woher das Dunkel rührt, womit das Leben dieses Gelehrten umgeben ist. Die Zeitgenossen haben in seinem Schaffen offensichtlich zahlreiche Anregungen gefunden, die ihnen Denkanstöße vermittelt und Weltzusammenhänge aufgedeckt haben. Die arabische Nachwelt jedoch - bedeutende Ausnahmen ausgenommen - rückt weitgehend vom tieferen Verständnis seiner Gedanken ab. **Al-Fārābī** entstammt einer türkischen Familie, die ihren Wohnsitz ursprünglich in Turkestan am Ufer des Syr Darja hat.[90] Es ist jene entfernte Gegend von Transoxanien, die dadurch in das Interesse der Politik gerückt ist, weil zahlreiche Türken aus dieser Landschaft am Kalifenhof in Bagdad zu hohen militärischen Würden aufgestiegen sind, Folge der politischen Krise, die das Kalifat durchlebt. Zur Sicherung der Macht hat man die fremden Truppen als Leibgarde rekrutiert, dabei aber, wie sich bald zeigt, Geister gerufen, die man nun nicht mehr los wird und die durchaus eigensüchtig auf die eigenen Interessen bedacht sind. Der Vater **Abū Naṣr al-Fārābīs** ist offensichtlich einer jener Militärs, die aus dienstlichen Gründen nach Bagdad gezogen sind. Wahrscheinlich hat er zur türkischen Leibwache des Kalifen gehört.[91] Er soll sogar den Rang des Armeeführers (qā'id al-ǧaiš) bekleidet haben.[92] Al-Fārābīṣ Existenz, in jungen Jahren mit seinen Eltern nach Bagdad gekommen, ist zu jener Zeit gesichert und ermöglicht ihm ein umfangreiches Studium.

In den Quellen tauchen zwei bedeutende Lehrer auf. Zum einen handelt es sich um den christlichen Gelehrten Mattā b. Jūnus[93], der einen besonderen Ruf als Übersetzer griechischer Quellen genießt und in Bagdad eine Schule aristotelischer Studien begründet.[94] Darunter ist mehr ein geistiger Sammelpunkt gemeint, an dem zentrale Fragen der Philosophie beraten werden. Bagdad ist zum damaligen Zeitpunkt noch nicht durch eine kosmopolitische Atmosphäre geprägt. Zahlreiche geistige Zirkel beleben zwar das kulturelle Klima und nähern sich der griechischen Gedankenwelt an, geraten dadurch aber in heftige Auseinandersetzungen mit einheimischen islamischen Traditionen. Von Gelehrten geistig geprägt, bietet dieses Zentrum günstige Möglichkeiten für die Bildung. Mattā b. Jūnus bestimmt weitgehend die Szene und gelangt bald in den Ruf, ein bedeutender Philosoph zu sein, der sich vor allem den Leistungen der Antike widmet.

Eine noch bedeutendere geistige Quelle erschließt sich al-Fārābī durch seine Kontakte zu dem Christen Jūḥannā b. Ḥailān. Der Biograf aṣ-Ṣafadī berichtet, dass al-Fārābī zu diesem nestorianischen Gelehrten nach dem nordirakischen Ḥarrān gereist sei.[95] Doch scheint es eher so gewesen zu sein, dass der bedeutende Mann um das Jahr 908 nach Bagdad gekommen ist. Seine besondere Stellung erwächst daraus, dass er so etwas wie ein legitimer Nachfolger der einstigen Gelehrtenschule von Alexandria ist, die in der Vermittlung antiker Wissenschaft Bedeutendes geleistet hat. Bereits Theodor Mommsen (1817-1903) hat in dem Zusammenhang darauf verwiesen, dass „die Verschmelzung der orientalischen und der hellenischen Geisteswelt neben Syrien vorzugsweise in Ägypten sich vollzog".[96]

Die Überreste dieser alexandrinischen Schule sind nach dem syrischen Antiochia verpflanzt worden. Von dort hat sich die Gelehrtenschaft in das persische Reich nach Merw gewandt. Später kommt noch der Aufenthalt in dem oben erwähnten Ḥarrān dazu.[97] Auf Umwegen ist spätantikes Gedankengut so mit dem Islam in Berührung gekommen. Ein wichtiger Geist jener Kultur ist der erwähnte Jūḥannā b. Ḥailān. Mit ihm kommt eine Fülle neuer Anregungen nach Bagdad. Auch bei dem Biografen aṣ-Ṣafadī findet sich ein Hinweis auf al-Fārābīṣ Beschäftigung nach dem Kontakt mit dem Gelehrten. Es heißt dort, dass Abū Naṣr al-Fārābī nach dem Besuch in Ḥarrān „eifrig sich den Werken des Aristoteles widmete".[98] Im gleichen Zusammenhang wird berichtet, dass die Kopie eines Werkes des Aristoteles über die Seele gefunden wird, auf der al-Fārābī eigenhändig vermerkt hat: „Ich habe dieses Buch zweihundertmal gelesen".[99] Das ist gewiss ein zutreffender Hinweis auf die intensive Beschäftigung mit dem Werk des griechischen Denkers, doch mögen gewisse Übersteigerungen bei der zahlenmäßigen Überlieferung nicht auszuschließen sein. Bedeutsam ist die Bemerkung, dass er die griechische Sprache unmittelbar für seine wissenschaftliche Arbeit nutzen kann. Ist das wahrscheinlich? Auf jeden Fall wird ihm in jeder Weise eine hohe und umfassende Bildung bescheinigt. Darauf deutet auch eine von ihm überlieferte Bemerkung hin: „Ich habe das ‚natürliche Hören' von Aristoteles vierzigmal studiert, doch ich muss mich ihm wieder zuwenden".[100]

Unter diesen Hinweisen, die auf seine ausgesprochene Gelehrsamkeit hindeuten und besonders seine Aristoteles-Studien hervorheben, befindet sich die Anfrage an ihn, die sich bei den häufigen Studien über diesen Denker der Antike wohl ganz von selbst stellt und sich auf seine Auseinandersetzung mit dem Problem des natürlichen Hörens bezieht: „Bist du kundiger im Hinblick auf die Stimme oder ist es Aristoteles?" Worauf er in großer Bescheidenheit erwidert haben soll: „Würde ich das geistig erfassen, dann wäre ich der größte seiner Schüler".[101] In seiner wissenschaftlichen Beschäftigung widmet er sich vor allem auch der Musiktheorie und erlangt den Ruhm, angeblich der Erfinder jenes hackbrettartigen Instruments zu sein, das bei den Arabern al-Qānūn genannt wird. Darauf wird im Abschnitt über die Musik näher einzugehen sein. In dem Zusammenhang ergibt sich zum einen die Andeutung der Erfindung, zum anderen aber die Möglichkeit, dass konstruktive Verbesserungen daran angebracht werden.[102] Beides scheint möglich zu sein, da das erste Auftauchen des Instruments in der bekannten Form im 10. Jahrhundert tatsächlich angenommen wird.[103] Aus den knappen Angaben über sein Leben wird nicht nur eine große Bildung auf vielen Gebieten, sondern auch das Ansehen, das er offensichtlich bereits zu Lebzeiten errungen hat, deutlich. Ungeklärt ist die von aṣ-Ṣafadī dargelegte Meinung, dass al-Fārābī seine Schriften in Bagdad verfasst habe. Die Forschungen ergeben teilweise ein anderes Bild. Doch ist bei aṣ-Ṣafadī dieser eindeutige Hinweis enthalten, der negative Auswirkungen auf die Überlieferung seiner Schriften erkennbar macht.

Nach Syrien wendet sich Abū Naṣr al-Fārābī auf Einladung des schiitischen Fürsten von Aleppo, des Ḥamdāniden-Herrschers Saif ad-Daula. Der Ortswechsel soll 942 erfolgt sein.[104] Unsicher sind die Gründe, die ihn bewogen haben können, Bagdad für immer zu verlassen. Doch erscheint es nicht unwahrscheinlich, dass die sich zuspitzenden Verhältnisse in Bagdad dazu beigetragen haben. Unter dem Kalifen al-Mutaqqī, der im Dezember 940 an die Macht gelangt ist, zeigt sich bereits in gefährlicher Weise der Niedergang des Staates. Nach dem Tod des in Bagdad eine brüchige Machtbalance sichernden türkischen Befehlshabers Heǧkem sind in der Hauptstadt heftige militärische Auseinandersetzungen zwischen den Türken und den aus Dailam gekommenen Söldnern ausgebrochen.[105] Auch geschieht es im Verlauf der Konflikte, dass sich selbst der Kalif schutzsuchend an den Ḥamdāniden-Herrscher Abū Muḥammad al-Ḥasan wendet, der seine Macht bis Mossul im Nordirak ausgedehnt hat. Er ist der ältere Bruder des Fürsten, der al-Fārābī eingeladen hat. Nur 13 Monate kann Abū Muḥammad al-Ḥasan im Interesse einer gewissen Stabilität für das Kalifat wirksam werden. Dann brechen erneut heftige Konflikte aus, in deren Verlauf der Kalif abgesetzt und geblendet wird. Muss es nicht als beinahe selbstverständlich erscheinen, unter solchen gefährlichen Bedingungen ein Angebot zu akzeptieren, das in jeder Hinsicht eine gewisse Sicherheit bietet?

Saif ad-Daula hat zielgerichtet daran gearbeitet, sich einen autarken Herrschaftsbereich aufzubauen. In den unsicheren Zeitverhältnissen sieht er seine Chance und erobert 944/45 das nordsyrische Aleppo, indem er den dort herrschenden ägyptischen Statthalter verjagt.[106] Wenige Jahre später bringt er Damaskus unter seine Herrschaft. Im Besitz dieser bedeutenden Positionen, ist er darum bestrebt, eine Art Heimstatt für Wissenschaft und Literatur zu schaffen. Das geschieht weniger aus dem Bestreben heraus, sich auf diese Weise eine besondere Geltung zu verschaffen. Vielmehr ist er geistig aufgeschlossen und vielseitig interessiert. Muss es deshalb nicht als richtig erscheinen, dass al-Fārābī die bedrückende Lage in Bagdad aufgibt, um sich in dem sicheren Syrien eine günstige Förderung zu ermöglichen? Der Schritt erweist sich offenbar in jeder Hinsicht als richtig, denn der Fürst lässt dem Philosophen die Mittel zukommen, die dieser benötigt.

Nach dem Bericht aṣ-Ṣafadīs soll es sich täglich um vier Dirham gehandelt haben.[107] So bescheiden die Summe auch erscheinen mag, hier hat ein Fürst erkannt, dass zur Sicherung der geistigen Leistung auch materielle Voraussetzungen gehören. Im Leben der meisten folgenden Philosophen wäre ein Bruchteil dieser Hilfe von größtem Wert gewesen. Dazu kommt die günstige Möglichkeit, ohne Verfolgung zu leben. Ein Vorzug, der ebenfalls zahlreichen weiteren Denkern nicht vergönnt gewesen ist. Eigentlich muss man das Eintreten dieses Fürsten als einen bleibenden Verdienst an der Philosophie werten. Er hat auch Dichter an seinem Hof, die er unterstützt. Seine Bestrebungen um die Förderung des geistigen Austauschs sind ihm ein inneres Anliegen, das er neben seinen kriegerischen Zügen betreibt. Eigentlich sind diese Jahre al-Fārābīṣ weitgehend unbeschwert. Von dem Biografen aṣ-Ṣafadī, der 1363 stirbt und als später Vertreter der Biografik von seinen Vorgängern partizipieren kann, wird berichtet, dass unser Gelehrter, wenn er in Damaskus weilt, sich, in Gedanken vertieft, im Dickicht von Quittensträuchern aufhielt. Dort verweilt, schreibt und schläft er wahrscheinlich auch.[108] Allerdings merkt der Verfasser der Lebensbeschreibung kritisch an, dass die geistige Produktion des Philosophen, auf einzelne Blätter verteilt, dann häufig vom Wind davon geweht wird. Ein ernsthafter Hinweis, dass sich gewisse Lücken in den Werken al-Fārābīs vielleicht damit erklären lassen, dass er grundsätzlich nur auf lose Blätter schreibt und keine Hefte dafür benutzt. Ein ernster Zustand ist das, der auf Gewohnheiten hindeutet, die manches Werk in seinem Fortbestand gefährdet haben. Die idyllische Zurückgezogenheit, wie sie oben beschrieben wird, gibt einen kleinen Eindruck von jenen Lebensumständen, die seinem geistigen Streben entgegengekommen sind. Hier wird nichts erzwungen oder von ihm verlangt, was nicht seiner Überzeugung entspricht. Auf die Weise führt er ein Leben, das in Zurückgezogenheit und Produktivität besteht.

Doch ist Abū Naṣr al-Fārābī auch als Sachverständiger für zahlreiche Wissenschaften ein gern gesehener Gast in den Unterhaltungen bei Hof. Hier gibt es keinerlei Diskriminierung, weil ihn die wohlwollende Förderung des Fürsten umgibt. In dieser Form der gesellschaftlichen Darstellung unseres Philosophen stehen wohl häufig seine besonderen Kenntnisse in der Musiktheorie im Mittelpunkt. Er hat mit seinem Wirken auf dem Gebiet nicht nur der arabischen Welt bedeutende Impulse vermittelt. In der konkreten Situation solch eines gesellschaftlichen Rahmens am Hof ist es bemerkenswert, wie sich das sachliche Verhältnis zwischen Fürst und Philosoph gestaltet.

So schildert aṣ-Ṣafadī, gestützt auf die Aussagen des großen Biografen Ibn Ḫallikān (1211-1282), wie sich al-Fārābī am Hof Saif ad-Daulas mit diesem trifft. Der Philosoph, der türkische Kleidung trägt, kann es sich bei diesem festlichen und offiziellen Anlass erlauben, die Hofzeremonie zu verletzen, indem er nicht bei den Leuten stehen bleibt, die gegenüber dem Herrscher eine gewisse Distanz einhalten. Vielmehr eilt er an ihnen vorbei, bis er zu dem Fürsten, der auf einem Polster ruht, vorgedrungen ist und ihn dort so bedrängt, dass Saif ad-Daula seinen Platz verlässt. Zunächst reagiert der Fürst heftig, erblickt er doch darin einen schweren Verstoß gegenüber Höflichkeit und Sicherheit. Hinter ihm stehen Kriegsmamluken, die er sich offenbar als Leibwache hält. Sie sind zumeist aus fremden Völkern zusammengesetzt, da sie ihre eigene Sprache reden, die aber auch der Fürst beherrscht. Er weist die Kriegssklaven an, den alten Mann, der die feine Sitte verletzt hat, zu durchbohren.[109] Doch erwidert ihm al-Fārābī, ebenfalls in dieser Sprache, das jedes Handeln seine Folgen habe. Eine Bemerkung philosophischer Art, die auf die Kausalität aller Erscheinungen verweist und später zu seinen bedeutendsten Vorstellungen im geistigen System ausgebaut wird. Offensichtlich erweckt diese Formulierung in der fremden Sprache die besondere Neugier des Fürsten. Abū Naṣr al-Fārābī macht darauf aufmerksam, dass er angeblich 70 Sprachen beherrscht habe.[110] In dem knappen Bericht wird hervorgehoben, dass sich al-Fārābī damit den Meistern der anderen gleichsetzt, die hier versammelt sind. Auch versetzt er sie durch seine Beredsamkeit in ein tiefes Schweigen.

Saif ad-Daula hat den Wunsch, sich mit dem Gelehrten noch näher zu beschäftigen, scheitert aber mit seinen Angeboten von Speisen und Getränk. Lieber lässt al-Fārābī Musikanten kommen, aber er tadelt jeden von ihnen wegen seiner Leistung. Schließlich holt er eine Laute hervor. Auf derselben spielt er zur Erheiterung der Anwesenden, dann modifiziert er die Saiten und ihre Anordnung. Nun erreicht er durch sein Spiel, dass sie weinen.[111] Mit einer erneuten Umstellung und Veränderung gelingt es ihm, die Versammelten einschließlich des Türwächters in Schlaf zu versetzen. In der kleinen Geschichte wird die erwachende Freundschaft zwischen den beiden bemerkenswerten Persönlichkeiten deutlich. Auf einer Reise, die er zusammen mit seinem Fürsten unternommen hat, wird Abū Naṣr al-Fārābī 950 von Räubern erschlagen.[112]

Eines seiner Hauptwerke auf dem Gebiet der Logik ist der Kommentar zu der bedeutenden Schrift des Aristoteles, die sich in Lateinisch „De interpretatione“ betitelt, im griechischen Original „Peri Ermeneias“.[113] Das Werk ist das einzige und älteste seiner Art in Arabisch. Es ist ebenfalls von den zahlreichen Kommentaren der einzige, der vollständig erhalten ist. Einerseits zeigt er das monolithische Denken des Aristoteles in seinem logisch-grammatikalischen Konzept, al-Fārābīṣ Kommentar ist andererseits eine sehr attraktive Ergänzung für eine heutige Sicht. Denn indem der Gelehrte die Vorstellungen des Aristoteles durchdacht hat, wird er zu neuen Fragen geführt und legt in die Zukunft weisende Antworten vor. Dazu gehört, dass er sich grundsätzlich ganz anders als der griechische Denker gegenüber der eigenen Grammatik verhält. Für al-Fārābī bedeutet Logik, dass man sich notfalls von der eigenen sprachlichen Grammatik trennen muss. Man kann ohne Übertreibung sagen, dass die moderne Logik in der arabischen Wissenschaft mit al-Fārābī beginnt. Das erweist sich auch in der von ihm verwendeten Terminologie. Er ist sich zunehmend bewusst geworden, dass er eine Sprachform benutzt, die Grammatikern und Philologen nicht bekannt ist. In einigen wenigen Fällen verwendet er griechische Wörter in arabischer Übersetzung. Ein wesentlicher Punkt in seiner Darstellung ist die Unterscheidung von einfachen und zusammengesetzten Begriffen. Vier Fälle sind dabei seiner Ansicht nach möglich:

1.) Einfache Ausdrücke mit einfachen Bedeutungen. Dazu zählt er alle normalen arabischen Worte, die er in Substantiv, Verb und Partikel aufteilt.
2.) Einfache Ausdrücke mit zusammengesetzter Bedeutung. Dafür gibt er kein Beispiel. Doch hier ist die eigentliche Frage gestellt. Denn die Logik ist mit Gedanken oder Konzepten von Dingen befasst, wie sie von Worten gebildet werden. Die reale Natur der sprachlichen Dinge ist nicht Sache der Logik.
3.) Zusammengesetzte Ausdrücke mit einfachen Meinungen wie in Eigennamen wie ʿAbd Šams.
4.) Zusammengesetzte Ausdrücke mit zusammengesetzten Bedeutungen wie Sätze und Formulierungen.

Bei der Fortsetzung dieser Gedanken tritt sein radikales Denken hervor. Denn er formuliert, dass die Allgemeinheit in der arabischen Welt sagt: al-insān ādilun (Der Mensch ist gerecht); er aber schlägt vor: al-insān mauǧūdun oder juǧadu ʿādilun.[114] Das widerspricht aller Grammatik und soll dasselbe in seiner Spezialsprache heißen: Der Mensch ist gerecht. Gleichzeitig führt uns diese Formulierung zur wohl radikalsten Position seines logischen Konzepts. Eine Grundaussage von ihm lautet folgendermaßen: „Es gibt modale Verben, die Gegenwart, Zukunft und Vergangenheit anzeigen. Doch finden wir auch Substantive, die von einem Infinitiv eines modalen Verbs abgeleitet sind und die, wie andere abgeleitete Substantive, keine bestimmte Zeit bezeichnen, wie die modalen Verben. Das Negativum findet sich auch als Kopula in Sätzen, deren Prädikate Substantive sind. Diese Kopula wird hier ausgedrückt durch das Wort mauǧūd (wörtlich in Arabisch: vorhanden, existierend, gegenwärtig), in Griechisch durch estin und on, im Persischen durch ast und hast; und durch entsprechende Ausdrücke in anderen Sprachen."[115]

Für die Logik ist dieser Schritt ein Meilenstein, weil erstmals ein Gelehrter die Forderung erhebt, dass Logik in allen Sprachen gleich verständlich sein muss. In dem Zusammenhang geht er konsequent noch weiter und schafft mit seinem Kopula-Begriff „mauǧūd" ein künstliches Wort mit der Bedeutung „ist". Auch damit weist er entschieden in die Zukunft, denn die heutige Logik arbeitet nur mit künstlichen Zeichen. Er hat sich mit der arabischen Grammatik befasst. Doch gibt es ein natürliches Hilfsverb mit der Bedeutung „sein", das aber nur für die Vergangenheit und die Zukunft einsetzbar ist. Die Präsenz-Zeitform und die Zeitformlosigkeit werden normal ohne jegliches Kopula-Wort ausgedrückt. Da setzt al-Fārābī mit seiner Worterfindung ein. Denn bei ihm gibt es für die Präsenz-Zeitform eine Kopula. Er setzt diese Form überall ein, selbst wenn sie nicht unbedingt nötig ist. Dadurch schafft er sich eine neue Schrift, das ist der entscheidende Fakt. So experimentiert er mit einer radikalen Theorie von Logik. Grundsätzlich macht er klar, dass sich die logische Form von der grammatikalischen unterscheidet.[116] In dem Zusammenhang wird ihm immer klarer bewusst, dass es die Aufgabe eines Gelehrten der Logik ist, Strukturen einer Sprache zu schaffen, die übereinstimmen muss mit den universellen Formen des Denkens. Dabei, so zeigt ebenfalls das obige Beispiel, spielt bei ihm der konstruktive Vergleich mit anderen Sprachen eine zentrale Rolle. 70 Sprachen beherrscht er sicherlich nicht. Aber als Türke, der Arabisch schreibt, finden wir ihn bereits auf dem entscheidenden Weg.[117] Wie das Zitat gezeigt hat, bezieht er auch das Griechische in seine Arbeit ein. Doch richtet sich sein kritischer Blick vor allem auf das Arabische. Deshalb betont er „Es ist aber nur in der arabischen Sprache, wo es das Wort kāna (sein, existieren) zusammen mit jamšī gibt, wenn man eine Zeit bezeichnen will, die vor der unsrigen liegt und dem heutigen Moment (gemeint ist: kāna mit einem folgenden Perfekt bildet das Plusquamperfekt). In anderen Sprachen bezeichnet das Verb die Gegenwart in entschiedener Gestalt und nichts anders. Die arabische Sprache ist arm an solchen Elementen, denn bei ihr werden Verben, die die Gegenwart bestimmen, so behandelt, dass sie das Futur bilden. In anderen Sprachen besitzen Verben, die die Gegenwart bestimmen, einen Faktor in sich, der sich etwas abwandelt und dann das Präteritum Präsens bildet."[118]

Er sieht deshalb im Arabischen gewisse Schwächen. Das ist keine Kritik, die darauf zielt, seine eigene Logik damit zu begründen. Vielmehr hält er die Grammatik nicht für effektiv genug, seine Gedanken auszudrücken; aus diesem inneren Zwang heraus formuliert er logische Sätze, die jenseits der arabischen Grammatik liegen. Das zeigt sich auch bei der Verneinung im Hauptsatz. Da formuliert er : „Wenn wir sagen al-insān lā ʻādilun (der Mann ist nicht gerecht) und Zaidun lā māšin (Zaid nicht gehend) dann ist das für Araber ein Verhandlungsgegenstand, für einfache Menschen und Linguisten."[119] Was er da als Gegenstand von Verhandlungen darstellt, ist grammatikalisch entschieden falsch. Der erste Satz müsste beispielsweise richtig heißen laisa l-inṣān ʻādilan (der Mann ist nicht gerecht) oder auch al-insānu ġairu ʻādilin (der Mann ist ungerecht). Das sind bewusst ungrammatikalische Formulierungen dieses Gelehrten. Er setzt durch, dass verkürzte und brauchbar gemachte Sprachformen gelten. An Verhandlungen mit den Linguisten denkt er nicht. In dem obigen Beispiel hat er noch die aus einer Sicht optimale Formulierung parat: Zaidun mauǧūdun lā ʻādilan[120] (Zaidun ist nicht gerecht). Hier setzt er wieder seine Kopula ein, damit ist die Formulierung für etwaige Linguisten noch weniger akzeptabel. Aus seiner Sicht ist das eigentlich eine metathetische (buchstabenversetzende) Bestätigung. Damit begibt er sich auf einen immer radikaleren Weg in seiner Logik.

Uns muss erstaunen, dass ein großer Teil der technischen Sprache al-Fārābīs sich nicht aus sich selbst erklärt. Dabei muss man jedoch in Rechnung stellen, dass er tatsächlich nichts an brauchbarer Terminologie vorgefunden hat. In den traditionellen Wissenschaften existiert keine Logik, die arabischen Schriften bieten hier keinerlei Basis. Die Tatsache aber, dass er der erste ist, ermöglicht ihm ein fast ungestörtes Arbeiten. Er kann arabische Wörter nutzen wie er will, kann sie neu definieren und ganz ihrer ursprünglichen Bedeutung entfremden. Er ist bereit, bis zu einem ungewöhnlichen Grad zu abstrahieren. Das führt ihn weit weg von den einfachen Worten des normalen Arabisch. Das Vorgehen verstört beim ersten Betrachten der Texte den Leser mehr, als dass ihm einleuchtet, was da steht. Denn der Grad der Abstrahierung erschließt sich erst bei genauerem Forschen und bei der Prüfung der Wortformen. Dabei entfernt er sich natürlich auch von Aristoteles. Das erweist sich für ihn zuweilen schwierig. Denn er formuliert: „Andere haben Aristoteles so interpretiert, dass das Verb immer Prädikat ist; manchmal bezieht es sich auf das Subjekt und bisweilen in das Subjekt“.[121] Damit hat aber al-Fārābī ein Zitat von Aristoteles gebraucht, das bei diesem gar nicht vorkommt. Hier muss die Textgrundlage fehlerhaft sein.

Doch weist er dem griechischen Denker auch direkte Mängel nach. So formuliert er: „Das ist alles, was Aristoteles sagt über eindeutige und metathetische Aussagen. Aber er sagt nichts über Widersprüche in bestimmten Bestätigungen.“[122] Bei der kritischen Meinung bleibt er auch, nachdem er sich einige weitere Kommentare des Werkes angesehen hat. In seiner Bemühung, abgeleitete Wortformen für sein logisches System zu schaffen, hat er eine Methode der Ableitung entwickelt, die seinen theoretischen Ansprüchen weitgehend genügt, aber erneut manche Frage aufwirft. Seine wissenschaftliche These dabei ist, wenn man von einem Substantiv eine Verbform ableiten kann, behält diese für einige Zeit eine prädikative Form. Das Beispiel dafür lautet : „Wenn wir von dem Substantiv Mensch etwas wie die arabische Verbform jat‘annas (wörtlich: Mensch werden/Sohn Gottes) nehmen, dann ist es kein Unterschied, wenn wir sagen, indem wir das Verb benutzen:„Zaid wird morgen menschlich“ oder „Zaid wird morgen Mann sein“.[123]

Hier treten erneut zwei wissenschaftliche Probleme auf. Eines ist erneut ein grammatikalisches, das bei der Verbform existiert, es wird bereits in der Klammer angedeutet, und handelt sich um eine eindeutige Aussage für die christliche Sphäre, die sich in der Menschwerdung von Christus manifestiert. Für al-Fārābī jedoch ist das ein normales Verb, das er einer Ableitung unterzieht, um die philosophische Aussage zu untermauern. Man muss sich fragen, ob er wirklich von dem eigentlichen Bedeutungskreis des Wortes nichts weiß. Zum anderen ist seine Ableitung eine für ihn bedeutende Angelegenheit. Aber einfacher könnte er es haben, wenn er die Prädikatform des Substantivs in jedem Fall anerkennen würde. Denn bei „Zaid ist ein Mensch“ ist ganz normal ein Substantiv das Prädikat. Solche Probleme zeigen auf, mit welcher Zielgerichtetheit er vorgeht, um seine Theorie auszugestalten. Auch seine Kopula ist keine Erfindung aus der blanken Erfindungslust heraus. Wie dringend nötig er das Konstruktivmaterial benötigt, zeigt sich an dem folgenden Beispiel.

Ausgehend von Überlegungen des Aristoteles über die Reihenfolge der Worte bei der erweiterten Prädikatform formuliert al-Fārābī: „In anderen Sprachen als dem Arabischen kommt das modale Verb, das an die dritte Stelle bei den drei Wörtern kommt, auch wirklich an die dritte Position. Erst kommt im Satz das Subjekt, dem folgt das prädikative Substantiv, dann müsste noch das modale Verb erscheinen. Die Reihenfolge würde im Arabischen heißen: al-insānu ʿādilan jūğadu (der Mensch ist gerecht) oder auch al-insānu ʿādilan mauğūdun (der Mensch ist gerecht). Das ‚gerecht' kann man auch auf die dritte Stelle setzen, sogar in Arabisch.“[124] An dem eindeutigen Beispiel zeigt sich, wie er ohne die Kopula nicht in logischer Weise den Satzbau ermöglichen kann. Das ist aber erneut gegen die normale Wortfolge im arabischen Satz. Denn eigentlich müsste das Verb am Anfang des Satzes stehen. Das jedoch interessiert den Gelehrten nicht. Ihm ist wichtig, was er zu Beginn des Zitats andeutet, dass er das Arabische an die übrigen Sprachen anpasst. Damit arbeitet er speziell an seiner logischen Gestaltung der arabischen Sprache. Die Schwierigkeiten, die ihm teilweise aus der Konfrontation mit Gedanken des Aristoteles entstehen, verarbeitet er weitgehend konstruktiv. Vor allem dank seiner Vorarbeiten gelingt es ihm überzeugend, den Ansprüchen der übrigen Sprachen zu genügen, damit hat er erneut dem hohen Standard einer eigenen Sprache der Logik in den wesentlichsten Zügen entsprochen.

Bei der Entwicklung seiner philosophischen Gedanken ergeben sich auch bisweilen relativ schwierige Situationen. Ganz besonders trifft das zu, wenn Aristoteles auf Kräfte zu sprechen kommt, die nur potenziell eine Wirkungsstärke besitzen. Die Stelle in al-Fārābīs Werk heißt: „Manches ist aktuell ohne Potenzial wie die erste Substanz. Das ist ziemlich obskur, auch das Beispiel ist in der Tat seltsam. Aber den Begriff der ersten Substanz kann man auf die Zeitgenossen des Aristoteles zurückführen. Sie glaubten ja an viele Gottheiten. Was sie jedoch damals als Götter ansehen, betrachten wir heute als Engel. Heute meinen die Menschen, dass diese Erscheinungen sterblich sind, während die Zeitgenossen von Aristoteles annahmen, dass sie ewig sind. Aus dem Grund ist das Beispiel obskur. Wenn man ewige Wesensformen finden will, dann soll man mathematische wählen, aber keine ersten Substanzen. Denn es ist evident, dass es keine Veränderung und keine Modifizierung bei mathematischen Fakten gibt. So sind beispielsweise die Winkel eines Dreiecks gleich zwei rechten Winkeln und so weiter."[125]

Al-Fārābī merkt noch an, dass Aristoteles diese mathematischen Dinge als ewige Fakten in seiner „Physik" erwähnt. Die Passage ist deshalb auch interessant, weil der Gelehrte mit der „ersten Substanz" nichts anfangen kann oder will. Denn diese Formulierung stammt aus der Spätantike. Man muss kurz darauf eingehen, dass dieser Text, den der Gelehrte vor sich hat, von zwei spätantiken Denkern erarbeitet worden ist. Sie haben den Text tradiert und dadurch erhalten, haben aber an bestimmten Stellen ihre zeitgenössischen Glaubensvorstellungen eingefügt.

Der erste dieser Tradenten ist der in Alexandria lebende Ammonius. Er lebt um 500 und stellt die wichtigste Quelle dar. Ein zweiter Gelehrte, der um 600 lebende Stephanus, hat die Handschrift kopiert. Bei der „ersten Substanz" hat Ammonius dazu geschrieben, dass es sich dabei um intelligente und göttliche Seinsformen handelt, die auch Aktualität besitzen. Das sind die neuplatonischen Vorstellungen der Spätantike. Eigentlich hätte das al-Fārābī erkennen können, doch vermag er offensichtlich den Einschub aus der Zeit des Ammonius nicht richtig wahrzunehmen. Richtig ist aber, solche Vorstellungen nicht dem Aristoteles zuzutrauen, sondern sie als obskur zu bezeichnen. Auch seine Hinweise auf die unverrückbare und ewige Gültigkeit der mathematischen Ergebnisse sind von spezifischer Bedeutung. Doch muss man auch hinzufügen, dass al-Fārābī nicht einfach den überlieferten Text der spätantiken Gelehrten übernimmt. In der ursprünglichen Fassung sind nur vier Arten von Belehrungen enthalten. Es handelt sich um die logischen Kategorien Vermessungen, Definitionen, Beweise und Analysen; al-Fārābī macht daraus viel mehr. Bei ihm gibt es zusätzlich Teilung, Beispiel, die Herleitung allgemeiner Regeln aus Einzelfällen, Schluss vom Allgemeinen auf das Besondere, Diagramme, Ableitung, Ersetzen und Kontrast.[126]

Damit hat der Gelehrte die Logik in vielen Teilen weiter ausgebaut. Die ursprüngliche Fassung ist für ihn nur eine Anregung zum schöpferischen Arbeiten. In seinem Bemühen, eigenständige Leistungen zu schaffen, haben wir bereits die Kopula kennen gelernt. Er hat noch andere Eigenbegriffe geschaffen. Ihm ist bei der Lektüre der Textpassagen des Aristoteles aufgefallen, dass dieser häufig ein „No" (Nein) gebraucht. Da er die Verneinung in der Form nicht im Arabischen findet, setzt er dafür die Formel wa lā wāḥid ein. Wörtlich heißt der Begriff im Arabischen „und nicht einer". Ab sofort ist das in seinem logischen System „No".[127]

Bei den Ableitungen geht er ähnlich vor. Das abgeleitete Nomen wird bei ihm al-ism al-muštaqq[128]. Dabei stört es ihn nicht, dass das Wort ištiqāq schon mit einem festen Begriff verbunden ist. Bei den Grammatikern und Philologen besitzt das Wort die Bedeutung von Etymologie, die Lehre vom Ursprung und der Geschichte der Wörter. Das ist nicht von Interesse für ihn, damit ist die Trennung von der arabischen Grammatik eindeutig versinnbildlicht. In einem Punkt schließt er sich allerdings den Grammatikern an, denn in den logischen Beispielsätzen gebraucht er den Namen Zaid. Dazu wird er auch durch das Vorbild des Aristoteles angeregt, denn dieser baut seine Sätze mit dem Namen Gaius und anderen.

Al-Fārābī hat auch ein wesentliches Werk der politischen Philosophie hinterlassen. Eine relativ kleine Schrift mit großer Wirkung ist „Buch der Ansichten der Bewohner der vorzüglichen Stadt". Noch in Bagdad hat er mit der Arbeit daran angefangen, in Damaskus hat er sie vollendet. Dann gibt es noch eine weitere Überarbeitung. Die lange Beschäftigung damit lässt darauf schließen, dass er große Sorgfalt darauf verwandt hat, der Schrift besonderen Rang zu verleihen. Bei dem Thema handelt es sich um eine Art von philosophischer Utopie, die in einer Zeit sich allmählich verschlechternder Zustände an Bedeutung gewonnen hat. Der Autor behandelt die innere Gestaltung jener Stadt, der er einen musterhaften Wert beilegt. Wahrscheinlich handelt es sich dabei, wie oben angedeutet, um eine utopisch-ideal hervorgehobene Tendenz. Er nähert sich dem Thema, indem er einen sozialen Befund konstatiert. Er untersucht die soziale Neigung des Menschen und kommt zu dem Ergebnis, dass er nicht nur ein „zoon politikon" ist, sondern in seinem Mensch-Sein gerade die Beziehung zu anderen braucht.[129] Und zwar braucht er diese gesellschaftlichen Bindungen, um sich zu vervollkommnen. Als Einzelner kann er sich nicht bewähren, hat keine Aussicht und muss auch deshalb verderben, weil er nicht die für ihn notwendigen Dinge erhalten kann.

Aus den Lehren deutet sich bereits ein beachtliches Verständnis gesellschaftlicher Beziehungen an. In diesem Zusammenhang betont er das Ideal der Vollkommenheit als ein für jeden Menschen erreichbares Ziel. Doch macht er auch interessanterweise darauf aufmerksam, dass der Mensch durch seine natürliche Veranlagung zu einer sozial-kooperativen Haltung neigt.[130] Dabei zeigt er auf, dass der Einzelne für die Gesamtheit wirksam ist, indem er einen Anteil für das Wohl aller erbringt. Momente einer gesellschaftlichen Verpflichtung gegenüber dem Ganzen treten dabei hervor. Auch in diesem Kontext ergibt sich der Hinweis auf die notwendige Erlangung der Vollkommenheit. Als philosophische Frage sehen wir diesen geistigen Komplex als besondere Aussage im sozialen Umfeld. Der häufige Hinweis bedeutet, dass al-Fārābī wahrscheinlich eine notwendige Entwicklung annimmt, die in einem Voranschreiten vom Unvollkommenen zum Vollkommenen besteht, wobei jenes nicht in der Abstraktion nur als das Unvollkommene zu fassen ist, sondern als ein solches, das zugleich das Gegenteil seiner selbst, das spezifisch Vollkommene, als Keim, als Antrieb in sich hat. Daher betont er immer wieder, dass die Kraft dazu in einem jeden Menschen liegt. Deshalb soll der Impuls geweckt werden, zum Licht des Bewusstseins – das ist zu sich selbst – zu kommen. Wahrscheinlich ist das ein geheimes Ziel dieses Werkes. Doch legt er die Frage auch dahingehend aus, dass menschliche Größe nicht nur so zu verstehen ist, dass sich der Mensch selbst dahin entwickelt; vielmehr betont er, dass die soziale Beziehung den Menschen prägt.

Dabei hat er auch im Auge, dass sich die menschliche Gesellschaft durchaus untergliedern lässt. Er unterscheidet die zivilisierte Gesamtmenschheit: die Nation, die Stadt, das Dorf, den Flecken und die Gasse. Ganz am Ende steht der Wohnsitz.[131] Doch ist bei der Auflistung nicht nur seine Absicht, die Vielfalt menschlicher Zivilisationsform anzudeuten. Vielmehr zielt er darauf ab, dass von allen diesen Gemeinschaftsstufen des Menschen die Stadt die in sich vollkommenste ist. Wenn man die Frage näher betrachtet, ergeben sich wichtige Momente der Begründung. Er bewertet die kleineren Siedlungsformen wie Wohnsitz, Flecken und Dorf als der Stadt unterlegen, denn gleichzeitig ist die Stadt ein Teil der Nation. Die Vollkommenheit der Stadt ergibt sich daraus, weil sie gleichsam eine vermittelnde Stellung zwischen beiden Extremen besitzt. Sie hat zentrale Bedeutung, weil sie die eigentliche Position inne hat, die den anderen Zivilisationsformen erst eine Grundlage vermittelt. So verweist al-Fārābī darauf, dass die Nation, hier vielleicht ein Synonym für Staat, nur dann vorzüglich in ihrer Art ist, wenn sich in ihrem Verband beste Städte versammeln. Für al-Fārābī ist die Stadt ein Hauptmoment der Menschheitskultur überhaupt. In der Haltung ergibt sich bereits ein beachtlicher Unterschied zu dem großen Werk Platons über den Staat. Aus dessen Sicht, er legt diese Meinung Sokrates in den Mund, ist die Stadt nur deshalb wichtig für die Gesamtdarstellung, weil sie episodenhaft als Vorführungsbeispiel nützlich ist. Es geht Platon um die Darstellung der Gerechtigkeit unter den Menschen, deshalb lässt er Sokrates den folgenden Satz äußern: „Ist es auch also recht, so wollen wir zuerst an den Staaten untersuchen, welcher Art sie ist (die Gerechtigkeit, der Verf.), um sie sodann auch an den Einzelnen zu betrachten, indem wir die Ähnlichkeit mit dem Größeren in der Erscheinung des Kleineren zu erkennen suchen".[132] Wenige Zeilen später behandelt Sokrates als kleineres die Stadt. Hier ist sie nur in einer knappen Passage von wenigen Seiten eine Art Modell des Größeren, des Staates. Doch ist sie bei al-Fārābī von sich aus die vorzüglichste Form der menschlichen Existenz, sie besitzt ihren Eigenwert. Damit hebt sie sich von der Nation ab. Nur im Rahmen der Stadt erblickt al-Fārābī die Möglichkeit des Glücks, verkörpert in der „vortrefflichen Zusammenkunft".[133] Er macht darauf aufmerksam, dass die vorzügliche Stadt dem „vollkommenen gesunden Körper gleicht".[134] Wird damit nicht die volle Unabhängigkeit und innere Wertigkeit derselben mit einem Symbol umkleidet, das die spezifische Ranghöhe dieser Kulturform vor dem Staat ausdrückt?

Er hat das Beispiel des Körpers wohl auch deshalb gewählt, weil er an diesem Funktionsmodell das Zusammenwirken unterschiedlicher Kräfte nachweisen möchte. Gleichzeitig jedoch macht er in dem Zusammenhang darauf aufmerksam, dass im Körper ein Teil als Oberhaupt wirkt, das ist das Herz. Von ihm aus wiederum ergeben sich Rangbeziehungen zu den übrigen Köperteilen. Damit ist bereits ein Thema angeschlagen, das in der Gesamtdarstellung besondere Bedeutung gewinnen wird. Auch in der Stadt sieht er an der Spitze jenes Oberhaupt; von ihm gehen die Zielsetzungen aus, die dem Ganzen dienen.[135] Am untersten Ende der Hierarchie arbeiten und wirken ebenfalls Menschen, doch sind sie natürliche Mitglieder des Körpers.

In dem folgenden kleinen Abschnitt wendet sich al-Fārābī jener Führungsgestalt näher zu. Zuerst wird erneut das Beispiel des Körpers behandelt. Dabei ergibt sich die Einschätzung, dass jenes besondere Organ an der Spitze derselben von Natur aus das vollkommenste ist. Damit deutet sich schon der Tenor an, den er für das Oberhaupt der Stadt verwenden wird. Und so heißt es auch. Denn dieses führende Glied der Stadtgemeinde ist der „vollkommenste Teil der Stadt".[136] Wahrscheinlich liegt eine der Ursachen für die hohe Würdigung darin, dass er diesem Faktor an der Spitze jene Kraft zuerkennt, im ganzen Stadtbereich für die übrigen Körperschaften die Ursache ihrer Existenz zu sein. Die Kraft und Lebendigkeit von ihnen geht auf ihn zurück. Er erblickt aber darin keinen unbedingten Automatismus. Vielmehr stellt er in dem Verhältnis von oben nach unten keine ungelenkte Kraft fest. Willensakte sind umfassend wirksam. Sie prägen Haltungen und

Taten. Nun scheint etwas von der Vollkommenheit oben auf die der Führung Nahestehenden überzugehen, denn dort erkennt al-Fārābī natürliche Handlungen. Diese Qualität sinkt bei den immer weiter unten Stehenden langsam ab, bis sie in niedrigen Handlungen ausläuft. Doch gesteht al-Fārābī dieser Ordnung eine Bewertung zu, die er, wenn ein solches Oberhaupt vorhanden ist, als wohl organisiert betrachtet.

Man bemerkt häufig, dass das Ordnungsschema für ihn eine Art von Modell ist, das sich vielfältig im Sein widerspiegelt. Nicht nur der Ähnlichkeitsgrad zum Körper ist dabei bemerkenswert, er geht auch dazu über, die Beziehungsordnung der Seinsformen nach dem Modell zu ordnen. Dabei scheint bei ihm eine religiöse Haltung wirksam zu sein, doch verschmelzen damit gewisse Naturbetrachtungen. Für ihn steht an der Spitze der Welt „der Erste".[137]

Darunter ist unschwer Gott zu verstehen, der nicht weiter beschrieben wird. Dann kommen in der Hierarchie die Himmelskörper, denen schließlich die materiellen Lebensformen folgen. Aber er betont in dem Zusammenhang, dass jede dieser unteren Stufen des Seins den ersten Grund sucht, Gott nachzuahmen. Die Bemühung erfolgt nach dem Maß der eigenen Kräfte. Man muss sich hier fragen, warum er das Vorbild der vorzüglichen Stadt wählt?

Sie scheint für ihn der Mittelpunkt der Welt zu sein. Ebenfalls stellt er dar, dass das Niedrigste sich zu bemühen hat, das Erste nachzuahmen. Er scheint zu hoffen, dass die Verbindung von oben nach unten und wiederum nach oben einen inneren Zusammenhang hat. In der vorzüglichen Stadt soll eine solche Ordnung der Harmonie bestehen. Das dortige Oberhaupt ist in seinen Taten für alle vorbildlich.

In Verbindung damit legt er zwei Grundeigenschaften des Oberhauptes fest. Erstens soll es sich durch seine Veranlagung auszeichnen; das ist eine natürliche Position. Zweitens betont al-Fārābī seine spezifische Haltung und willensmäßige Fähigkeiten.[138]

Er betrachtet die Führerschaft der Stadt als eine Leistung, die alle Fertigkeiten erfordert. In der Weise leitet er die Gemeinschaft als einer, der von Natur aus und aufgrund seiner Potenzen dazu fähig ist. Auch denkt al-Fārābī darüber nach, wie sich der hochbegabte Mensch an der Spitze halten kann. Das bedeutet für ihn, dass er eine Tätigkeit ausübt, die nicht kopierbar ist. Die Arbeit besitzt die Spezifik, dass sie nicht dienstbar, sondern nur ihm eigen ist. Ausgehend von den besonderen Eigenschaften der Leitung wirkt sie auf die übrigen Fähigkeiten und Tätigkeiten ein.[139] Dadurch entsteht erneut eine Einheit in der Gemeinschaft.

Der Gelehrte betont in dem Zusammenhang, wie bereits oben in den beiden Grundeigenschaften der Leitfigur angedeutet, dass dieses Oberhaupt ein Mensch ist. Doch steht keiner über ihm. Nun jedoch verlangt al-Fārābī, dass sich die Gestalt trotz seiner bedeutenden Voraussetzungen zu vervollkommnen hat. Gemeint ist damit vor allem, dass er sich in seinem Verstand zu entwickeln hat, sodass er zu einem in Aktion gedachten, einem aktiven Menschen wird. Auf die Weise entwickelt er seine Kraft. Darunter versteht er eine ideelle, die auch mit der Natur verbunden sein soll. Al-Fārābī erblickt darin die höchste Vollkommenheit dieses Menschen. Er ist damit im Wachen und Schlafen ein in sich Ruhender. Der tätige Verstand der Gestalt ist für al-Fārābī eine Grundbedingung für das Sein desselben. Gleichzeitig ergeben sich für das Oberhaupt angesichts seiner Qualitäten gewisse Verbindungen zu göttlichen Verstandeskräften. Al-Fārābī formuliert dazu weitere Aussagen, die sein Ziel andeuten, dass dieser Mensch ein ausgewählter und über allen anderen stehender ist. Er stellt dar, dass das Oberhaupt der Stadt seine geistigen Fortschritte durch die Verbindung mit Göttlichem und durch seine eigenen Bemühungen ständig weiter vorantreibt. Das geschieht in der Weise, dass er seinen am Anfang beeinflussten Verstand zu einem solchen umgestaltet, der als Verstand der Aktion zu betrachten ist.[140]

Darunter ist wahrscheinlich ein unmittelbar tätiger geistiger Faktor zu begreifen. Mit dem herangereiften geistigen Potenzial steht er nun über der Stufe, die er unter dem Eindruck von Einflüssen inne hat. Somit hat er sich weiter vervollkommnet. Das bedeutet aus der Sicht al-Fārābīs, dass er sich auf die Weise weiter von der Materie des Seins abgesetzt hat. Deutet sich damit eine Spiritualisierung desselben an?

Wahrscheinlich kommt es unserem Philosophen darauf an, die geistige Reife des Oberhaupts dahingehend zu umreißen, dass er eine gleich ferne Position zwischen der Materie und dem unmittelbar Göttlichen einnimmt.[141] Offensichtlich ergibt sich die Position, um ihn zu einer besonderen geistigen Kraft zu stilisieren. Al-Fārābī bezeichnet die besondere geistige Potenz als „erworbenen Verstand".[142] Das ist ein plastischer Ausdruck für die durch Selbstbemühung und höheren Einfluss erlangte Steigerung der geistigen Qualität. Er steht damit zwischen dem beeinflussten Verstandesgrad und dem Göttlichen. Auch diese Kennzeichnung soll wohl deutlich machen, dass der besondere Mensch in einer gewissen Idealverfassung lebt, die es ihm ermöglicht, seine spezifische Verstandeskraft auszuprägen und in alle Richtungen wirksam zu werden. Damit bereitet al-Fārābī jene Wirkungen vor, die von dem geistigen Oberhaupt ausgehen sollen und macht auch die Rangfolge sichtbar, die diesem geistigen Weg zugrunde liegt.

Zwölf Eigenschaften muss die Führungsgestalt erfüllen. An der Spitze steht die völlige körperliche Gesundheit. Seine Glieder sollen unversehrt sein, sodass er seine Arbeit leicht realisieren kann.

Als zweite Forderung formuliert al-Fārābī, dass die Gestalt von Natur aus ein gutes Verständnis und Vorstellungsvermögen besitzen muss.[143] Damit soll er in der Lage sein, alles ihm Gesagte genau zu begreifen, um daraus die erforderlichen Schlüsse zu ziehen.

Als dritte Eigenschaft ist ihm vorgeschrieben, über einen guten Verstand zu verfügen, um das zu verstehen, was er erfahren hat. Auch soll er damit die Beobachtungen richtig verarbeiten; Gleiches gilt für das von ihm Gehörte. Nichts soll er vergessen, was ihm übermittelt wird. In der Aufstellung der bisher festgeschriebenen Anforderungen überwiegt die natürliche Voraussetzung für das hohe Amt.

Nun rücken weitere geistige Anforderungen in den Mittelpunkt. So soll dieser Mensch über eine gute Intelligenz verfügen. Das ist Punkt vier in dem Forderungskatalog. Al-Fārābī setzt diese Eigenschaft vor den Verstand. Wahrscheinlich besitzt er die Intelligenz als höhere Stufe und als Erwachen zu sich selbst in voller Unmittelbarkeit. Durch dieses Insichgehen erhebt sich die Intelligenz über den Verstand. Der Gelehrte verweist in dem Zusammenhang darauf, dass die geistige Kraft in der Lage sein soll, das, was sie mit dem geringsten Beweis wahrnimmt, entsprechend intelligent weiterzuverarbeiten, um daraus richtige Schlüsse zu ziehen.

Als fünfte Forderung soll diese Gestalt über eine gute Ausdruckskraft verfügen. Alles, was über ihre Zunge kommt, soll sich mit ihrem geistigen Potenzial decken. Auf die Weise betont unser Philosoph die besondere Fähigkeit, die Formulierungskraft als wesentliches Mittel der Regierungskunst zu betrachten.

In enger Beziehung zu dem vorher Gesagten steht der folgende Punkt: dass die Unterrichtung und Belehrung der Menschen als ein aus Liebe erwachsendes Bedürfnis zu begreifen ist. Keine Mühe soll sich für ihn damit verbinden.[144] Hintergrund von al-Fārābī Überlegung ist, die Ausbreitung von Wissen durch den Idealherrscher als konstanten Prozess zu begreifen. Eine allgemeine Wissensvermittlung steht im Mittelpunkt, keine theologische Thematik.

In der siebenten Qualität erhebt der Gelehrte die Forderung, dass das Oberhaupt ohne Gier sein muss in allen Fragen des Essens, Trinkens und Sexuellen. Er soll auf eine natürliche Weise vermeiden, diesen vorhandenen Lüsten zu verfallen. Soll damit nur Enthaltsamkeit gepredigt werden? Da es sich hier um mehr als die Darstellung eines philosophischen Konzepts handelt, scheint es wahrscheinlich, dass mit der Forderung eine Art von innerem

Frieden postuliert wird. Trennung von den Leidenschaften heißt, sich auf sich selbst zu besinnen. Gleichzeitig ist in diesen Lüsten ein Moment der Verführung erkennbar, das dem geistigen Oberhaupt nur schaden kann.

Bei der folgenden Forderung, die nur recht knapp formuliert ist, ergibt sich ein ganzes Bündel von Assoziationen. Philosophisch ist damit ein Programm angesagt. Es heißt, dass dieses Oberhaupt eine Liebe zur Wahrheit und ihren Menschen besitzen muss.[145] Hier scheint es, dass al-Fārābī seine eigene tiefe Überzeugung ausdrückt, die dem Streben nach Wahrheit gewidmet ist. Deshalb kann er die Passage so kurz halten. Ihm erscheint die Wahrheit als ein alles erleuchtendes Licht. Doch steht dahinter auch das Problem, ob Wahrheit einfach als vollendete Tatsache in jedem Fall existiert. Die Fragen sind hier nicht weiter angesprochen. Unser Philosoph fordert von dem Oberhaupt den Zorn auf Lüge und deren Vertreter. Eine strikte Stellungnahme ist damit empfohlen.

Die nächst folgende Aufgabe, die der Führende zu erfüllen hat, besteht darin, eine große Seele zu haben. Sie soll sich dahingehend auswirken, dass das Oberhaupt Großmut besitzt, der sich auf natürliche Weise in allen Angelegenheiten ausdrücken soll. Dabei fällt auf, dass al-Fārābī in dem Zusammenhang keine eigene Seelenlehre entwickelt. Hier soll die Seele mehr ein Symbol für die Grundhaltung sein. Sie neigt zu einer humanistischen Sichtweise. Vielleicht kann man auch damit das Gewissen verbinden. Eigentlich hat er eine Position inne, die ihn über Probleme mit einer souveränen Haltung erheben soll.

Gleiches deutet sich bei der zehnten Eigenschaft an, die von diesem Menschen als unabdingbar erwartet wird. Er soll hinsichtlich des Geldes, das mit Dirham und Dinar angegeben wird, sowie den übrigen Akzidenzien der Welt eine Grundhaltung besitzen, die diese Dinge leicht nimmt.[146] Das sieht mehr wie ein Hinweis aus, sich nicht diesen Materialismen hinzugeben; eine gewisse Parallele zu den Lüsten des Irdischen taucht hier auf. Doch kann nicht übersehen werden, dass damit das beständige Resultat der Arbeit in einem Licht erscheint, das nicht für die Gemeinde günstig sein kann. Unter dem Gesichtspunkt der Subjektivität erscheint die Haltung positiv, da sie die Beeinflussbarkeit des Oberhaupts reduziert. Objektiv im Rahmen der Stadt muss aber die Auswirkung dahingehend überprüft werden, ob die Beachtung materieller Belange dadurch eingeschränkt wird.

Als die folgende und vorletzte Eigenschaft ergibt sich ein weiterer Punkt allgemeiner Anforderungen an Herrschertugenden. Al-Fārābī macht nämlich deutlich, dass dieser Mensch in der Stadt von Natur aus eine Liebe zur Gerechtigkeit und deren Vertretern besitzen muss. Er soll nicht nur gegen

Unterdrückung und Tyrannei im Allgemeinen sein, vielmehr muss er dafür kämpfen, dass die Haltung auch durchgesetzt wird. Er hat die Hälfte der Bevölkerung dabei im Auge zu behalten. Es wird ihm nichts geschenkt. Dabei ergibt sich die Überlegung al-Fārābīs, dass im eigentlichen Sinn für ihn Gerechtigkeit darin besteht, dass sie für den anderen gesichert wird. Schön und gut soll die Welt aussehen, wenn die Unterdrückung beseitigt ist. Damit hat der Gelehrte eine besondere Vorstellung von gerechten gesellschaftlichen Verhältnissen angedeutet.

Die letzte Forderung an das Oberhaupt der Stadt konkretisiert die oben als notwendig dargestellte Gerechtigkeit. Er hat die Eigenschaft nicht nur zu repräsentieren, sondern sie umzusetzen. Dabei betont al-Fārābī, dass es auf die Methode der Vermittlung ankommt. Sie soll leicht in der Führung, ohne Störrigkeit und Lästigkeit dem Menschen zugänglich sein. Der Untergebene soll also eine eingängige Form der Belehrung und Verwirklichung erfahren. In dem Aufruf zur Gerechtigkeit müssen die Qualitäten vorherrschen, die der Rechtsvermittlung einen gewissen Hauch von Leichtigkeit verleihen.

Natürlich weiß unser Gelehrter, dass das Glück des Gemeinwohls nicht nur von dem Anführer abhängt, deshalb gliedert er auch die Bevölkerung nach der spezifischen Affinität zum Wohlergehen. Die Stufenfolge der Tätigkeiten ordnet er von unten aufsteigend in drei Gruppen. Jede soll vortrefflicher sein als die andere. Auch hier ist ein System angedeutet, das fähig ist, sich zu entwickeln. Auf der untersten Stufe stehen die Weberei, das Tuchgewerbe, Parfümerie und Reinigung.[147] Das sind Handwerke, die teilweise auch bei anderen als minderwertig betrachtet werden. In der nächst höheren befinden sich als Tätigkeit gehobener Art der Tanz und die Gesetzeswissenschaft. Verwundern muss, dass beide gleichrangig auftauchen. Denn die Rechtsgelehrsamkeit besitzt durchaus andere Züge islamischer Gläubigkeit als der Tanz. Wahrscheinlich aber hat Letzterer seine besondere Stellung der Verbindung mit der Musik zu verdanken, deren Beziehungsgeflecht al-Fārābī selbst untersucht hat. An der obersten Position figurieren Weisheit und Redekunst. Offenbar besaßen beide eine günstige Ausgangslage für die optimale Gestaltung städtischen Lebens. Auf die Weise durchzieht das städtische Gebilde eine innere Ordnung, die auch in sich den Zug zum Höheren besitzt. Doch hat er durch Einführung einer bestimmten, in den Gruppen wirkenden Verbindung auch die Form einer durch Qualitätsbezüge stabilisierten Ordnung durchgesetzt. Den Punkt hebt er hervor, da er damit eine gewisse Harmonie wirken sieht. Wie überhaupt das kommunale Gebilde auf eine bestimmte Weise innerer Stimmigkeit orientiert ist.

Dagegen aber verschließt al-Fārābī nicht das Auge vor der ernsten Wirklichkeit. Denn die düstere Realität erkennt er in zwei Formen: der unwissenden und der notwendigen Stadt. Die erste bezieht sich schon in ihrer Bezeichnung auf die Gefahr des Unglaubens. Er macht deutlich, dass Menschen solch einer Gemeinschaft kein Glück haben und sich auch nicht innerlich damit beschäftigen können, ihr Schicksal zu wenden. Bei dem zweiten Typ von städtischen Gebilden beobachtet der Gelehrte, dass die Bevölkerung nur dem Notwendigsten zugewandt ist. Darunter versteht er die Versorgung mit Essen, Trinken, Kleidung, Wohnung, Heirat und Zusammenarbeit. Diesen Zustand betrachtet er als Vorform zu dem von ihm propagierten Stadtbild. Denn die noch fehlenden geistigen und vertieften Glücksmomente müssen erst geschaffen werden. Damit deutet er an, dass es kein unerreichbares Ziel ist, die vorzügliche Stadt zu schaffen. Das Spezifikum derselben erblickt er keineswegs nur in jener besonderen Führungsgestalt, vielmehr auch in der Bewohnerschaft derselben, die sich durch Gemeinsamkeiten auszeichnet, durch Wissen und Tun. Mit der Utopie hat al-Fārābī ein Gegenbild zu den sich verschlechternden Sozialverhältnissen geschaffen. Ihm liegt daran, die Möglichkeit aufzuzeigen, wie sich die Menschen selbst ein glücklicheres Leben gestalten können. Reichtümer braucht man nicht dafür, aber ein effektives Zusammenwirken aller Kräfte für Glück und Wohlergehen. Ihm liegt am Herzen, dass man solche realen Formen eines besseren Lebens ernst nimmt.

Der nächste Philosoph heißt Abū Sulaimān as-Siǧistānī. Er muss zu Beginn des 10. Jahrhunderts in der fernen iranischen Provinz Siǧistān geboren worden sein. Nach seiner Ausbildung wendet er sich um das Jahr 939 nach Bagdad. Möglicherweise liegt der Zeitpunkt aber schon früher; wir wissen über seine Biografie nur wenige Details. Einen gewissen Ruhm erlangt er durch seine Kenntnisse auf zahlreichen Gebieten und kann damit durchaus brillieren. Um 990 ist er vermutlich verstorben.[148]

Seine spezifische Bedeutung für die Philosophie-Entwicklung besteht darin, dass er wesentliche Gedanken der Spätantike in die Gedankenwelt der arabischen Völker einführt. Vor allem handelt es sich um das Geistesgut des eigentlichen Schöpfers des Neuplatonismus Plotin (204-270), in dessen Vorstellungen es bedeutende Anteile der Ideen Platons gibt, so die Unterscheidung zwischen der intelligiblen und der sinnlichen Welt. Plotin ist um die Überwindung dieses Dualismus bemüht, indem er die Kategorie des Sinnlichen aus dem Intelligiblen ableitet. Plotin geht in wesentlichen Fragen durchaus eigene Wege. Das Wissen um die Details seiner Lehre wird dadurch erschwert, dass seine Werke nur in Bruchstücken und Überarbeitungen schon kurz nach seinem Tod vorgelegen haben. Das schafft Unklarheiten, Auseinandersetzungen und Veränderungen. Die Gedanken Plotins leben unter seinen Schülern in wenig günstiger Gestalt weiter fort. Neuplatoniker wie Syrianos (5. Jahrhundert)[149], Proklos (412-485), Marinos aus Palästina (geb. zirka 440)[150], Hermeias aus Alexandrien[151] und der zirka 458 geborene Damaskios[152] vermittelten das Wissen in einem Schüler-Lehrerverhältnis weiter, wobei sich bereits aus dem neuplatonischen Geist zusätzliche Interpolationen ergeben, sodass weitere Schwierigkeiten auftreten, das eigentliche Gedankengut Plotins zu entdecken. Der Neuplatoniker Simplikios, der noch 531 an der Philosophenauswanderung der Schule von Alexandria nach Persien teilgenommen hat, ist einer der letzten, der die Werke Plotins direkt studiert hat.[153] Die nachfolgenden zumeist christlichen Gelehrten der Schule wie Elias und David (2. Hälfte des 6. Jahrhunderts)[154] kennen seine Schriften nur noch aus sekundären Quellen. Damit wird es frühzeitig schwierig, seine Gedanken korrekt zu überliefern, die aufgrund ihrer wenig systematischen Ordnung kaum zur schulmäßigen Weitervermittlung taugen. Auch hat sich in der Beschreibung der Lebensart Plotins, von seinem Schüler Porphyrios verfasst, allerlei Sonderbares eingemischt, wodurch auch die Vita desselben gewisse nebulöse Formen angenommen hat.

Das Gedankengut, selbst durch Vermittlungsprobleme und Entstehungsunklarheiten gekennzeichnet, kommt in teilweise fremder Gestalt in die arabische Welt, da sich diese Texte als Werkausschnitte aus dem Gesamtschaffen des Aristoteles darstellen. Trotzdem fallen die Vorstellungen auf einen fruchtbaren Boden. Das trifft auch auf das Schaffen des Gelehrten as-Siǧistānī zu, der daraus eine Art von System zu bauen versucht.

Vor allem hat es ihm die Dreiteilung der himmlischen Sphäre durch Plotin angetan. Dieser hat im Himmel das beinahe nicht erklärbare Eine angesiedelt, woraus der Verstand entsteht. Das ist noch nach Plotin reines Denken und Anschauen. Ihm nachgeordnet ist die Seele, die schon zu der veränderlichen Welt gehört und das Sein repräsentiert. As-Siǧistānī akzeptiert weitgehend die von Plotin geschaffene Dreiteilung der himmlischen Entstehungssphäre.[155] Dabei hat sich auch as-Siǧistānī mit Teilaspekten der aristotelischen Lehre auseinandergesetzt, letztlich bewertet er die himmlische Seele in ihrem untergeordneten Status in dem erwähnten neuplatonischen Sinn. Denn ausgehend von der oberen Einordnung in die „Drei-Einheit" nimmt die Seele bei Plotin auch in dem Sublunaren einen besonderen Status ein, der durch Separation vom Körper und einen ambivalenten Charakter derselben bestimmt ist. Daraus leitet Plotin die notwendige ethische Steigerung des Menschen ab.[156] Aristoteles ist noch von der Einheit der Seele und des Körpers ausgegangen. In der Darstellung as-Siǧistānīs ist die Betonung auf den Neuplatonismus gelegt. Diese Vorstellungen baut er in seine metaphysischen Konzeptionen ein.[157]

Doch hat er sich auch mit Ungereimtheiten des neuplatonischen Systems zu befassen. Das betrifft vor allem die von Plotin nicht beantwortete Frage, wie aus dem göttlichen Einen ein Zweites, der Verstand, entstehen kann. As-Siǧistānī hat einen Disput darüber mit einem Schüler, der nicht verstehen will, dass etwas nicht aus Notwendigkeit oder eigenem Wollen handeln kann. Es bestünde damit keine andere Möglichkeit, so legt es dieser dar. Doch hat as-Siǧistānī darauf eine Antwort parat, die eigentlich fast bis in die Formulierungen der Gedankenführung Plotins entspricht. Seine Argumentation geht davon aus, dass die Tat Gottes, des Einen, sublimer als ein Willensakt sei. Die Begründung für seine eigene Position liefert er damit, dass er erst die obige Haltung des Schülers zurückweist, denn Gott hat keine Tat aus Notwendigkeit geleistet, da solche Handlung eigentlich nur von einem Unfähigen vollbracht werden kann.[158] Damit meint er, dass sich offensichtlich in solch einer Tat ein Zwang ausdrücken würde, der sich gegen einen Widerstand wendet. Zugleich richtet er sich gegen das obige Argument des Willensaktes. Dabei fällt auf, dass der Gelehrte auch hier die polare Gegenposition voraussetzt, die bei ihm Passivität genannt wird.

As-Siǧistānī stützt sich bei seiner Beweisführung auf nicht näher benannte Vertreter der alten Wissenschaft, doch betont er gleichzeitig, fast auf der Linie Plotins stehend, dass die Handlung Gottes in einer gehobenen und sublimen Art erfolgt, die sich einer Benennung und Beschreibung entzieht.[159] Damit ereilt ihn das gleiche Dilemma wie Plotin, doch wendet sich as-Siǧistānī nicht an Gott um Hilfe für die Erläuterung. Vielmehr besitzt die Aussage einen festen Wert, so meint er. Deshalb betont er in dem Zusammenhang ganz unmissverständlich, dass man auf den Schöpfer nicht die Formulierung anwenden darf: „Er handelt". Damit ist für ihn ein falscher Begriff im Umlauf. Solch eine Bezeichnung bringt nur die eigene Passivität der Wesen zum Ausdruck, die ihn würdigen. Über ihn selbst darf kein Wort fallen. Trotz der plotinschen Unbenennbarkeit Gottes betont as-Siǧistānī, dass es zwischen ihm und den irdischen Wesen keinen Vermittler geben dürfe. Er meint, dass dieser nicht benennbare Gott, der überhaupt nicht rational erfassbar ist, zum Ziel aller Wünsche werden soll. Denn alle Wesen sehnen sich nach ihm, wenden sich ihm zu, verbünden sich mit ihm und gewinnen von ihm.[160] In der Form bemüht er sich, den islamischen Glauben aufrechtzuerhalten. Sein Gott hat sich im Kontext mit den plotinschen Ideen schon weitgehend in ein nicht beschreibbares Etwas verwandelt, das nichts mit den Vorstellungen der islamischen Orthodoxie gemein hat. Doch ist as-Siǧistānī bei der Weitergestaltung seines Systems gelungen, dem Ganzen eine etwas optimistische Note zu verleihen. Die Nicht-Beschreibbarkeit Gottes soll nicht den Ausschlag geben. Deshalb baut er einen Drang zur inneren Perfektion ein. Allerdings scheint da kein Platz für die Einsicht, dass diese Welt in ihrer Konsistenz nicht von Dauer sei. Die wesentlichen Widerstände und Negativa im Sein bezeichnet er als die „Empfänglichkeit und Passivität".[161]

Damit hat er einen Naturfaktor benannt, der im Sinn der Passivität den Anklang des Materiellen besitzen kann. Die Natur, die hier anklingt, wird in der folgenden Entwicklung der Philosophie immer bedeutsamer. Auf jeden Fall hat sich neben dem Zug zur Perfektion ein seltsames Bild von Ungenügen ergeben, das in seiner göttlich durchdrungenen Welt besteht. Die Passivität hat er eingebaut, weil er sich die Welt nicht ohne die Momente des Negativen vorstellen kann. Sein Schüler befragt ihn gerade zu dem Themenkomplex, wobei sich as-Siǧistānī in seiner Antwort bemüht, der Negativität dadurch die Schärfe zu nehmen, dass er ihr einen mehr oder weniger temporären Charakter verleiht. In der einfachsten Interpretation fasst er sie als eine Form der Billigung und Missbilligung auf.[162]

Er hat dabei im Sinn, dass beide Haltungen innere Positionen der wandelbaren Perfektion und keine eigentlichen Veränderungen sind, denn in der von ihm betonten Anordnung des Gesamtsystems geht die Hauptorientierung jeweils nach oben. Das bedeutet, dass Billigung und ihr Gegenteil durch die geistigen Bezüge der jeweils oberen Stufe auslöschbar sind. Er sieht auf diese Weise intellektuelle Bezüge wirken. In dem Sinn hat sich as-Siǧistānī bemüht, die negative Passivität durch einen Impuls auf der höheren Sphäre aufzulösen. Damit schafft der Gelehrte auf der Basis der neuplatonischen Gedanken ein philosophisches Weltbild, das von anderen Gelehrten seiner Zeit nicht kritiklos bewertet wird. Doch besitzen seine Vorstellungen in ihren Widersprüchen und teilweise unklaren Positionen eine anregende Wirkung dahingehend, dass zahlreiche Philosophen sich späterhin bewusst den Fragen zuwenden, die existenziell bedeutsam sind.

Einer, der sich philosophisch mit zentralen Fragen des Weltverständnisses beschäftigt, ist Ibn Sīnā (980-1037), dessen Biografie hier bereits ausführlich behandelt worden ist. In seinem umfassenden Werk „Heilung durch Weisheit", das 22 Bände umfasst, hat er sich in dem ersten Band, der sich mit der Frage der Natur beschäftigt, der Zeitproblematik zugewandt. Dem Gegenstand nähert er sich im Zusammenhang mit Bewegungsformen. Wobei er bereits einleitend erläutert, dass die Zeit immateriell von ihrer Eigenschaft her sei. Das hat zur Folge, dass sich die dingliche Welt verändert, jedoch nicht die Zeit.[163] Deshalb ist seine Überzeugung, dass man die Zeit höchstens durch Zahlen ausdrücken kann, das entspricht der spezifischen Struktur der Zeit. Der Mensch erlebt die Zeit subjektiv als eine Folge von Zuständen, die bis zum Ableben führen. Die Zeit berührt das nicht. Da sie aber „in ihrer Existenz mit der Materie zusammenhängt, ist sie selbst materiell".[164] Das jedoch bedeutet nicht, dass sie etwas von sich aus bewirkt, sie verfügt über kein resultierendes Element. Vielmehr ist sie materiell durch ihre ständige Bewegung im existierenden Sein vorhanden; damit hat Ibn Sīnā bereits in einem wesentlichen Zug die Natur der Zeit beschrieben. Er wendet sich gegen jede Art der Mystifizierung von Zeit. Auch das Empfinden der Erneuerung, das man im Frühling erfährt, hat nicht ursächlich mit der Zeit zu tun, denn sie bewirkt keinerlei Modifizierung des Seins von sich aus. Natürlich weiß er, dass kontinentweise solche jahreszeitlichen Erscheinungen eintreten, sie besitzen aber nur anscheinend die Dimension der Zeit, sie ähneln ihr nur.[165]

Damit rückt er ab von vereinfachten und populären Gestalten des Zeitbegriffs. Vor allem untersucht er den Begriff des „Jetzt"; weil er hier gewaltige Fehleinschätzungen beobachtet. Denn ein eigentliches, herausgehobenes und besonderes „Jetzt" existiert nicht. Die Zeit steht mit sich in ewiger Verbindung und Bewegung; sie kennt deshalb kein trennendes „Jetzt". Selbstverständlich weiß er, dass subjektiv solch ein Empfinden existiert, deshalb hat man überhaupt erst diesen Begriff erfunden. Doch mit der Realität hat das nach seiner wissenschaftlichen Erkenntnis nichts zu tun. Von der Position aus nähert er sich einem weiteren zentralen Schwerpunkt seiner Konzeption, die sich immer weiter vervollständigt. Denn er erklärt es für unmöglich, dass die Zeit ihre Bewegung unterbricht. Wenn auch die subjektiven Gefühle anderes empfinden mögen. Von dieser Position ausgehend, erklärt er die Zeit für ewig[166], denn sie hat immer existiert. „Sie kann nicht verschwinden und dann wieder entstehen."[167] Sie wird deshalb auch für immer fortbestehen, solange die Materie existiert. Auch ihr Ende wird nach seiner Überzeugung nicht eintreten. Er formuliert deshalb, auf diese Frage eingehend: „Unmöglich ist es, dass es ein endliches Nicht-Sein geben kann."[168] Immer gibt es das Materielle und mit ihr die Zeit. Für ihn ist das beinahe eine existenzielle Notwendigkeit der Welt, die Zeit besitzt eine unbegrenzte immaterielle Kraft. Jede Erneuerung fällt für sie weg, deshalb ist das „Jetzt" nur ein Teil der Zeitbewegung.

Mit dieser Position hat Ibn Sīnā der Zeit einen festen Platz in der arabischen Philosophie verliehen. Zu den Bewegungsformen der Zeit gehören Vergangenheit, Gegenwart und Zukunft; das ist die zweite Dimension der Zeit. Natürlich sind das nach seiner Ansicht nur Zeitteile. Er versinnbildlicht das durch eine Linie, wo einiges zurückliegt, anderes vorausgegangen ist. Damit räumt er den beiden Ebenen keine grundsätzlich andere Struktur ein als durch die Zeit bedingt. Dagegen sind die Menschen, wenn sie einmal in einer Familie zehn Angehörige sind, nach einiger Zeit nicht mehr so viel. Damit spielt sich die Vergangenheit vor allem in den vergänglichen Körpern ab. Die Bewegung der Zeit wird davon nicht berührt. Jedoch vermag sie hinzuweisen auf die zwei Ebenen Vergangenheit und Zukunft. Das Hinweisen ist nur als indirekter Vorgang zu verstehen, der sich aus dem Vermögen der Zeit ergibt. Das heißt, dass ohne sein aktives Zutun diese beiden Ebenen ausgewiesen werden. Optisch deutet er den Vorgang folgendermaßen: „Wie das Hohlmaß auf das Abwiegen verweist".[169] Das bedeutet, dass sich die Beziehung der Zeit zu Vergangenheit und Zukunft aus sich selbst ergibt, ohne dass irgendeine Veränderung an ihr vorgeht. Deshalb sind beide Zeitebenen nur Zahlenwerte. Damit sind sie einerseits hervorgehoben, andererseits voll in die generelle Bewegung der Zeit eingebaut. Die Vermittlung erfolgt durch die Zahlen. Mit der Darstellung hat Ibn Sīnā für die Zeit ein neues und weitreichendes Konzept vorgelegt; religiöse Vorstellungen tauchen dabei nicht auf. Mit voller wissenschaftlicher Konsequenz schafft er eine tragfähige Basis für die geistige Fortentwicklung.

Die besondere Lage in Spanien ist insofern für die Entwicklung der Philosophie von Bedeutung, da sich angesichts der schwächer werdenden Zentralgewalt, die in ständiger Auseinandersetzung mit der christlichen Reconquista liegt, seit dem 11. Jahrhundert Einfälle gewaltiger Berberheere aus Nordafrika mehren. In der sich wiederholenden Besetzung kann zwar dem christlichen Vordringen Einhalt geboten werden, doch ergibt sich auch häufig eine innenpolitische Unsicherheit in Spanien selbst. Die Berbergenerale haben teilweise nur geringe Vorstellungen und Kenntnisse, die einer gedeihlichen Verwaltungsarbeit nützlich sind. Ihre geistige Haltung ist nicht immer für die freie Idee der philosophischen Betrachtung günstig, doch ist manchmal auch gerade die ungeklärte Einsicht in innenpolitische Zusammenhänge eine Tatsache, die fachliche Beratung erforderlich macht und damit einen gewissen Spielraum für geistige Arbeit eröffnet.

Unter nicht einfachen Lebensbedingungen arbeitet Ibn Bāǧǧa, der erste bedeutendere Philosoph des islamischen Spanien. Über sein Leben ist recht wenig bekannt. Er muss gegen Ende des 11. Jahrhunderts geboren worden sein.[170] Seine Geburtstadt ist wahrscheinlich Saragossa oder eine kleine Ortschaft in der Nähe der Stadt. Wir wissen nichts über die Ausbildung, die er genossen hat, doch muss sie an Umfang und Tiefe beachtlich gewesen sein. Seine Vaterstadt wird 1110 von einer nordafrikanischen militanten Berberbewegung, den Almoraviden, besetzt. Diese sehen sich als Vorkämpfer gegen die christliche Reconquista, sind aber gleichzeitig bestrebt, ihren Einfluss auch auf weitere islamische Teile Spaniens auszudehnen. Sie vertreten einen Islam, der sich als Rückbesinnung auf ursprüngliche Grundsätze versteht und deshalb jegliche Neuerungen auf geistlichem Gebiet misstrauisch beäugt. In jungen Jahren noch, man muss das Alter von ungefähr 20 Jahren annehmen, wendet sich Ibn Bāǧǧa an den Gouverneur der Berber, der sich soeben in Saragossa eingerichtet hat, und bewirbt sich um eine Stelle. Der junge Mann erhält sofort den Rang eines Ministers und beginnt damit seine politische Laufbahn.[171] In der Tätigkeit hat er auch Aufträge zu erfüllen, die sich auf die heiklen Fragen der Außenpolitik erstrecken. Der vor den Almoraviden in Saragossa regierende Herrscher ist geflohen und hat sich in dem Ort Ruta niedergelassen, wo er um seine Unabhängigkeit bemüht ist. Zu diesem Vertriebenen schickt der Berber-Gouverneur Ibn Bāǧǧa mit einer Botschaft. Die Mission endet damit, dass er in Ruta unter dem Vorwurf des Verrats ins Gefängnis geworfen wird. Die schnelle Orientierung auf den neuen Herren in der Vaterstadt hat der Gestürzte verübelt. Einige Monate soll die Haft Ibn Bāǧǧas gedauert haben, dann kann er wieder nach Saragossa zurückkehren. In dem Vorfall zeigt sich die politische Spannung, die das Land durchlebt. Die Lage soll jedoch noch komplizierter werden. Ibn Bāǧǧa befindet sich gerade in Valencia, als sein Gouverneur stirbt und Saragossa einem ungewissen Schicksal zusteuert. Im Dezember 1118 besetzen nach neunmonatiger Belagerung die Christen die Stadt, die nun die Residenz der aragonischen Könige wird. Durch die Veränderung der politischen Landschaft ergeben sich auch für Ibn Bāǧǧa neue Zwänge, die seinem Leben eine Wende geben sollen.

Er bemüht sich, in das westliche Spanien zu gelangen, weil er dort auf eine Anstellung hofft. Auf dem Weg – ist es nun Flucht oder Erwartungsstreben? – wird er in Jativa, etwa 50 km von Valencia entfernt gelegen, auf Betreiben des in der Region noch herrschenden Almoraviden Ibrāhīm b. Jūsuf b. Tašfīn verhaftet.[172] Der Vorwurf, den man ihm macht, lautet auf Häresie. Damit ist man offensichtlich bemüht, seine Gedanken und Schriften, die er philosophischen Themen widmet, abzuqualifizieren. Der Verdacht ist vielleicht auch mit einer politischen Absicht vermischt, da sich in dem umkämpften Spanien zahlreiche konträre Interessenlagen ergeben, die bis in die

Gestaltung des persönlichen Schicksals Auswirkungen haben. In der traurigen und gefährlichen Lage findet Ibn Bāǧǧa die Unterstützung eines berühmten Rechtsgelehrten. Man nimmt an, dass es sich um den Großvater des bedeutenden – später noch zu untersuchenden – Philosophen Ibn Rušd handelt. Man kann diesen Punkt offensichtlich nicht ganz eindeutig klären. Jedenfalls gelingt es dem Rechtsgelehrten, die Freiheit für Ibn Bāǧǧa zu erlangen, der nach dem Ereignis nach Sevilla geht. Der Aufenthalt führt zu Kontakten mit dem Almoraviden 'Alī b. Jūsuf, der 1106 in Marrakesch die Macht von seinem verstorbenen Vater übernommen hat. Die afrikanischen Besitzungen stellen die Hauptgebiete seiner Macht dar. Er trägt den Titel eines „Emirs der Muslims", wodurch er seinen globalen Anspruch untermauert; häufig führen ihn auch Feldzüge gegen die Christen nach Spanien. Dabei ist er selbst ein Muslim, der sich am Hof weitgehend den orthodoxen Geistlichen unterstellt. Die Tatsache ist auch für Ibn Bāǧǧa wichtig, weil er von dem Sultan gebeten wird, als Minister in seine Regierung einzutreten. Damit fungiert er zum zweiten Mal in einem hohen Amt.

Für das geistige Klima am Hof gibt es eine Schilderung, die der Historiker jener Epoche, 'Abd al-Wāḥid al-Marrākušī (geb. 1185), hinterlassen hat.[173] Auch dessen Leben zeugt von den komplizierten Zeiten. Nach Studien in Fās und Spanien, die sicherlich mit seinem Werk über die Geschichte Nordafrikas zusammenhängen, zieht er nach Ägypten, wo er das Geschichtswerk niederschreibt. Darin findet sich eine Textpassage, die ein bezeichnendes Licht auf die Atmosphäre am Hof des Almoraviden 'Alī b. Jūsuf wirft. Darin heißt es: „Niemand hat Zutritt beim Fürsten der Muslims oder gar irgendwelchen Einfluss auf ihn außer den Kennern der malikitischen Pflichtenlehre. Daher sind die Handbücher der muslimischen Fiqh-Schulen (fiqh bedeutet Gesetzeswissenschaft) damals sehr geschätzt und gelten – mit Hintansetzung von allem, was nicht dazu gehört – für maßgebend. Das geht schließlich bis zur Vernachlässigung des Studiums von Koran und Überlieferung; kein berühmter Mann jener Zeit hat sich ganz auf diese beiden Gegenstände geworfen. Als gottlos wird verschrien, wer sich dem einen oder anderen Zweig der scholastischen Philosophie widmet. Die Rechtsgelehrten aus der Umgebung des Fürsten verketzern diese Wissenschaft und behaupten, dass die ersten Muslims dafür nur Widerwillen gefühlt und jedermann sorgfältig gemieden hätten, der auch nur eine oberflächliche Kenntnis derselben besessen habe. Die Philosophie sei eine Neuerung auf religiösem Gebiet, die häufig bei ihren Jüngern den Glauben verderbe. Solche und ähnliche Äußerungen erwecken in dem Fürsten einen derartigen Hass gegen die Theologie (die sich mit Philosophie verbindet, d.Verf.) und solche Theologen, dass er alle Augenblicke strenge Verbote gegen das Studium jener Wissenschaft und Strafandrohung gegen diejenigen erlässt, bei denen irgendeine Schrift darüber gefunden wird. Als die Werke von Abū Ḥāmid al-Ġazālī in den Westen dringen, lässt der Fürst sie verbrennen und bedroht jeden mit dem Tod und Einziehung seiner Güter, in dessen Besitz sich auch nur ein Bruchstück jener Bücher befände. Strengste Befehle werden diesbezüglich erlassen."[174]

In dem wichtigen Zitat kommt das gefährliche Klima am Hof zum Ausdruck, das eigentlich nur eine rigide Form der Rechtsprechung toleriert, aber alle weiteren Möglichkeiten geistigen Strebens gewaltsam unterbindet. Dabei fallen sogar die Koranwissenschaften unter das Verdikt der Missachtung. Die Philosophie in all ihren Erscheinungsformen wird als gefährliche Neuerung bekämpft, die den Unglauben fördert. Damit einher geht eine Unduldsamkeit gegenüber allen neuen Ideen. Die Vernichtung der Schriften des 1111 im Iran verstorbenen Abū Ḥāmid al-Ġazālī, der in dem Zitat als Exponent jener gefährlichen Abweichungen erscheint, deutet die geistige Verwirrung und gedankliche Enge an, die in den Köpfen herrschen. Aus Unwissenheit, Intoleranz und Agressivität hat man sich ein Weltbild geschaffen, das jegliche Gedankenleistung außerhalb des Rechts verwirft. Der erwähnte al-Ġazālī, Theologe und ein erklärter Feind der Philosophie, hat das wichtigste Buch gegen sie geschrieben. Die Leistung auf seinem Fachgebiet besteht darin, den weithin verknöcherten islamischen Glauben durch die Aufnahme einiger logischer Argumente überzeugender zu machen; auch übernimmt er aus der islamischen Mystik subjektive Formen der Gläubigkeit. Ungefähr 100 Jahre nach seinem Tod feiert man ihn in der islamischen Welt als „Erneuerer des Islam". Die verstockten Köpfe im nordafrikanischen Marrakesch können daran nichts ändern.

Wie kann sich Ibn Bāǧǧa unter solchen gefährlichen und komplizierten Bedingungen fast 20 Jahre als Minister halten? Er hat in Verbindung mit seiner offiziellen Tätigkeit zahlreiche Landesteile in Spanien und Nordafrika bereist. Uns sind Besuche in Oran und Granada bekannt. Diese Arbeit trennt er offensichtlich von seiner wissenschaftlichen Tätigkeit, doch kann er wahrscheinlich letztere nicht ständig geheim halten. Im Mai 1139 wird er von einem Diener des Abū l-ʻAlāʼ b. Zuhr mit einer vergifteten Frucht ermordet.[175] Bei dem erwähnten Abū l-ʻAlāʼ b. Zuhr handelt es sich um einen Gelehrten, der einer angesehenen spanischen Familie von Wissenschaftlern entstammt, die sich nach ihm noch fortsetzen soll. Er hat in Sevilla studiert, erlangt ein hohes Ansehen als Arzt und erhält am Hof des Almoraviden die Würde eines Ministers.[176] Da er bereits 1131 in Cordoba verstorben ist, muss der Auftrag schon früher erteilt worden sein. Man kann nicht aufklären, ob der Mord aus Konkurrenzneid oder religiöser Feindschaft geschieht. Damit hat sich das Leben Ibn Bāǧǧas erfüllt.

Sein Schaffen ist uns in Bruchstücken erhalten. Vor allem sind es kleinere Schriften, in denen er Einzelfragen der Philosophie zu erörtern sucht; auch beschäftigt er sich mit Fragen der Musiktheorie, Medizin und der Naturwissenschaften. Teilweise sind die kleinen Texte inhaltlich von der Forschung erschlossen. Unter die bedeutenderen philosophischen Aussagen von ihm sind jene zu zählen, die al-Badawī (1917-2002) veröffentlicht hat. Dazu gehört der Text, der mit dem kurzen Titel versehen ist „Über den sich in Bewegung Setzenden".[177] Darin behandelt Ibn Bāǧǧa bedeutende philosophische Fragen, die um das Problem kreisen, wie sich die Motivation des Bewegers gegenüber seinem Objekt gestaltet. Hintergrund ist auch die von dem Gelehrten as-Siǧistānī behandelte Frage über Gott, dem Einen, der nicht zu beschreiben ist. Bei Ibn Bāǧǧa wird Gott zu dem Beweger und der Philosoph stellt die Frage, wie dieser Unbeschreibliche überhaupt seine Potenz zur Bewegung erlangt. In dem Zusammenhang treten auch Fragen des Weltverständnisses und gewisse Aspekte des Naturbegriffs auf. Ausgangspunkt ist die Überlegung, dass hinter jeder Bewegung ein Auslösender steht. Zwei Bewegungformen stellt er fest. Dem Beweger muss die natürliche Kraft angehören, zum intendierten Ort zu gelangen oder den inneren Antrieb zu nutzen, um die Potenz an ein zu Bewegendes freizugeben. Die beiden Momente erkennt er, wobei eine Variante für den unbeschreiblichen Gott zutreffen muss. Er ist mit der Kraft ausgestattet zum Wirksamwerden. Als direkte Folge daraus bewertet er den ersten Beweger als Ausgangspunkt einer ewigen Bewegung.[178]

In diesem Kontext überlegt Ibn Bāǧǧa, wie sich die Bewegung von oben nach unten gestalten soll. Sicher ist er, dass es auf Erden vergängliche Seinsformen gibt. Nicht ganz sicher ist, was sich bei den irdischen Wesen im eigentlichen Sinn bewegt. Sind es die Eigenschaften oder die Struktur des Lebewesens, die dem Alterungsprozess umfassender ausgesetzt sind? Er neigt dazu, den Eigenschaften die primäre Veränderbarkeit zugestehen zu müssen. Dabei taucht auch bei ihm als alles vermittelndes Element die Materie auf. Bei der Untersuchung der Materie hat er nicht nur die Problematik ihrer gedanklichen Erfassung, besonders in der himmlischen Sphäre, behandelt. Dabei ist charakteristisch, dass Ibn Bāǧǧa in dem Zusammenhang eine Verbindung geistiger Art erkennen lässt, die eindeutig dem Neuplatonismus angehört. Denn in der Darstellung eines Gesamtzusammenhangs der Welt geht er von der ersten Materie (Gott) aus, die ohne Form ist.[179] Seiner Ansicht nach ist sie auch aktuell nicht vorhanden. Das ist eine Haltung, die sich daraus ergibt, dass er ihr in Verbindung mit der Hierarchie der abgestuften Grade des Seins die oberste der zehn Positionen zuerkennt, die sein Grundmodell darstellen. Die Gliederung ist eine Verbindung zwischen dem Überirdischen und dem Materiellen. Hat sich nun eine geringe Greifbarkeit auf der obersten Höhe der gedanklichen Materie ergeben, so ist die Materie als Form des irdischen Seins auch die Potenz, aus der die folgenden neun Stufen entstehen. Damit ist sie doch die Hauptkraft der irdischen Ausprägungen und hat deshalb das Vergängliche dahingehend in sich, dass aus ihnen die Substanz hervorgeht, die sich als Träger der vielfältigen Formen ergibt. Letztere ist nachgeordnet.[180] Die Materie selbst ist notwendig die Grundlage, doch ist mehr jene Substanz der Träger der vielen Eigenschaften der Dinge. In der Zweiteilung von Materie und Substanz hat Ibn Bāǧǧa offenbar den Versuch unternommen, der Materie die Priorität zu sichern und sie daher mehr aus der Vergänglichkeit herauszurücken.

Dagegen ist die Substanz jenes Element, das durch Quantität, Lokalität und Qualität bestimmt ist. Diese Spezifizierung, die sich mit der Substanz ergibt, ist die sich in der Hierarchie der Stufenfolge allmählich abzeichnende Form des Irdischen. Die Eigenschaften prägen die Vielfalt der Erscheinungsformen des Substanziellen. Deshalb aber ist es ein Ausfluss aus der ersten Materie. Unter dem Aspekt ist auch bei Ibn Bāǧǧa eine ergänzende Bewertung dieser Materie bemerkenswert, da er in Verbindung mit dem ihr entströmenden Substanziellen jetzt betont, dass die erste Materie (Gott) deshalb als im konkreten Sinn potenziell zu bewerten ist. Die neue Einschätzung bedeutet keine direkte Einschränkung ihrer Existenz, vielmehr ist wohl die aus ihr hervortretende Substanz eine Umsetzung in das Aktuelle. In dem konkreten Zusammenhang betont er, dass die erste Materie im Wesen ihrer Existenz die Priorität besitzt, die ihr Sein ausmacht. Dergestalt stellt sie die eigentliche Voraussetzung für die tatsächliche Welt dar, doch eingeschränkt noch durch ihre Potenzialität, die ebenfalls ihrer Natur entspricht.

In einer anderen seiner kurzen Schriften betont er nochmals die Notwendigkeit der ersten Materie, wobei er hinzufügt, dass sich ihre Potenz in ihr selbst befindet und eine Seite ihres Wesens ausmacht.[181] Damit hat er die Materie in den verschiedenen Stufen des Seins in einer sehr differenzierten Art beschrieben, wobei er Wesen und Seinsform andeutungsweise unterscheidet. In seiner philosophischen Sicht hat Ibn Bāǧǧa sich intensiv mit der Weltordnung und den Möglichkeiten des Seins beschäftigt. In der Deutung Gottes, des Ersten, ist er dahingehend zu neuen Erkentnissen gelangt, indem er das Problem der Vollkommenheit nicht verabsolutiert; wahrscheinlich ist er zu der Position gelangt, dass Größe und Vollkommenheit nur seltene und in sich strittige Erscheinungen sind. Im Gewand derartiger philosophischer Gedanken sind auch politische Akzente enthalten. In seiner komplexen Art des Philosophierens hat Ibn Bāǧǧa wichtige Anregungen vermittelt. Mit seinem Schaffen hat er anregende Vorstellungen in Spanien und sicherlich darüber hinaus entwickelt.

Einer der größten Philosophen nicht nur jener Zeit ist Ibn Rušd. Er ist Enkel jenes Richters, der Ibn Bāǧǧa in dessen bedrängter Lebenslage entscheidend geholfen hat. Der Rechtsgelehrte ist an der großen Moschee in Cordoba beschäftigt und verstirbt 1126.[182] Sein Enkel ist im gleichen Jahr in Cordoba geboren worden, in dem der Großvater stirbt. Sein Vater bekleidet ebenfalls das Richteramt. So kommt es, dass Ibn Rušd die Laufbahn eines Rechtsgelehrten einschlägt und an den Bildungsstätten seiner Vaterstadt diese Studien zusammen mit der Medizin aufnimmt.[183] Dabei hat er sicher die gleiche berufliche Entwicklung im Auge, wie sie in seiner Familie üblich ist. Das spanische Reich dieser Zeit steht noch immer unter der Herrschaft jener berberischen Kriegerkaste, die ihren Sitz in Nordafrika hat und jetzt den Namen der Almohaden trägt. Nur natürlich ist es deshalb, dass Ibn Rušd im Sinne seines beruflichen Fortkommens seine Blicke auch nach dorthin richtet, wo das Zentrum des Reiches liegt – nach Marrakesch. Dort haben die Herrscher ihren Hof und sind bemüht, den Ort zu einem Zentrum der geistigen Ausstrahlung zu machen. 1156 finden wir deshalb Ibn Rušd in dieser Stadt. Sicher hat er seine Studien bereits beendet. Bei der Absicht, die Chance zu nutzen, um im Zentrum der Macht die eigenen Dienste anzubieten, soll der Gelehrte Ibn Ṭufail vermittelt haben. Dieser ist zu Beginn des 12. Jahrhunderts bei Granada geboren und hat in der Stadt seine ersten Erfahrungen als Arzt gesammelt. Über die gleichzeitig gewonnene Stellung eines Sekretärs des örtlichen Statthalters kommt er in die Verwaltungslaufbahn, die ihn unter anderem nach Nordafrika führt. Seine medizinischen und verwaltungstechnischen Kenntnisse führen schließlich dazu, dass er am Hof in Marrakesch als Leibarzt des Kalifen der Almohaden, Abū Ja'qūb Jūsuf (reg. 1163-1184),[184] tätig ist und über beachtlichen Einfluss verfügt. Diesen nutzt er, um auch den jungen Ibn Rušd einzuführen.

Dabei zeigt sich, dass Abū Ja'qūb Jūsuf besonderes Interesse an philosophischen Fragen hat. Gleich beim ersten Treffen mit dem Kalifen gibt es ein interessantes Gespräch, denn der Herrscher befragt den jungen Mann über eine heikle Problematik zur Natur des Himmels: sei dieser Himmel eine ewige Substanz oder habe er einen Anfang gehabt? Das ist eine zentrale Frage der Philosophie jener Zeit, wie wir bei Ibn Bāǧǧa gesehen haben. Doch muss Ibn Rušd angesichts der Direktheit der Anrede große Bedenken gehabt haben, darauf in klaren Worten zu antworten. Vielmehr wird von ihm der Ausspruch überliefert: „Ich war von Furcht ergriffen, und ich wagte nicht zu antworten".[185] Die Reaktion deutet an, dass er die Gefahr bemerkt, die sich mit dem Thema verbindet. Bereits Ibn Bāǧǧas Schicksal hat angedeutet, welche Probleme für das persönliche Leben mit einem Bekenntnis zur Philosophie verbunden sein können. Danach tritt die überraschende Wendung ein, dass ihn der Kalif selbst ermuntert, eine konkrete Antwort zu geben. Um offenbar seinen Gast davon zu überzeugen, dass die obige Frage über die Qualität des Himmels aus einer gewissen fachlichen Sicht entstammt, fügt der Herrscher selbst einen Gedanken hinzu, der der Aufklärung dieser Angelegenheit dienen kann. Dabei erweist er sich als durchaus kenntnisreich im Hinblick auf die Ansichten zahlreicher Gelehrter. Ibn Rušd ist dadurch nicht nur ermutigt, vielmehr auch vom Anliegen des Kalifen zutiefst überzeugt und gibt aus seiner Sicht eine zutreffende Antwort, worüber der Herrscher zufrieden ist. Nicht ganz sicher ist, woher Ibn Rušd seine philosophischen Erkenntnisse erhalten hat. Hinweise gibt es nur dahingehend, dass er einst in Cordoba bei Abū Ǧa'fa, einem Arzt, gewisse Weisheitslehren studiert hat.[186] Sind darunter auch die großen Systeme der Philosophie zu verstehen? Er zeigt sich in besagtem Gespräch mit dem Kalifen über die Ansichten der älteren Philosophen sehr bewandert. Jedenfalls erwächst aus dem Gedankenaustausch, der etwa 1169 stattgefunden haben muss, eine günstige Voraussetzung für weitere fruchtbare Kontakte zwischen dem Herrscher und dem Philosophen.

Zu diesem Zeitpunkt hat sich ein weiterer wesentlicher Vorgang abgespielt. In einem Gedankenaustausch zwischen Ibn Ṭufail und dem Kalifen soll sich Letzterer wortreich über die schwer verständliche Ausdrucksweise der griechischen Philosophen und der damals vorliegenden Übersetzungen geäußert haben.[187] Offenbar haben keine einigermaßen zuverlässigen und lesbaren Übertragungen vorgelegen. Da Ibn Ṭufail aber zu beschäftigt und alt ist, kann er selbst die Aufgabe nicht übernehmen, zu den vorliegenden griechischen Texten aufklärende Kommentare zu verfassen. Aus diesem Grund rät er Ibn Rušd, sich damit zu beschäftigen. Der stimmt dem Vorschlag zu. Er verlebt zwischen 1163 und 1184 eine gute und erfolgreiche Zeit, die durch die Herrschaft des Kalifen gesichert ist. Zugleich ist es eine Periode, die er durch seine Arbeit wesentlich prägt. 1169 wird er Richter in Sevilla. Zwei Jahre darauf bietet man ihm dieses Amt in seiner Vaterstadt

Cordoba an. Die Zeit nutzt er bereits für die ersten kommentierenden Schriften des Aristoteles. Dabei handelt es sich vor allem um das „Organon“ und die „Physica“; auch erste Versuche, das große Werk des Aristoteles, die „Metaphysik“ zu kommentieren, werden unternommen.[188] Doch sind das eigentlich nur „Fingerübungen“ deren Ergebnis sich in kurzen Texten niederschlägt. Gleichzeitig arbeitet er an einem großen Buch der Medizin. Zwischen 1169 und 1179 weilt er häufig in Sevilla. Die aufreibende Tätigkeit als Richter bedeutet wahrscheinlich eine große Belastung, die noch größer wird, als man ihn in Nachfolge des verstorbenen Ibn Ṭufail zum Hausarzt des Kalifen ernennt. Damit hat er den Gipfel seines Ruhmes und des daraus resultierenden Einflusses erreicht. Er ist weiterhin Richter von Cordoba, häufig hält er sich auch in der Stadt auf. Zu jener Zeit tritt ein Wechsel an der Staatsspitze ein. Der neue Kalif heißt Ja‘qūb al-Manṣūr und lässt die Regelungen hinsichtlich der Amtsführung des Ibn Rušd fortbestehen, der noch von seinem Vorgänger zum Oberrichter von Cordoba ernannt worden ist. In den letzten Jahren hat er die Zeit genutzt, um wichtige Werke zu verfassen, vor allem das Kompendium seiner Ideen, das er unter dem Titel „Tahāfut at-Tahāfut“ (Der Zusammenbruch des Zusammenbruchs) veröffentlicht. Darin widerlegt er eindrucksvoll die Angriffe auf die Philosophie, die der persische Theologe al-Ġazālī (gest. 1111)[189] formuliert hat, und bringt gleichzeitig seine eigenen Ideen in die Darstellung ein. Seine Widerlegung ist eine mutige Polemik gegen die islamische Orthodoxie und deren wachsenden Hass auf die abweichenden Gedanken, die der Philosophie immanent sind. Zu dem Zeitpunkt kann er diese Arbeit noch in aller Ruhe unter dem Schutz des neuen Herrschers leisten.

Doch ändert sich die Lage in dem Jahr 1195 dramatisch. Der Kalif sieht sich gezwungen, gegen die unter der Fahne der Reconquista vorrückenden Christen erneut in Spanien einzugreifen. Im Umfeld der dazu nötigen Vorbereitungen ist er auf den politischen Einfluss der in Spanien tätigen islamischen Geistlichkeit angewiesen. Mit ihrer Hilfe will er das Volk zum Widerstand mobilisieren. Doch nutzen die Vertreter der Administration, es sind vor allem die Rechtsgelehrten, diese Möglichkeit, gegen Ibn Rušd und seine Schriften vorzugehen. Man wirft ihm Unglauben und Ketzertum vor.[190] Zu vermuten ist, dass der Auslöser persönliche Missgunst und Neid sind. Auch die Theologen beteiligen sich an den Aktivitäten. Angesichts solch ernster Anklagen ordnet der Kalif ein Verhör an, in dem sich Ibn Rušd zu seinen Schriften bekennt. Wegen des starken Drucks der Geistlichkeit sieht sich der Kalif jedoch gezwungen, den Philosophen nach Lucena bei Cordoba zu verbannen. Seine Lehren werden verdammt. Noch schlimmer ist, dass seine philosophischen Schriften verbrannt werden. Ausgenommen von dem brutalen Akt der geistigen Unterdrückung sind nur seine Ausführungen zur Medizin, Arithmetik und der elementaren Astronomie. Weitere Studien werden ihm untersagt. Wie unpopulär er in reaktionären Kreisen der städtischen Bildungsschicht ist, zeigt sich in vulgären Schmähschriften, die gegen ihn kusieren. Diese katastrophale Lage ist für Ibn Rušd der absolute Tiefpunkt seines Lebens, denn die bisherigen Erfolge werden damit annulliert und sein Ansehen zerstört.

Die schmerzlichen Erfahrungen muss er zum Glück nicht lange ertragen, denn als der Kalif nach der erfolgreichen Aktion gegen die Christen wieder nach Marrakesch zurückgekehrt ist, zeigt sich, dass er nicht unbedingt die Haltung der islamischen Geistlichkeit teilt. Wahrscheinlich sind die Berber, zu denen er gehört, weit weniger doktrinär als jene hasserfüllten Gelehrtenkreise. Er bemüht sich umgehend, die gegen Ibn Rušd erlassenen Edikte zu widerrufen, um damit dessen Ehre wieder herzustellen. Er beruft ihn erneut an seinen Hof und erteilt ihm wichtige Aufträge, die dessen Stellung und Ansehen wieder festigen. Doch muss die Phase der Erniedrigung und Bedrohung die Gesundheit des Philosophen untergraben haben. Kurz nach Ibn Rušds Rückkehr an den Hof verstirbt er am 11. Dezember 1198 und wird in der Nähe der Residenzstadt begraben. Erst später überführt man den Leichnam in seine Vaterstadt Cordoba.

Damit hat sich ein Leben erfüllt, das voller Selbstlosigkeit dem Fortschritt der Wissenschaft gewidmet ist. Vor allem hat sich Ibn Rušd in der schöpferischen Auseinandersetzung mit der antiken Philosophie in wesentlichen Fragen zu eigenen Positionen durchgerungen, die von langfristiger Bedeutung für Europa sein sollen. Mutig und ernsthaft wendet er sich ebenfalls gegen die Verunglimpfung der Philosophie, die von der islamischen Orthodoxie betrieben wird. Der orthodoxe Theologe al-Ġazālī hat bereits in einer Schrift, der er den Titel gibt „Der Erretter aus dem Irrtum“ eindeutig formuliert: „Deshalb müssen sie und ihre Anhänger (der griechischen Philosophie, d. Verf.), unter ihnen islamische Philosophen wie Ibn Sīnā, al-Fārābī und andere, als Ungläubige betrachtet werden“.[191] Diese brutale Verunglimpfung der Gelehrten ist gefährlich, weil damit Philosophen für so gut wie vogelfrei erklärt werden. Der Theologe baute den Gedanken in seinem Buch gegen die Philosophen nur aus. Ihm liegt daran, die ihm unverständlichen Theorien der Philosophen gegeneinander auszuspielen. Ibn Rušd ist so kühn, gegen die Schrift eine geharnischte Gegendarstellung zu verfassen. Darin beweist er die krasse Unlogik und Verfälschungen des Theologen; gleichzeitig aber nutzt er die Gelegenheit, seine eigenen theoretischen Fragen weiter zu profilieren. Dabei befreit er sich von großen Teilen des Neuplatonimus. Die Vorstellungen einer Stufenleiter von dem obersten Einen auf die irdische Welt findet nicht seine Zustimmung.

Ibn Rušd orientiert sich entschieden auf eine neue Quelle des Seins, die Natur. Dabei ist diese Natur für ihn keine bloße Form des Seins; sie bildet vielmehr den absoluten Schwerpunkt, versinnbildlicht an dem pflanzlichen Samen, der alles aus sich heraus entstehen lässt: das „sind alles Naturkräfte".[192] Da ist kein Platz mehr für irgendeine überirdische Macht. Gleichzeitig betont er, dass die Natur in ihrem umfassenden Wirken umfassender ist, als die Naturwissenschaft zu erkennen vermag. Die logische Konsequenz daraus ist die Formulierung: „Die Natur ist ein Prinzip".[193] Als solches hat sie die Kraft aus sich heraus, alles zu regeln und zu umfassen. Warum erhebt er die Natur zur wichtigsten Form des Seins? Offenbar ist er bestrebt, die Weltordnung auf diesem Prinzip aufzubauen. Dazu gehört auch, dass er die Natur mit der Materie gleichsetzt.[194] Die materielle Welt ist das durchgängige Strukturelement. Die so angereicherte Natur hat er erwählt, weil er den Naturdrang als die aus sich ewig wirkende Kraft erkennt. „Der Naturdrang ist konstant"[195], und unterscheidet sich dadurch von allen anderen Wirkformen in der Welt; vor allem ist er den aus Willensentscheidungen resultierenden Wirkungen weit überlegen. Damit existiert eine aus sich selbst durch ewigen Naturdrang wieder erzeugende Kraft des Seins, die gleichzeitig materiell ist. Die logische Konsequenz aus diesen wichtigen Überlegungen des konstanten Naturdrangs ist, dass er diese Welt für ewig erklärt.[196] Ibn Rušd hat diese Welt auf einem Prinzip der sich ewig reproduzierenden Naturkraft aufgebaut; die neue Konzeption beweist die Konsequenz seines philosophischen Ansatzes. Seine neuartigen Überlegungen bedeuten, dass er Gott weitgehend aus dem Schaffensprozess der Welt entfernt hat. Wenn die Welt ewig ist, ist sie demnach auch nicht geschaffen worden.[197] Es gibt also keinen Gott als Weltenschöpfer mehr.

Ibn Rušd, der im europäischen Mittelalter als Averroes bekannt und hoch geschätzt ist, spricht sich dagegen aus, für Allah irgendwelche Attribute festzulegen. Denn solche Eigenschaften würden eine körperliche Erscheinungsform voraussetzen, die jedoch nicht existiert. Für ihn ist Gott nicht so unbenennbar wie bei den Neuplatonikern as-Siǧistānī und Ibn Bāǧǧa; vielmehr hat er durch seine konsequente Darstellung der Zentralfunktion der ewigen Natur kaum Spielraum für göttliches Wirken gelassen. Nur was strikt beweisbar ist, interessiert ihn. Daher ist Gott nicht direkt vorstellbar für ihn. Gegen jede Form von anthropomorphen Vorstellungen der Gestalt Gottes ist er entschieden. Natürlich weiß er, welche einfache Position die Leute in der

Frage einnehmen. Das ist aber nicht seine Angelegenheit. Denn die Philosophen, so ist seine feste Überzeugung, haben das Recht und die Möglichkeit, ihre Sicht der Dinge optimal zu vertreten. Auch sind nur sie eigentlich dafür spezialisiert.

Doch sieht auch er bei Philosophen gewisse Fehler. So kritisiert er unter anderem Ibn Sīnā deshalb, weil er in Teilen seiner theoretischen Vorstellungen Plato zuneigt.[198] Denn dadurch tritt, so meint Ibn Rušd, bei dem Gelehrten stellenweise eine gewisse Unschärfe auf, sodass er fast den Theorien der Theologen nahe kommt. Falsch ist zum Beispiel nach Ibn Rušd die Überlegung Ibn Sīnās, dass alle Formen von einem Formgeber (Gott) stammen sollen.[199] Der Vorwurf ist also fachlicher Natur und läuft darauf hinaus, dass die teilweise Nähe zur Theologie schon fehlerhaft in sich sein muss. Daher setzt er entschieden andere Prämissen, denn Denken ist aus seiner Sicht ein Prozess von Sehen und Wählen; Auswählen als die höchste Form. Das impliziert die ständige kritische Sicht.[200] Teilwissen wird damit zum Vollwissen; von den weltlich fassbaren Dingen schreitet man vor zu den absoluten Grundelementen in all ihren Teilen.[201]

Natürlich ist das für ihn kein ganz einfacher Vorgang, denn von jeder Seite können Zweifel gegen eine erarbeitete Meinung vorgebracht werden, sodass man in der eigenen Meinung schwankend werden kann.[202] Solch eine unklare Position darf nicht fortbestehen,[203] das Unklare und Lügenhafte muss überwunden werden. Dabei bestehen schon Schwierigkeiten genug, denn er glaubt, dass das gedankliche Erfassen der natürlich vorhandenen Dinge in ihrem ständigen Veränderungsprozess nur in wenigen Fällen gelingt.[204] Deshalb ist nach seiner Überzeugung das Streben nach Wahrheit ein unendlicher Vorgang.[205] Nur wenige stoßen im Denken weit genug vor. Er grenzt davon die Weisheit ab, die in der Kenntnis von Ursachen besteht. In jedem Fachgebiet existieren solche Erscheinungen, die einen ursächlichen Charakter tragen.[206]

Doch die wahre höhere Erkenntnis liegt über den Teildisziplinen. Sie hat nach seiner Ansicht in dem Wissen von Grundsätzen und dem Wohl zu bestehen.[207] Das ist keine einfache Angelegenheit. Um dahin zu gelangen, hat man widersprüchliche Redereien zu überwinden, um gedanklich in Unbekanntes vorzustoßen.[208] Damit deutet er an, dass der Diskurs auch Widersprüche einschließt und dadurch dialektische Züge besitzt. Worin erblickt Ibn Rušd hier seine Aufgabe als Philosoph? Er sieht die Arbeit des Philosophen darin, ganzheitlich die Dinge zu erfassen und dabei Definitionen und Beweise zu gebrauchen.[209] Er hat die ersten Gründe, Ursachen und auch Zweifel zu erfassen.[210] Denn die Wirklichkeit erschließt sich nicht einfach.

Ein einfaches Streitgespräch führt nicht zu wirklicher Philosophie. Denn Letztere durchschaut das Seiende mit Beweiskraft, dagegen bewegt sich die einfache Diskussion im Rahmen des Bekannten.[211] Natürlich versteht er unter Philosophieren vor allem theoretische Verallgemeinerungen. Doch hat er nicht vor, sich mit seinem exklusiven Wissen in einen Elfenbeinturm zurückzuziehen. In seinem philosophischen Denken existiert der Geist der Humanität. Denn er erkennt allen Menschen zu, eine Menschlichkeit wie Sokrates zu besitzen.[212]

Damit postuliert er ganz entschieden, dass jeder Mensch ein vernunftbegabtes Wesen ist. Ein neuer Gedanke von großer Tragweite. Hier erkennt ein Philosoph dem Sklaven wie dem Freien die gleiche Vernunft zu; Gleiches soll auch für Frau und Mann gelten. Die neue Form des geistigen Anspruchs mag uns relativ selbstverständlich erscheinen. Doch ist in der islamischen Welt zu der Zeit von Humanität wenig zu spüren. Noch schlimmer aber ist, dass die Theologie damals dazu übergeht, falsche Vorstellungen über ganze Menschengruppen zu verbreiten.

Der bereits mehrfach erwähnte Theologe al-Ġazālī macht sich zum Sprachrohr dieser Kreise. In seinem bis heute in der islamischen Welt hoch geschätzten Werk „Die Wiederbelebung der Religionswissenschaften" schreibt er so zum Beispiel über die Frauen: „Die Mehrzahl der Frauen ist von schlechtem Charakter und schwachem Verstand, und man wird mit ihnen nur zurecht kommen durch Milde, gepaart mit straffer Zucht." Als letztes Mittel, den Frauen die Widersetzlichkeit auszutreiben, empfiehlt er Schläge. Knochen sollen nicht gebrochen werden; auch soll man ihnen nicht ins Gesicht schlagen. Vielmehr sind der richtige Ort für die Züchtigung die Fußsohlen.[213] Solche kruden und reaktionären Vorstellungen sind in Theologenkreisen nicht selten.

Ibn Rušd setzt dagegen.

Für ihn gibt es in der natürlichen Intelligenz keinerlei Unterschiede zwischen den Menschen; Sokrates sei ihr Vorbild. Auch gesteht er ihnen die freie Tat zu.[214] Der Philosoph bemüht sich seinerseits, dieser gezielten Diffamierung zu widersprechen. Er geht bei der Problematik des gleichen Verstands aller Menschen noch entschieden weiter. Denn er weiß natürlich, dass die Massen zwar den gleichen Verstand haben, jedoch ungebildet sind. Deshalb macht er es den Gebildeten zur Aufgabe, die Massen zu unterrichten, sie zu belehren und ihnen geistig zu helfen.[215] Nur wenn sie das tun, werden die Gebildeten selbst vollkommen und glücklich werden. Bei der Unterrichtung der Massen muss man jedoch überlegen, ob man gleich alle Feinheiten präsentiert. Die Unwissenden müssen schonend an philosophische Fragen herangeführt werden.[216] Damit arbeitet Ibn Rušd gezielt daran, eine Art von Konzeption vorzulegen, die eine Popularisierung philosophischer Erkenntnisse anstrebt. Wenige haben das Glück, durch Wissen zum Glück zu gelangen; aber viele sind an die Quellen der Bildung heranzuführen. Damit erweist sich Ibn Rušd auch bei diesem Problemkreis als ein weit in die Zukunft blickender Gelehrter. Sicher aber sind es seine bitteren Erfahrungen, die ihm klar gemacht haben, dass die Massen nicht nur mit der Religion leben können. Ihr Schritt in eine bessere Zukunft soll im Wissenserwerb liegen; das ist seine Vorstellung.

Die Gedanken von Ibn Rušd erweisen sich in vielen Aspekten als neu und bahnbrechend, vor allem in Europa des Mittelalters hat er eine große Rolle gespielt. Deshalb sei kurz auf seine frühe Wirkungsgeschichte in Europa eingegangen. 1217 hat Michael Scotus die „Metaphysik" des Aristoteles mit dem Kommentar des Ibn Rušd ins Lateinische übersetzt. Aber schon vorher sind Gedanken davon nach Europa gedrungen. Einer der ersten, der aus den Vorstellungen des Philosophen eine Art von Pantheismus entwickelte, ist Amalrich von Bene (gest. nach 1204). Er ist Pariser Universitätslehrer und geht davon aus, dass Gott die Essenz allen Seins und nur in der Schöpfung erkennbar sei.[217] Diesen Ideen frönen auch eine Vielzahl schwärmerischer Anhänger; ein Vorwand für die Kirche, solche Ideen in einem Edikt durch den Erzbischof von Reims 1210 verbieten zu lassen. In dem Verbot taucht die Formulierung auf, dass aristotelische Arbeiten über Naturphilosophie und ihre Kommentierung weder geheim noch öffentlich gelesen werden dürfen.[218] Im August 1215 bekommt durch den Kardinallegat Robertus die Universität Paris ein neues Statut, worin festgelegt ist, dass Leute mit üblem Ruf keine Vorlesungen mehr halten dürfen.[219] Als es im Karneval 1229 zu einem Polizeiüberfall auf Pariser Studenten kommt und Tote und Verletzte gibt, entschließt sich die Universität Paris zum Handeln und verkündet gegen die Willkür einen sechsjährigen Vorlesungsstreik. Als Folge davon wandern Studenten und Lehrkräfte aus; sie finden in Cambridge, Padua und Salamanca Arbeits- und Studienmöglichkeiten; so verbreitet sich das Gedankengut des Ibn Rušd überall in Europa.

Der Hauptvertreter und große Gegenspieler von Thomas von Aquin ist nun Siger von Brabant (um 1235 - um 1282). Für ihn gibt es eine zweifache Wahrheit, eine philosophische und eine theologische. Er weigert sich, die erstere der zweiten unterzuordnen. Weiterhin tritt er für die Ewigkeit der Welt ein, die bewegte Materie und die Einheit des menschlichen Intellekts. Er leugnet die Lenkung der menschlichen Handlungen durch göttliche Vorsehung.[220] 1277 wird er dafür verurteilt und als Ketzer angeklagt, schließlich im Kerker des päpstlichen Hofes im italienischen Orvieto ermordet. Die Gedanken Ibn Rušds sind auch später in vielen Teilen Europas lebendig. Damit gehören seine Vorstellungen zu den wichtigen Fundamenten der Geistesgeschichte unseres Kontinents.

Die Musik

Die Musikausübung der vorislamischen Zeit in den arabischen Ländern ist kaum bekannt. Persische und byzantinische Einflüsse haben dabei eine Rolle gespielt. Sehr früh taucht bereits die Laute auf, die zum bevorzugten Instrument der Araber wird. Mit dem Auftauchen des Islam erfährt die Musik eine Bewertung, die ihre weitere Entwicklung nicht unbedingt behindert, doch bis heute Diskussionen über sie hervorruft. Für die strenggläubigen Muslims zählt sie zu den malāhī, den verbotenen Vergnügen. Doch gilt sie eigentlich nicht als sündhaft, zumindest als unschicklich (makrūh). Bei dem relativ großen Spielraum ergeben sich viele Möglichkeiten für die Pflege der Musik, obwohl religiöse Eiferer immer wieder dagegen Stellung beziehen. Aber auch Kalifen gehören zu den Freunden der Musik; einer von ihnen ist al-Wāṯiq (reg. 842-847) in Bagdad. Als Hofmusiker lebt bei ihm der berühmte Sänger Isḥāq al-Mauṣilī. Dieser ist schon alt und kränklich. Über ihn äußert der Kalif: „Jedesmal, wenn mir Isḥāq vorsingt, empfinde ich, dass sich die Grenzen meines Landes vergrößern. Isḥāq ist ein Geschenk Gottes, das mit nichts verglichen werden kann. Wenn es das Leben, die Jugend und Spannkraft zu kaufen gäbe, würde ich sie ihm kaufen, selbst wenn mich dies einen Teil meines Reichs kostete."[221] Dass aber diese Kunstform einen festen Platz in der arabischen Kultur findet, ist auf zwei Erscheinungen zurückzuführen. Zum einen sind bei den Übersetzungen der griechischen Quellen um 830 auch zahlreiche Schriften über Musik von Aristoteles, Kommentare von Themistius, Euklid, Nikomachos und Ptolemäus ins Arabische übertragen worden und bilden nun einen Stoff zum Nachdenken und Forschen. Zum anderen machen sich arabische Gelehrte daran, daraus eigene Schlussfolgerungen zu ziehen.

Der erste uns bekannte Denker und Praktiker ist al-Kindī (795-865). Über seine persönliche Entwicklung ist relativ wenig bekannt. Fest steht, dass er in der Zeit des in Bagdad regierenden Kalifen al-Muʿtaṣim (reg. 833-842) lebt und arbeitet. Er soll sogar Lehrer des Sohnes dieses Kalifen gewesen sein; einige seiner Schriften hat er diesem Aḥmad gewidmet. Andere seiner Bücher sind direkt dem Kalifen zugeeignet. Oft haben seine Schriften einen stark didaktischen Charakter und eine klar fixierte Thematik. Nur wenige haben sich erhalten. Er ist eigentlich Philosoph; so schreibt er über Mathematik, Physik und Logik, aber auch über Edelsteine, Kometen, Erdbeben und die Farbe des Himmels. Oft hält er öffentliche Vorträge, um seine Resultate vorzustellen. Die Philosophie nimmt er sehr ernst. Als erster fordert er, dass ein Philosoph die vier mathematischen Wissenschaften beherrschen muss: Arithmetik, Geometrie, Musik, Astronomie. Damit hat die Musik ihren festen Platz gefunden, gilt nun aber als mathematische Disziplin.[222] Das ist eigentlich kein besonderes Problem, wie wir sehen werden, da sich die Musik nicht auf ein bloßes Zahlenwerk reduzieren lässt. Von den wenigen erhaltenen Texten behandelt einer die Gesetzlichkeit der Laute. Darin wendet er sich bereits vom griechischen Vorbild ab, indem er eine Reform der Tonleiter einleitet. Für die arabische Musik soll damit eine bedeutsame Entwicklung eintreten: al-Kindī führt eine fünfte Saite auf der Laute ein. Damit erreicht er die doppelte Oktave und kommt so zu einem vollkommenen System, das er noch mit neuen Bünden, schmalen Querleistchen auf dem Hals der Laute zum leichteren Greifen der Töne, versah.[223] Für die zukünftige Musik der Araber ist das bedeutend, da hiermit fast schon die komplette Tonleiter der Späteren vorliegt. In einer anderen erhaltenen kleinen Schrift behandelt er die Bildung der Töne. Dabei untersucht er ansatzweise die Tonfarben; vor allem deren Einwirkungen auf die Seele stehen im Mittelpunkt. Nach Gesetzlichkeiten sucht er, indem er Ähnlichkeiten und Parallelerscheinungen heranzieht, die fast gleiche Wirkungen erzielen. Auch Parfüms sind bei ihm deshalb in Verwendung. Das ist für ihn schweigende Musik, die wie die Tonfarben aufmuntern, Sehnsucht erwecken und Bewunderung hervorrufen kann. Auf diese Weise beschreitet er ein neues Gebiet, das sich auch mit der Psychologie beschäftigt und heute bis in die Werbung reicht. Al-Kindī fasst das alles unter dem Begriff „philosophische Musik“ zusammen. Früh schon werden seine Schriften ins Lateinische übersetzt; vor allem leistet diese Arbeit Gerard von Cremona (1114-1187). 1507 erscheinen seine ersten Texte in gedruckter Form in Venedig;[224] vor allem philosophische Schriften. Der große italienische Mathematiker, Arzt und Philosoph Cardano (1501-1576) würdigte al-Kindī als einen der größten Geister der Weltgeschichte. Damit wird er mit seinen Gedanken und Vorstellungen auch in Europa weiter bekannt.

Der bereits erwähnte al-Fārābī hat es ausgezeichnet verstanden, Theorie und künstlerische Praxis in der Musik zu verbinden. Er löst sich weitgehend von griechischen Vorbildern, obwohl sein erhaltenes Hauptwerk, „Das große

Buch der Musik", stellenweise noch von einem griechischen Geist durchzogen ist. Seine besonderen Leistungen liegen auf dem Gebiet der physikalischen und physiologischen Prinzipien des Tons; auch in seiner Behandlung der Musikinstrumente geht er neue Wege. Das Hauptwerk, in dem er einen kompletten Überblick über sein Verständnis der Musik ablegt, trägt den Titel „Aufzählung der Wissenschaften". In seinem grundsätzlichen Herangehen erweist es sich als Vorteil, dass der Gelehrte gleichzeitig ein guter Mathematiker und Physiker ist. Musik definiert er allgemein als bestimmte Töne, die zu einer bestimmten Angelegenheit und in einer gewissen Form komponiert werden. Ihre Ausführung muss gut und ausdrucksvoll sein.[225] Die Formulierung ist ein sehr plastisches Beispiel für die weitblickende Art des Gelehrten; denn in seiner physikalischen Komprimierung kann der Definition eine bis heute bestehende Gültigkeit zuerkannt werden. In der jetzigen Zeit definiert man die Musik entweder aus drei Grundformen: der religiösen Kultform, der weltlichen Geselligkeit und dem ästhetischen Genuss.[226] Heute wird die Tonkunst folgendermaßen definiert: Aus einer endlichen Gruppe von Tönen wird ausgewählt, die zu einem Tonreich oder Tonsystem gehören, in dem gewisse Gesetzmäßigkeiten herrschen.[227] Diese Formulierungen kommen den Vorstellungen al-Fārābīs beachtlich nahe. Seine Betonung der Form kann man als Hinweis auf musikalische Gesetze verstehen, auf die in der Formulierung von 1955 explizit hingewiesen wird; beide Definitionen sind fast deckungsgleich.

In der weiteren Darstellung unterscheidet al-Fārābī die praktische Musikausübung und die theoretische spekulative Form derselben, wobei die letztere weit ausführlicher ist. In der praktischen Musikausübung findet man die Melodien, die mit natürlichen oder kunstvoll hergestellten Instrumenten erzeugt werden. Bei den natürlichen Musikinstrumenten ist der Kehlkopf dabei, also der Gesang, sowie die Gaumenzäpfchen und die Nase. Seine physikalische Sichtweise erweist sich hier erneut; der Gesang ordnet sich ein unter die natürlichen Instrumente; von denen er die künstlichen unterscheidet wie hölzerne Blasinstrumente, Lauten usw. Der praktizierende Musiker ist jemand, der die Töne und Melodien in allen seinen Elementen so darstellt, dass mit den entsprechenden Instrumenten eine Vorstellung davon erfolgen kann. Bei der Musiktheorie geht es darum, dass zuerst eine Art von Systematik zu sehen ist. Er verlangt, dass man zum Gegenstand die Prinzipien erarbeitet. Dann muss man herausfinden, wie diese wirken. Woraus sind sie herzuleiten und aus welcher Menge zu finden. Auch stellt er die Forderung auf, dass der Forscher auf dem Gebiet zu den musikalischen Praktikern gehört.

Aus den Worten ergibt sich, dass er sich seinem Forschungsgegenstand durch zwei Methoden nähert: der rein empirischen aus der praktischen Erfahrung und der spekulativ rein gedanklichen. Das erweist sich auch in der weiteren Darstellung; die Prinzipien des Fachgebiets behandeln solche Fragen wie die Gewinnung von Melodien; welche Anzahl gibt es und wie ist ihre Qualität. Kann man sie in Klassen einordnen; gibt es untereinander Beziehungen. Zu all den Verhältnissen sollen Beweise gewonnen werden, die sich ebenfalls aus den Klassen der Regeln von Melodien und ihrem Aufbau ergeben. Gibt es da Übereinstimmungen? Ihm schwebt offensichtlich eine Art von Musikästhetik vor, die er aus den Erscheinungsformen der Melodien ableiten will, ihrer Klassifizierung und ihren inneren Gesetzmäßigkeiten. Auch hier finden wir in ihm den Praktiker, der nach allen theoretischen Ausführungen über die Melodien auch deren Verwendungsfähigkeit erkennt. So schreibt er schließlich: „Der Konsument nimmt davon sowieso das, was er will. Auch stellt er die Melodien her".[228] Diese Formulierung bringt einen neuen Gradmesser in die Musikwissenschaft ein, den Konsum von Musik. Logisch ist das in jedem Fall, weil ja eigentlich jede Musik für den Gebrauch produziert wird.

Ein weiterer Punkt gilt bei ihm der Instrumentenkunde; womit er sich weit von den griechischen Vorbildern entfernt, die sich dafür nicht interessierten. Er sucht Übereinstimmungen, die sich aus Beweisen und Berichten hinsichtlich der verschiedenen Arten von Musikinstrumenten, ihrer Entstehung und ihrem Aufbau ergeben. Entsprechende Einschätzungen und Ordnungen fließen ein in diese Prinzipien.

In Europa entsteht die Instrumentenkunde erst Ende des 19. Jahrhunderts.[229] Auf die Weise betritt der Gelehrte Neuland. Dazu gehört auch die folgende Überlegung, die er in seinen theoretischen Gedanken zur Musik formuliert: „Die Beschäftigung mit den Arten natürlicher Rhythmen, die die Struktur der Melodien bilden".[230] Das ist auch eine beachtliche Überlegung, wenn er von den natürlichen Rhythmen spricht. Denn damit hat er gleichsam das Kernelement heutiger Rhythmustheorie benannt, dass der Rhythmus unmittelbarster Niederschlag und Abbildung der Arbeitsmotorik ist (Arbeitsrhythmus).[231]

Das ist auch deshalb interessant, weil al-Fārābī eigentlich die in der arabischen Musik relativ dominierende Rhythmusproblematik hier auf natürliche Formen reduziert. Der letzte Punkt seiner theoretischen Musikgedanken betrifft die Melodien. Erneut bereichert er damit die Musikästhetik. Nun will er die Melodien auf ihre Entstehungsform untersuchen, vor allem wenn sie mit Texten und Dichtungen verbunden sind. Alles ist zu ordnen und einzuteilen. Auch die Qualität ihrer Machart von der Zielsetzung her. Deshalb muss man die Umstände kennen, unter denen sie entstanden sind. Das sind aussagekräftige und wichtige Angaben, wenn man das schafft. Hier erkennt man auch den praktizierenden Musiker, der aus der aktiven Beschäftigung mit dieser Kunst zu einer Gesamtüberlegung gelangt. Mit der Ästhetik verbindet er noch die Musikgeschichte, wenn er nach den Entstehungsumständen von Melodien forscht. Damit stellt er in spezifischen Ansätzen neue Gedanken vor.

Der letzte Punkt in seiner Darstellung behandelt nicht mehr die theoretischen Fragen, sondern geht auf die praktische Frage des Rhythmus vom technischen Standpunkt ein. Die zahlreichen Rhythmusinstrumente in der arabischen Musik reduziert er auf die Gewichte. Wobei er einerseits theoretische Erwägungen darüber anstellt, wie sie in der Lage sind, den Rhythmus zu bestimmen, welche Prinzipien sich dabei ausdrücken. Andererseits aber sieht er einfach den Vorgang, dass die Gewichte sich bewegen oder bewegt werden, von einem Platz zu einem anderen, um Geräusche herzustellen. Das anregende Werk „Aufzählung der Wissenschaften“ al-Fārābīs, das hier im Mittelpunkt steht, hat Gerard de Cremona ins Lateinische übersetzt. Diese Fassung ist in der Französischen Nationalbibliothek erhalten.

Ibn Sīnā hat ebenfalls in seinem großen Werk „Heilung durch Weisheit“ einen Band über die Musik geschrieben. Eingeordnet ist dieses Werk in die Abteilung der Mathematik. Durch das ganze 173 Seiten umfassende Buch zieht sich wie ein roter Faden der Gedanke der musikalischen Mehrstimmigkeit. Ibn Sīnā hat damit ein Thema aufgegriffen, das bisher keiner bearbeitet hat. So spricht er vom einfachen Ton, der schnell verklingt; doch wenn es „ineinander übergehende Melodien“ gibt, ist das anders.[232] Das sollen also Melodien sein, die sich miteinander verbinden und damit einen neuen Klang erzeugen. Er verlangt, dass man bei der Mehrstimmigkeit genaue Anordnungen treffen muss, wo man übereinstimmt, wo man sich in Übereinstimmung fortbewegt und dass ein gemeinsamer Rhythmus herrschen muss. Das ist dann Komposition, fügt er hinzu.[233] Das ist also eine Art Kompositionsmodell für ein mehrstimmiges Stück Musik. Er sinnt auch nach über die Intervalle in der Komposition. Eigentlich müssen sie nicht übereinstimmend sein, so meint er.[234] Der einstimmige Gesang erbringt nur eine bloße Verstärkung des Klanges und ist daher aus seiner Sicht weniger bedeutend.[235] Natürlich versucht er auch in dem obigen Kompositionsmodell, das „Fortbewegen“ genauer zu untersuchen. Denn er erkennt, dass die zweite Melodie „verwandt sein muss“,[236] um den Vorgang zu bewerkstelligen. Die Verwandtschaft entsteht bei uns durch die Tonarten; er aber versteht, dass es solch eine Beziehung geben muss. Das ist hervorragend. Er glaubt, dass die größere Verwandtschaft ein entscheidender Fakt ist. Eine Nichbeachtung dieser erforderlichen Nähe würde zu Übertreibungen und Schwierigkeiten führen und damit die ganze Musik stören und beschädigen. Wenn aber die erforderliche Nähe gegeben ist, empfindet man wohlige Lässigkeit und Erstaunen, wodurch die Seele eine angenehme Mattigkeit gewinnt.

Mit zahlreichen Einzelschritten erarbeitet er sich ein zunehmend klares Bild von der Mehrstimmigkeit. Sehr wichtig ist in dem Zusammenhang, dass er bei der Entwicklung dieser weitreichenden Vorstellungen keinerlei Anregungen aus der griechischen Kultur entnehmen kann. Denn die griechische Musik ist „grundsätzlich einstimmig".[237] Deshalb existieren dort auch keine Theorievorstellungen zur Mehrstimmigkeit. Ihnen genügt die einfache Melodie, die sich mit der Klangfarbe der Stimme oder des Instruments verbindet. Das empfinden die Griechen als höhere Einheit. Ibn Sīnā jedoch denkt bei jeder Gelegenheit weiter über seine Mehrstimmigkeit nach. Bei dem Zwischenkapitel mit der Überschrift „Gruppe" finden wir erneut wichtige Gedanken zu dem Thema. Gruppe bedeutet für ihn, dass 15 Melodien gleichzeitig gespielt werden. Die Bedingungen, die er dafür festsetzt, bestehen darin, dass entsprechende Intervalle, nach seiner Vorstellung 14 Stück, eingebaut werden, um den musikalischen Ablauf zu gewährleisten. Der zweite Schwerpunkt dabei ist, dass sich die Melodien ähneln.[238] Das ist erneut sein Begriff für die bei uns in Europa heute gültige Tonart, die Araber kennen sie bis jetzt nicht. Damit schafft der Gelehrte eine Basis für die Gestaltung seines Systems. Die Intervalle, der Abstand zweier Töne, sollen offensichtlich die Spielbarkeit der 14 Melodien gleichzeitig in den entscheidenden Punkten erleichtern.

Hinzu kommen weitere Ideen. Denn der Gelehrte meint, dass bei solch einer großen Zahl von Melodien sich Differenzierungen bei ihnen ergeben; einige ändern ihre Erscheinung durch das Abgetrennt-Sein, andere durch das Verbunden-Sein. Eine dritte Gruppe der Melodien ändert sich nicht. Damit will Ibn Sīnā andeuten, dass beim Abspielen solch einer großen Zahl gleichzeitig die jeweiligen Takte des Beginns besonders gestaltet sein müssen. Das ist einleuchtend, um die Übersichtlichkeit des musikalischen Vorgangs zu erhöhen. Da bei solch großer Zahl von Melodien ein Zusammenklang erfolgt, verlangt Ibn Sīnā bei der überwiegenden Zahl von Melodien gewisse Modulationen oder Akzente, um die verschiedenen Stimmen hörbar zu machen. Auch durch die Intervalle können

Veränderungen durchgesetzt werden. Selbst wenn nur zwei Melodien gleichzeitig gespielt werden, verlangt er, dass wie oben bei den 14 die Anpassbarkeit dadurch geschaffen wird, dass nur eine der beiden Melodien unverändert ist; eine ist nicht modifiziert, die andere unterschiedlich.[239] Ibn Sīnā bemüht sich sogar, den Lautenspieler zu überzeugen, auf seinem Instrument mehrstimmig zu spielen, „damit man den anderen Ton hat, der sich mit dem ersten vermischt".[240] So tritt er für seine Vorstellungen ein, entwickelt immer neue Aspekte und bereichert damit die musikwissenschaftliche Leistungen der Araber bedeutend.

Die Araber haben auch die Instrumentalisierung der europäischen Musik nachhaltig beeinflusst. Instrumente wie Rebab, Pauken, Trompeten, Lauten und Schalmeien stammen aus dem Nahen Osten. Rebab ist ein Instrument mit ein oder zwei Saiten, das in den arabischen Ländern weit verbreitet ist. 1150 finden wir es in der europäischen Volksmusik bei Tanz-, Klage-, Tage- und Wächterliedern und bei den berühmten „Chansons de geste" (Heldenlieder), die mit Instrumentalbegleitung erfolgt sind.[241] Seit dem 11. Jahrhundert breitet es sich auch in Europa aus.[242] Bis zum 14. Jahrhundert hat das Instrument seine orientalische Form behalten. Etwa ab 1511 verbindet sich das Rebab allmählich mit der Fidel; 1618 spricht man schon von der Geige, aber noch mit drei Saiten.[243] In Italien heißt sie schon 1612 Violino. Sie bekommt um 1600 ihre vierte Saite. In Italien finden wir auch mit Gasparo Bertolotti, genannt da Salò (zirka 1542-1609), den ersten Geigenbauer; er lebt und arbeitet in Brescia in der Lombardei. Fast zur gleichen Zeit entsteht in der benachbarten Stadt Cremona das Weltzentrum des Violinbaus. Andrea Amati (zirka 1535-1611) ist der Begründer desselben und einer umfangreichen Dynastie von führenden Geigenbauern.[244] Damit ist die Violine bei uns heimisch geworden.

Während der Kreuzzüge erbeuten die europäischen Heere mehrere kostbare Elfenbeinhörner. Beeindruckt durch die Militärmusik der arabischen Heere, führt man daraufhin in Europa ebenfalls die Militärmusik ein und macht sie zum Bestandteil der eigenen Kriegstechnik. Auf die Weise hat die arabische Welt die musikalische Szene in Europa entscheidend bereichert; das ist gleichzeitig ein anschaulicher Ausdruck von der reich entwickelten Musikkultur der Völker des Vorderen und Mittleren Orients; wobei auch hier eine gewachsene Vielfalt besteht, die stark genug gewesen ist, auch fremde Einflüsse zu assimilieren.

Die Medizin

Die arabische Medizin hat ihren wahrscheinlichen Anfang im 8. Jahrhundert, in jenem Zeitabschnitt also, der für viele Bereiche des geistigen Lebens in der arabischen Welt von eminenter Bedeutung gewesen ist. Doch hat der Anlass für die Einführung der Medizin am Kalifenhof in Bagdad einen ganz besonderen Grund. Unweit von Bagdad hat sich in dem Ort Ǧundīšapūr etwa seit dem 6. Jahrhundert eine Bildungsstätte mit einem Hospital entwickelt. Die Anstalt ist einst von nestorianischen Christen gegründet worden, die vor den byzantinischen Machthabern in das damals noch bestehende Perserreich geflohen sind. In dem Krankenhaus hat man viele Anregungen unter anderem aus der syrischen, persischen und indischen Medizin schöpferisch verarbeitet.[245] Der Kalif al-Manṣūr (754-775) ist eines Tages am Magen erkrankt; der Leiter des Hospitals Ǧūrǧīṣ b. Ǧibrīl b. Baḫtīšū' (gest. ca. 771) lässt den Kalifen kommen, um ihn zu kurieren. Die medizinische Behandlung ist erfolgreich. Das hat zur Folge, dass sich aus der Familie des Hospitalchefs für die nächsten zwei Jahrhunderte Ärzte am Hof in Bagdad finden, die nicht nur Krankheiten heilen, sondern auch forschen und publizieren. Damit werden Maßstäbe für nachkommende Generationen gesetzt.

Einer der Mediziner, dessen Ruhm nach Europa dringt, ist Muḥammad b. Zakkarijā' ar-Rāzī. In Europa hat man ihn Rhazes genannt. Ein berühmter Arzt und Philologe ist er. Gegen 865 in der Stadt Rajj, die in der Nähe des heutigen Teheran liegt, geboren, will er ursprünglich wohl Lautenspieler werden, ehe er zur Medizin wechselt.[246] Doch erkennt er, dass man als Mediziner nur etwas werden kann, wenn man in der Großstadt lebt, denn dort findet man genügend Patienten und kenntnisreiche Mediziner. So begibt er sich nach Bagdad, um zu studieren. Auch das Hospital der Stadt besucht er. Danach kehrt er erneut in seine Geburtsstadt zurück, weil der dortige Statthalter ihn an seinem Krankenhaus anstellen will. Dem Lokalherrscher widmet er zwei wichtige Quellenwerke der Medizin. Nachdem er Ruhm in Rajj erworben hat, begibt er sich wieder nach Bagdad. Hier wird er leitender Arzt in dem soeben gegründeten Mu'taḍid-Hospital. Die Klinik ist nach dem Gründer und Finanzier al-Mu'taḍid (reg. 892-902) benannt. Alle Intrigen und politischen Krisen übersteht er auf seinem Posten unbeschadet. Er unterrichtet auch, wobei sich seine Schüler, deren Schüler und dann die anderen unter ihm versammeln – weil sie sitzen, er aber steht.[247] Mit den Armen hat er Mitleid und pflegt zu sagen: „Ist doch egal, ob man schwarz oder weiß ist".[248] Öfter reist er in seine Heimatstadt. Er leidet am grünen Star und erblindet früh. Er stirbt 925 oder 932 in der Stadt Rajj.

In seinem Leben hat er sich immer bemüht, durch Mäßigung und Enthaltsamkeit einen gesunden Lebenswandel zu führen. Dazu hat er folgende Maxime formuliert: „Ich habe weder Habsucht noch Extravaganzen gezeigt; ich habe weder irgendwelche Dispute oder Streitereien; auch habe ich niemals unrecht gegen jemand gehandelt. Im Gegenteil, ich bin dafür bekannt, meine eigenen Rechte zurückzunehmen. Im Hinblick auf Essen, Trinken und Amüsement wissen meine häufigen Gäste, dass ich niemals irgendwelche vernünftigen Grenzen überschritten habe. Dasselbe gilt auch für alle Verhältnisse meines Lebens, wie man selbst erkennen kann an meiner Kleidung und Pferd sowie meinen Dienern und Mägden".[249]

Sein wichtigstes Werk der Medizin, genannt al-Ḥāwī (Der Inhalt), behandelt die Medizin von den Zeiten des Hippokrates bis zu seiner Zeit. Immer jedoch sind eigene Reflexionen und Kommentare zu einzelnen medizinischen Fällen eingebaut. Auch eigene Vorlesungsteile sind zu finden. Im methodischen Medizinaufbau fängt er mit dem Kopf an und hört mit den Zehen auf. Dabei tauchen auch Behandlungserfahrungen auf. So schreibt er, dass sein Gaumenzäpfchen rot gereizt ist, deshalb habe er mit einem astringenten Mittel und mit saurem Essig gegurgelt.[250] Damit habe er sich selbst kuriert. Auch bei dem nächsten Fall ist er selbst betroffen: „Während meines Aufenthalts in Bagdad wurde ich von einem Fieber überfallen und mit Schüttelfrost. Der Puls war erhöht, dann wurde ich fiebrig. Jedoch trat kein Schweiß auf. Das Fieber verschwand schließlich und kehrte nicht zurück. Dem gemäß sollten wir lernen, wenn Fieber zusammen mit Schüttelfrost auftritt, dann ist es nicht unbedingt eintägig".[251] Die persönlichen Erfahrungen sind ein Teil seiner Aussagen in dem Buch. Wir erhalten durch ihn Einblicke nicht nur in den Stand der damaligen Medizin, sondern auch in das aufwändige Bemühen, medizinische Erfahrungen aus eigenen und gelesenen Berichten von Fällen zu sammeln. Das gesamte Buch ist ein aussagefähiges Zeugnis über die Entwicklung der Medizin.

Wir haben eingangs von zwei großen Werken gesprochen, die er über medizinische Fragen hinterlassen hat. Das zweite Werk nennt sich al-Ǧāmi' al-kabīr (Das große Umfassende) und überschneidet sich teilweise inhaltlich mit dem ersten. Auch haben spätere Biografen beide miteinander verwechselt. Fest steht, dass er an dem Buch 15 Jahre lang Tag und Nacht gearbeitet hat, wobei sich langsam in der Hand ein Krampf einstellt.[252] Ursprünglich will er wohl ein enzyklopädisches Sammelwerk schreiben, denn zu dem „großen Umfassenden" beabsichtigt er, eigentlich noch zusätzlich „Ein Umfassendes für das Auge" und „Ein Umfassendes für das Fieber" zu schreiben. Daraus wird nichts. Dagegen nimmt er aber in das Werk einen wichtigen Teil auf, der bisher kaum behandelt worden ist: die Pharmakologie. Sie ist für ihn eine Hilfsdisziplin der Medizin. Damit qualifiziert er sie nicht ab, im Gegenteil sieht er ihre Bedeutung für die Medizin als unumstößlich. So fordert er, dass gebildete Mediziner auch die Phamakologie beherrschen müssen, um in der Theorie und Praxis der Medizin Fortschritte zu erreichen. Dieses separate Fachgebiet erfährt hiermit erstmals eine ernsthafte Behandlung. Dazu stellt ar-Rāzī jedoch auch Maßstäbe auf. Er verlangt, dass Pharmakologen Bücher schreiben, in denen sie die Herkunft bestimmter Medikamente angeben, sie in ihrer reinen und „gefälschten" Form beschreiben; gute und schlechte Beispiele anführen sowie die Wirksamkeit der betreffenden Medizin ausweisen. Pharmakologen sollen nur reine Sorten von Medikamenten liefern, sie sicher aufbewahren und verhindern, dass Medizin überhaupt gefälscht wird.[253]

Ar-Rāzī hat in das umfassende Werk auch noch etwas aufgenommen, was auf ein damaliges Problem in der medizinischen Arbeit hindeutet. Es handelt sich um eine Art von Sprachlexikon. Er hat medizinische Termini aus dem Griechischen, Syrischen, Persischen und Indischen jeweils mit der entsprechenden Definition oder Übersetzung untereinander angeordnet und damit ein wichtiges Hilfsmittel geschaffen, um im sprachlichen Durcheinander medizinischer Ausdrücke die jeweils richtige Bedeutung zu finden. Die Schwierigkeit besteht ja vor allem darin, dass man polyglott ausgebildet sein muss, um die sprachlichen Hürden der jeweiligen Medizin zu meistern. Eine verbindende medizinische Fachsprache – wie heute das Lateinische – hat es damals noch nicht gegeben. Schon spätere Kopisten verzweifeln bei der einfachen Abschrift des Werkes mitunter an den Schwierigkeiten der fremden Wortformen.

In den Schriften verarbeitet er, wie wir bereits gesehen haben, häufig eigene Erfahrungen medizinischer Art. So beschreibt er zum Breispiel eine Gruppe von Patienten, die an Gehirnhautentzündung leiden; der einen Hälfte entnimmt er Blut, der anderen nicht, und führt genau Buch über das jeweilige Krankheitsbild. Das geschieht, um sich eine klare medizinische Meinung zum Krankheitsverlauf zu verschaffen. Aus seinen sozialen Erfahrungen heraus verfasst er ein Buch unter dem Titel „Die königliche Medizin", worin er unter anderem empfiehlt, vor allem hochgestellten Persönlichkeiten eine unangenehme bittere Medizin in Süßigkeiten zu verpacken, damit sie leichter eingenommen werden kann. Die Medizin für die Armen fasst er in dem Buch zusammen „Wer keinen Arzt hat, den er heranziehen kann". Bedeutende Aufmerksamkeit in Europa ruft eine Schrift hervor, in der er erstmalig die Pocken und die Masern genau beschreibt sowie deren Heilungschancen erläutert. Es erscheint bereits 1312 in Leiden, in Venedig 1498 und in Basel 1529 sowie 1544. Sein großes Werk al-Ḥāwī (Der Inhalt) wird 1279 ins Lateinische übersetzt. Im Druck erschien es in Brescia 1486 und in Venedig 1542.[254]

Der Mediziner Sinān b. Ṯābit (gest. 943) ist auf medizinischem Gebiet ein anerkannter Fachmann und der Hausarzt des Kalifen al-Muqtadir (reg. 908-932). Im Jahr 931 wird bekannt, dass ein Arzt einen Patienten falsch behandelt hat, der danach verstorben ist. Aus diesem Grund verfügt der Kalif, dass kein Arzt mehr praktizieren darf, es sei denn, er sei vorher durch Sinān b. Ṯābit geprüft worden. Vor allem sollen fachliche Eigenschaften und medizinische Kenntnisse geprüft werden. Allein etwa 860 Ärzte aus Bagdad werden somit einer Fachprüfung unterzogen.[255] Erstmals in der Geschichte der Medizin ist damals eine einheitliche medizinische Prüfung durchgeführt worden, die den Sinn hat, nur approbierte, also staatlich zugelassene, Ärzte praktizieren zu lassen. Das ist ein Meilenstein in der Geschichte der Medizin. Seine hohen Beziehungen zu Ministern und Kalifen nutzt der Gelehrte auch, um eine weitere bedeutende Neuigkeit einzuführen. Er setzt bei den hohen Verantwortlichen durch, dass erstmals Gefangene medizinisch untersucht werden. Viele von ihnen vegetieren in erbärmlichen Unterkünften ohne jegliche medizinische Versorgung. Jetzt kümmert man sich um sie. Ärzte besuchen und registrieren sie, nehmen Untersuchungen vor und entscheiden über Therapiemöglichkeiten. Medikamente haben sie stets dabei.[256] Der Hauptgedanke ist dabei, dass man die vielen Krankheiten in jenen Kreisen im Interesse einer allgemeinen Gesundheitsfürsorge nicht ignorieren darf. Auch damit leistet man eine weit in die Zukunft wirkende sozial-medizinische Arbeit.

Sinān b. Ṯābit initiiert auch eine andere Aktion. Er hat festgestellt, dass auf dem Land keine Ärzte tätig sind und erlangt von der staatlichen Seite eine schriftliche Ermächtigung, sich der Sache anzunehmen. Die Absicherung ist hier besonders nötig, weil unter der arabischen Bevölkerung viele Juden leben. Deshalb macht Sinān b. Ṯābit seinen Auftraggebern klar, dass diese Bürger von Gesundheitsmaßnahmen nicht ausgeschlossen werden dürfen. Dem stimmt man zu. Sinān b. Ṯābit begibt sich mit anderen Ärzten in die Dörfer; legt ein Zentraldepot mit Medikamenten an, das jederzeit erreichbar ist.[257] In jedem Landstrich bleiben die Ärzte einige Zeit, je nachdem, wie es die Umstände erfordern. Dann ziehen sie in den nächsten Distrikt. Wenn möglich, behandeln sie die Tiere der Dorfbewohner gleich mit, vor allem das Großvieh. Das ist ebenfalls ein Schritt auf neuem Terrain. Wenn in einem

Landesteil des Irak eine Seuche ausbricht, dann verständigt sich Sinān b. Ṯābit mit den staatlichen Verantwortlichen, um sich rechtlich und finanziell abzusichern. Daraufhin begibt er sich mit einigen anderen Ärzten in die Dörfer und Flecken, wo die Seuche ausgebrochen ist. Wenn sie in der Gegend ein Gebiet finden, wo die Seuche keine Opfer gefordert hat, untersuchen sie dort den Grund für solch eine medizinische Resistenz. Sie bleiben so lange, bis die Ursachen geklärt sind.

Im Jahr 919 wird Sinān b. Ṯābit bei dem Kalifen al-Muqtadir vorstellig und regt die Gründung eines Krankenhauses in Bagdad an. Man einigt sich entsprechend; am syrischen Stadttor entsteht der Bau, der den Namen des Kalifen trägt. Er zahlt monatlich dafür 200 Dinar.[258] Sinān b. Ṯābit steht dem Krankenhaus vor, die Verwaltung der Einnahmen und Ausgaben hat er dem Astronomen Jūsif b. Jaḥjā übertragen. Im laufenden Betrieb belaufen sich die Unkosten des Krankenhauses auf 600 Dinar monatlich. Wir wissen nicht, ob das Krankenhaus auch Einnahmen hat.

Für Sinān b. Ṯābit ändert sich die Lage nach dem Tod des Kalifen al-Muqtadir dramatisch. Sein Nachfolger al-Qāhir (reg. 932-934) ist offenbar weniger an den hervorragenden Leistungen des Gelehrten interessiert. Der neue Herrscher zwingt ihn mit brutalen Drohungen, den Islam anzunehmen. Sinān b. Ṯābit stammt aus dem nordirakischen Ḥarrān. Dort leben glaubensmäßig die Sabier, die aber hat der Prophet Muḥammad wie Christen und Juden zu Schutzreligionen erklärt. Eigentlich verstößt eine erzwungene Annahme des Islam gegen dieses verbriefte Recht. Sinān b. Ṯābit erklärt sich einverstanden, praktiziert den Islam jedoch weitgehend ungenau. Als ihm deshalb Verfolgungen drohen, flieht er in den entferntesten Teil des Iran. Später kehrt er nach Bagdad zurück und verstirbt dort. Seine Schriften weisen ihn als einen großen Gelehrten aus. Sein persönliches Schicksal unter dem neuen Kalifen lässt jedoch bereits ahnen, welche Gefahren geistiger Intoleranz auf die Wissenschaften lauern.

Ibn al-Haiṭam, in den europäischen Schriften Alhazen, ist als Mediziner bekannt, jedoch auch als Mathematiker und Physiker. Er wird 965 im irakischen Basra geboren. Als Beamter hat er sich in seiner Vaterstadt bereits auf dem Gebiet der Mathematik einen Namen gemacht. Er tritt mit den in Ägypten herrschenden Fatimiden in Verbindung und erklärt sich bereit, die Nilüberschwemmungen zu regulieren. Heimlich erhält er Geld aus Kairo.[259] Als er nun den Nil bereist, soll er bei Aswan die Unmöglichkeit seines Vorhabens eingesehen haben. In Kairo regiert der Kalif al-Ḥakīm, der in seinen Handlungen mitunter unberechenbar ist. Um dessen Verfolgungen zu entgehen, stellt sich Ibn Haiṯam bis zum Ableben des Kalifen 1020 geistesgestört. Danach erhält er sein von diesem konfisziertes Vermögen zurück und lebt bis zu seinem Tod 1038 in Kairo.

In Ibn al-Haiṯams persönlichem Schicksal nimmt bereits die Unberechenbarkeit des politischen Lebens bedrohliche Züge an. In seinem Nachlass finden sich etwa 200 Schriften über Medizin, Mathematik, Astronomie und Philosophie. In seiner „Optik", die sich vor allem mit dem Auge, seiner Funktion und Wirkung befasst, haben wir ein Werk vor uns, das auch in Europa, wie wir noch sehen werden, größten Einfluss hat. Neu und wichtig daran ist, dass er sich gegen falsche antike Vorstellungen wendet, die mit dem Auge zusammenhängen. In der Antike glaubt man nämlich, vom Auge gehe ein Strahl aus, um die Dinge zu erkennen. In seinem Werk hat al-Haiṯam in vorbildlicher Weise jede seiner Behauptungen mit empirischen Beobachtungsbeweisen, wie er es selbst formuliert, verbunden. Diese nachprüfbaren Belege tauchen mit ihm in der Forschung erstmalig auf. Seine Hauptthese lautet: „Das Auge erfasst nur einen Gegenstand, auf dem sich Eigenlicht befindet oder Licht, das auf ihn von einem anderen strahlt; ist er dunkel, so erfasst ihn das Auge nicht".[260] Damit hat er jeder Auffassung, dass vom Auge ein Strahl ausgehe, eine Absage erteilt. Er selbst nennt die griechischen Gelehrten, denen er die Fehler nachweist, schonend „die Mathematiker".[261] Al-Haiṯam untersucht die Fähigkeit des Auges, in der Ferne zu sehen, mit den folgenden Worten: „Wir finden ferner, dass Körper von strahlender Weiße und glänzenden Farben in Entfernungen sichtbar sind, in denen trübe und staubigfarbige unsichtbar sind, und zwar bei gleicher Größe und Kraft des Lichts und Auges".[262] Dazu vermerkt er, dass man bei weit entfernten Schiffen die weißen Segel wie Sterne empfindet, ohne das eigentliche Schiff zu sehen. Vier Bedingungen müssen dafür gegeben sein. Die Sehkraft des Auges muss ausreichend genug sein. Das Objekt, das man ins Auge fasst, darf nicht zu klein, nicht zu dunkel, nicht durchsichtig und nicht von äußerster Trübheit sein. Bei dem Zwischenraum zwischen dem Auge und dem Gegenstand müssen beide gegenüberstehen; die gerade Verbindung darf kein dichter Körper schneiden. Das Licht muss ausreichend sein.

In dem Zusammenhang hat er auch die Sehstärke des Auges angesprochen; sie ist, wie das Beispiel zeigt, konstitutiver Bestandteil seiner Überlegungen. Wie überhaupt sein Bestreben ist, den Begriff der Optik neu zu fassen und dabei die physikalischen und praktischen Elemente zu verbinden. Dazu gehört, dass er Versuche mit transparenten Gläsern durchführt, durch die ein Lichtstrom geführt wird. Das sind erste Bemühungen, die

Anwendung von Linsen zu prüfen. Bei einem der Versuche heißt es: „Beobachtet man ferner das Licht, das sich an dem Ort des durchsichtigen Körpers befindet, aus dem das in ihn eindringende Licht austritt, so findet man, dass von diesem Licht ebenfalls sekundäres Licht ausstrahlt …“[263] Mit sekundärem Licht meint er schwächeres Licht. Wir würden heute sagen, dass der Strahl durch die Linse abgeleitet wird. Auch richtig beobachtet ist der Tatbestand, dass jede Linse einen gewissen Lichtverlust bedeutet; das heißt, es ist graduell schwächer als das natürliche Licht. Damit arbeitet Ibn Haiṯam am Problem der heutigen Dioptrik. Er gewinnt dafür auch aus der Beobachtung der Natur Anregungen. So schafft er sich die Grundlagen für die Funktion des Auges durch Schritte wie den Folgenden: „Wir finden, dass das Auge, wenn es auf sehr kräftige Lichter blickt, durch sie Schmerzen empfindet und Schaden erleidet, so wenn es nach dem Sonnenkörper sieht oder auf einen glatten Spiegel, auf den die Sonne strahlt, und das Auge sich an der Stelle befindet, zu der das Licht reflektiert wird“.[264] Das besagt nach seiner Erkenntnis, dass im Auge Nachbilder entstehen, die für eine gewisse Zeit im Auge haften bleiben, selbst wenn man es bedeckt. Diese Nachbilder sind aber im normalen Vorgang, so weiß er, durch Linsen im Auge gestaltet. Damit kann er den Sehvorgang besser als all seine Vorgänger beschreiben. Während einer Sonnenfinsternis entwickelt er erstmalig eine camera obscura, mit der er Bilder der Natur abbilden kann.[265]

Entsprechend groß ist seine Wirkung in der mittelalterlichen europäischen Welt. In lateinischer Übersetzung erscheint die „Optik“ 1572 in Basel. Den größten Einfluss hat das Werk auf Roger Bacon (ca.1214-ca.1291). Dessen aus islamischen Quellen bezogene Aristoteles-Kenntnis lässt ihn die weltlichen Naturwissenschaften besonders hoch schätzen. Auch der Astronom und Mathematiker Johannes Kepler (1571-1630) zählt zu den Anhängern der Lehren des Ibn Haiṯam in der Optik. So verbreitet sich schon früh das Gedankengut des arabischen Gelehrten in der wissenschaftlichen Welt Europas; es trägt damit entscheidend zu dem Aufschwung von Wirtschaft und Bildung in der europäischen Renaissance bei.

Im 10. Jahrhundert lebt und arbeitet der Mediziner ʿAlī ar-Ruhāwī. Leider ist sehr wenig über sein Leben bekannt. Dafür ist sein hinterlassenes Werk von umso größerer Bedeutung. Für dessen Fertigstellung muss er sehr viele praktische medizinische Erfahrungen erwerben. Dabei geht es nicht nur darum, die ärztlichen Behandlungsformen genau zu beherrschen; viel wichtiger ist für ihn, die Qualifizierung der Ärzte kennen zu lernen. Deshalb heißt sein Buch auch „Die Bildung des Arztes“. Wie dringend nötig dieses

Buch ist, deutet er schon in der Einleitung an. Dort schreibt er, dass einige Zeitgenossen sich zwar zu den Ärzten zählen, aber keinerlei Wissen und Erfahrung auf dem Gebiet besitzen.[266] Schlimmer noch: dass diese Leute mit List und Betrug arbeiten, wenn sie mit Patienten umgehen. Der Gelehrte wertet solch ein Verhalten rufschädigend für die ganze Ärzteschaft. Damit ist die Schrift gleichsam eine Polemik gegen die üblen Kurpfuscher auf dem Gebiet. Das gefährliche Treiben dieser Leute läuft darauf hinaus, dass sie den Patienten eine falsche Sicherheit vorgaukeln, wobei sie ihre angeblichen Fachkenntnisse in bestes Licht zu rücken versuchen. Ar-Ruḥāwī setzt dagegen die Verantwortung des Arztes gegenüber seinem Patienten. Grundsätzlich muss der Arzt schöpferisch sein, gebildet, in seiner Art einzigartig, fähig, weise und tatkräftig sowie mit gesundem Menschverstand ausgestattet.[267] Dazu kommt als das Wesentliche: der Arzt muss seinen Beruf lieben, denn er hat diesen Beruf freiwillig gewählt, das schließt die Begeisterung für die Arbeit ein.

Damit hat der Gelehrte entscheidende Schwerpunkte für den Arztberuf formuliert. Da nützt es auch nichts, wie einige Kurpfuscher behaupten, wenn man bei einem richtigen Arzt hospitiert hat. Das reicht nicht aus, stellt der Gelehrte fest. Man muss als Mediziner zunehmend Erfahrungen sammeln, Kenntnisse gewinnen über die Körperglieder und die notwendigen Medikamente, die im Einzelfall benötigt werden. Erkenntnisgewinn aus dem eigenen medizinischen Schaffen heraus muss der Weg heißen.

Aus den aufgezeichneten Erfordernissen für Ärzte leitet ar-Ruḥāwī schließlich die Forderung ab, dass es medizinische Prüfungen geben müsse. Wir haben gesehen, dass Sinān b. Ṯābit wegen ähnlicher Erfahrungen Prüfungen eingeführt hat. Daraus wird ersichtlich, wie notwendig solch eine Maßnahme damals ist. Für ʿAlī ar-Ruḥāwī steht die Ehre der Medizin auf dem Spiel, die mit dem Ethos des Arztberufes einhergeht. Ein Arzt darf es sich nicht leisten, einen Fehler zu machen, der das Leben des Patienten bedroht.[268] Das unterscheidet ihn von anderen Berufen; macht ein Tischler einen Fehler, ist zumindest kein Leben in Gefahr. Das Schlimme bei einem ärztlichen Fehler besteht darin, dass er überwiegend nicht korrigierbar ist und zum Tod des Kranken führt. Die Prüfung der Ärzte soll zeigen, worin der Vorzug der Ausgezeichneten und die Dummheit der Pfuscher besteht. Die Maßnahme ist deshalb so wichtig, weil die Medizin in sich eine komplizierte Sache ist. Das betrifft zum einen die lange Zeitdauer, sich darin zu qualifizieren, zum anderen die Spezialisierung der Medizin auf verschiedene Fachgebiete. Zudem sind die Grundlagen der Medizin von sehr komplexer Natur.[269]

Natürlich weiß ar-Ruḥāwī, dass angesichts dieser komplexen Natur eigentlich eine Spezialisierung des Arztes unausweichlich ist. Insofern kann es hilfreich sein, so meint er, sich nur auf bestimmte Körperglieder zu konzentrieren. Dann soll man auch wissen, welche Medikamente es überhaupt gibt. Wie ist ihre Wirkung? Zwar lernt das ein Anfänger in der Medizin mit der Zeit, doch der Erfahrene muss über sein Fachgebiet hinausschauen können. Bei aller besonderen Leistungskraft soll der erfolgreiche Mediziner aber auch mit dem Kranken ein spezielles Verhältnis herstellen; ohne es direkt zu verlangen, soll der Patient dem Arzt gehorchen, eine entscheidende Voraussetzung für die Heilung. Das bedeutet aus seiner Sicht nicht, dass der Kranke kein Recht hat. Er kann, wenn er merkt, dass eine eingeleitete Behandlung nicht seinen Vorstellungen entspricht, diese ablehnen. Er muss sich dem Arzt nicht blindlings und willenlos ausliefern.[270]

Auch Befehle braucht der Kranke nicht zu beachten. Wenn dem Kranken die Behandlung nicht gefällt, soll er einen anderen Arzt aufsuchen. In der Hinsicht soll er freie Hand haben. Der Gelehrte ist so objektiv, trotz seiner hohen Bewertung der Medizin und der Gefahr, dass der andere Arzt nicht zu den besten gehört, die Dinge sachlich zu sehen. Wichtig ist für ihn nur, wie die abgebrochene Behandlung zu sehen ist. Aber die Entscheidung des Kranken ist das Wichtigste. Er geht auch auf Schwierigkeiten ein, die dadurch entstehen, dass der Kranke ungenaue, falsche oder bewusst unrichtige Angaben über seine Krankheit macht. Einerseits muss sich der Arzt auf den Verstand des Kranken verlassen; gleichzeitig ist er gehalten, alles über die Krankheit zu erfahren. Deshalb hat er den Kranken nach Kennzeichen der Beschwerden zu befragen. Dann erkundigt er sich bei Verwandten danach. Wenn der Kranke Diener hat, dann werden diese befragt, obwohl er diesen speziellen Personenkreis für unzuverlässig hält, da er oft Eigeninteressen unterliegt. Deshalb soll man lieber die Freunde, Nächsten und Kollegen des Kranken befragen. Hausbesuche sind auch bei ihm vorgesehen. Durch die Vielfalt der Bemühungen soll die Gefahr vermindert werden, dass der Patient falsch behandelt wird.[271]

In seinem Buch gibt ar-Ruḥāwī auch Hinweise, wie sich der Mensch gesund erhalten soll. Vor allem misst er der frischen Luft große Bedeutung zu. Der Körper braucht sie, wenn sie sauber ist, dringend. Der Mensch soll sich deshalb viel an der Luft aufhalten. „Aber die Luft besitzt von sich aus keinen Geruch.“[272] Deshalb soll sie geruchsfrei sein, sonst bringt sie nicht die gewünschten Effekte. Strikt warnt der Arzt davor, dass man selbst irgendwelche Behandlungen am Auge ausführt. Dort ist alles eng und schwierig, es könnte größter Schaden entstehen. Abschließend behandelt er die Medikamente und warnt vor zusammengesetzten, gemischten oder kombinierten Arzneimitteln. Oft wird dabei ein Fehler gemacht, der in der ungenauen Proportionierung besteht. Hinzu kommt noch, dass die Apotheker oft zu wenig Wissen haben, um diese Arbeit zu erledigen. Auch sollten die Medikamente in den Apotheken immer an einem sicheren Ort aufbewahrt werden.

In dem Zusammenhang spricht er sich dafür aus, die Gültigkeitsfrist der Medikamente auszuweisen, damit man deren Verfall klarer erkennt, wodurch Schaden verhindert werden kann. Die Schrift „Die Bildung des Arztes" ist ein Kompendium neuer Gedanken in der Medizin, das für die Geschichte des Fachgebietes bahnbrechend ist.

Ein berühmter Botaniker und Mediziner ist Ibn Baiṭār. Sein Schaffen berührt sich direkt mit dem Autor des Buches „Die Bildung des Arztes" in Bezug auf die Medikamente. Ibn Baiṭār stammt offenbar aus einer in Malaga ansässigen Familie und wird dort gegen Ende des 12. Jahrhunderts geboren. Als seinen bevorzugten Lehrer nennt man einen Gelehrten namens an-Nabātī, mit dem zusammen der junge Ibn Baiṭār in der Umgebung von Sevilla bestimmte Pflanzen sammelt. Mit etwa 20 Jahren beginnt er den Norden Nordafrikas, vor allem Marokko, Algier und Tunesien, zu durchwandern und botanisch zu erforschen.[273] Die Beschäftigung setzt er fort, bis er nach Ägypten kommt. Der dortige Herrscher ernennt ihn zum Oberbotaniker und hält ihn an seinem Hof. Dem Sohn des Machthabers dient er ebenfalls, da dieser aber in Damaskus residiert, folgt ihm der Gelehrte dorthin. Von Damaskus aus bereist nun Ibn Baiṭār als Arzt und Botaniker Syrien und Kleinasien. Mit einem unstillbaren Durst nach Wissen klassifiziert er insgesamt etwa 1.400 Arzneipflanzen, Mineralien und pflanzliche Stoffe. Auch andere wissenschaftliche Quellen zieht er – falls notwendig – heran.[274] Er stirbt 70-jährig 1248 in Damaskus.

Eines seiner Werke trägt den Titel „Über die Heilung mit Kräutern und Pflanzen" und erweist sich als eine sehr geschickt angeordnete Schrift. Zum Nachschlagen für Ärzte und Kranke gibt es einerseits eine Aufstellung der Krankheiten und der dazu gehörenden Medikamente. Zur Erkältung beispielsweise erklärt er, dass sie meistens mit einer Verhärtung im Gehirn verbunden ist, darunter sind Kopfschmerzen zu verstehen. Die Ursache sei kalte Luft. Die Nase läuft; ein Kitzeln in ihr führt zum Niesen. Die Medizin besteht im Trinken heißer frischer Kuhmilch, die mit Zucker versetzt ist. Wenn sich die Erkältung etwas gebessert hat, ist Honig einzunehmen. Um den Kopf sollte ein weicher Schal gebunden werden, bis der Schmerz nachlässt.[275] Auf diese Weise kann sich jeder Kranke informieren, was er selbst zu seiner

Heilung tun muss. Der nächste Abschnitt stellt Medikamente und ihre Anwendung vor. Da findet sich unter anderem auch das im Orient viel gebräuchliche Opium. Seine Anwendungsform besagt, dass man es bei Kopfschmerz verwendet, indem man es mit etwas Rosenöl vermischt und mit diesem Stoff den Kopf einreibt, bis der Schmerz nachlässt. Auch die Zwiebel spielt bei seinen Untersuchungen eine Rolle. Ihr Saft im rohen Zustand wird ebenfalls gegen Kopfschmerz eingesetzt; in Verbindung mit Milch hilft der Saft bei offenen Wunden.[276] In Wasser aufgelöste Ähren ergeben einen Trank, der ein unruhig klopfendes Herz beruhigt.[277]

Dann schiebt er einen Abschnitt ein, in dem er schwere gesundheitliche Krisen anführt und deren Behandlung andeutet. Er erwähnt den plötzlichen Verlust des Bewusstseins und konstatiert, dass es Hemmungen im Kopf gibt, die durch die oben beschriebenen Mittel bekämpft werden.[278] In einem besonderen Kapitel führt er Nahrungsmittel an und ihre gesundheitliche Wirkung, gleichzeitig ein Kompendium für gesunde Ernährung. Er beginnt mit dem Obst. Der Apfel zum Beispiel ist nach der Meinung des Gelehrten gut für das Herz, erleichtert den Magen und bekommt der Kehle gut. Allerdings schadet er seiner Ansicht nach den Nerven, jedoch erst nach dem Verzehr zu vieler Früchte. Der Granatapfel stärkt die Brust, nützt den Nieren und hilft gegen Husten.[279] Dann kommen andere Lebensmittel. So meint er vom Reis, dass dieser bei Magenentzündung hilft, weil er leicht verdaulich ist. Er ist auch heute noch als magenschonend bekannt. Dagegen schadet er im Fall von Koliken. Am besten isst man ihn mit Milch oder mit Öl.

Damit unterbreitet er uns auch gleichzeitig Speisevorschläge.[280] Die Zitrone ist aus seiner Sicht ein wichtiges Mittel gegen Hustenschleim; sie bändigt die Galle, jedoch reizt sie die Kehle und die Lungen. Ansonsten ist sie in jeder Weise nützlich. Denn sie stärkt den Magen, verbessert die Speisen und fördert die Verdauung. Vor allem ist sie in der Lage, die Unverträglichkeit von Fett und entsprechendem Fleisch zu beseitigen. Damit schafft der Gelehrte für jeden Nutzer des Buches ein wichtiges Mittel, sich im täglichen Leben mit Lebensmitteln gesund und effektiv zu versorgen. Auch auf Gebackenes geht er ein. Da steht an erster Stelle das Schwarzbrot. Er meint, dass es leicht und schnell verdaut wird. Es kann jedoch Krätze hervorrufen. Das liegt daran, dass das dunkle Mehl oft verunreinigt ist. Zuweilen ruft es auch Koliken hervor. Das Brot isst man mit Fett oder Milch. Das Hirsebrot dagegen ist problemlos und aus seiner Sicht sogar gut für die Nieren.[281] Das Gerstenbrot ist gesünder als das Schwarzbrot, da es den Lungen und Nieren gut bekommt, doch ist es schwer verdaulich. Einen besonderen Abschnitt hat er dem Trinkwasser gewidmet, da es große

Probleme verursachen kann. Am besten findet er das Quellwasser. Es nützt den Nieren, fördert die Verdauung, ist aber im kalten Zustand schädlich für den Magen, die Zähne, die Nerven und das Gehirn.[282] Deshalb ist er entschieden gegen gekühltes Wasser, weil es der Kehle und der Brust schadet.[283] Das Regenwasser ist oft unrein und verursacht Fieber. Damit ist oft auch Durchfall verbunden. Der Gelehrte unterscheidet den Durchfall ohne Fieber und Schmerzen im Bauch. In dem Fall empfiehlt er Körner der Gartenkresse zu zerstoßen und auf nüchternen Magen zu verzehren. Alle Fettigkeiten sind dann zu vermeiden. Wenn der Durchfall mit Blut vermischt ist und Fieber auftritt, dann hält er die Verwendung von einem Gerstenstengel oder Stengel der Linsen für nützlich; man kann ebenfalls mit Essig versetzte Quitten essen. Die Stengel sollen gerieben und eingenommen werden. Die Nahrung soll in den Fällen aus einer Durrasuppe (Hirseart) mit Milch bestehen, Butter darf nicht beigemischt sein. Oder man zerkleinert Galläpfel und trinkt sie vermischt mit Milch.[284]

So behandelt Ibn Baṭār in einer sehr auf den Leser orientierten Art die Medizin. Sowohl der Fachmann als auch der Laie können in gleicher Weise Nützliches erfahren. Gerade auch in dem letzten Beispiel wird deutlich, dass er nicht nur die Medikamente benennt, sondern auch die Anweisungen auf die Mahlzeiten des Rekonvaleszenten ausdehnt. Dadurch wird die Nutzanwendung seines Buches bedeutend erhöht. Neuere Forschungen haben viele seiner Ergebnisse bestätigt. Das betrifft beispielsweise den Farneinsatz gegen Würmer und eine Infusion aus dem Sud von Weidenblättern gegen Schmerzen in den Gelenken. Damit hat der Gelehrte einen wichtigen Fortschritt in der Wissenschaft realisiert; bedeutsam ist, dass er, wie die Beispiele gezeigt haben, auch für den täglichen Gebrauch beim Trinken und Essen nützliche Hinweise vermittelt, wie man sich gesund und richtig ernährt. Seine Arbeit weist weit in die Zukunft.

Die inneren Ursachen für den Niedergang der Wissenschaft

Fragt man sich nach dem Zeitpunkt des Niedergangs geistiger Innovation in der islamischen Welt; dann lässt sich keine feste Grenze zwischen einer Periode der Produktivität und jener einer nutzlosen Beschäftigung mit Dingen ziehen, die keinen Fortschritt ergaben. Auch die notwendige Aufteilung in innere und äußere Faktoren ist in Wirklichkeit sicher nicht so eindeutig voneinander zu trennen. Doch dominiert speziell in der Entwicklung des 12. Jahrhunderts das Abgleiten der Wissenschaften in Skurriles und Bedenkliches.

Am Beispiel der Astronomie fällt auf, dass kaum noch wissenschaftlich geforscht wird. Anstelle empirischer Forschung tritt zweifelhafte Interpretation. Der 1186 verstorbene Astronom Abū al-Faḍl – er hat in Bagdad gelebt und gearbeitet – befasst sich mit der Sterndeutung, deren Ergebnisse er auch der Bevölkerung mitteilt.[1] Als sich im Jahr 1186 die sieben Planeten im Sternzeichen der Waage kurzzeitig vereinigen, verbreitet er überall, dass es einen vernichtenden Sturm geben werde, in dem alle Bauten zerstört werden. Andere Astronomen schließen sich seinem Urteil an. Nur ein in Ägypten lebender Gelehrter namens Šaraf ad-Daula teilt nicht diese Meinung. Er geht davon aus, dass nichts passieren wird. Aber die Bürger richten sich nach der dominierenden Ansicht und bereiten sich in den Küstenstädten und Bergregionen auf den Riesensturm vor.

Als nun der bewusste Tag kommt – es ist gerade ein heißer Sommer – regt sich kein Lüftchen. Die Menschen bezichtigen alle Astronomen der Lügnerei und beleidigen sie. Einige Astronomen nimmt man sogar fest. Für manchen Dichter ist der Vorgang Anlass, darüber Spottverse zu produzieren. Daraus sollen zwei Verse kurz zitiert werden, weil sie die Stimmung gut wiedergeben:

Es zeigt sich die Lüge der Sternendeuter genug;
In dem, was sie sagen, ist nur Betrug.
Deutlicher sind dann schon die Schlussfolgerungen daraus:
Wertlos ist das, was diese Leute in ihren Schriften benennen;
Kommt, lasst uns die Bücher verbrennen.

Das Ereignis und der Tenor dieser Gedichte muss aufhorchen lassen. Da befassen sich gelehrte Astronomen mit Weissagungen zum Wetter. Die Planetenkonstellation verleitet sie zu wilder astrologischer Spekulation. Die Folgen jener Fehlleistungen in der Bevölkerung sind verheerend. Der Dichter bringt wahrscheinlich sehr genau die Stimme des Volkes zum Ausdruck, wenn er fordert, die Bücher zu verbrennen. Der Vorfall ist auch deshalb bedenklich, weil er eine überregionale Dimension besitzt. Viele Menschen sind davon betroffen.

Das Wechselspiel zwischen wissenschaftlicher Fehlleistung der dafür Verantwortlichen und dem sich verdüsterndem Bild der Allgemein- wie auch der fachlichen Bildung in den Köpfen der Menschen tritt in geradezu erschreckender Wirkung zu Tage.

Ein Astronom aus jener Zeit ist 'Alawī ad-Dīrī. Er lebt in Oberägypten und befasst sich mit den Geburten seiner Zeitgenossen unter dem Gesichtspunkt der günstigsten Sternenkonstellation. In seinen Sternenbetrachtungen – so will es die Meinung seiner Umgebung angeblich wissen – sei ihm ein Geist zu Diensten,[2] den er in einem Diamanten gefangen hält. In einem Krug lässt er ihn für sich weissagen. Vieles behält der Astronom dabei für sich. Wenn etwas eintritt, was er vorhersehen kann, ist er froh. Er hält es für besser, öfter den Ort zu wechseln, um nicht aufzufallen. Und so stirbt er 1199 in Ägypten.

Der Gelehrte ist also nicht um Aufsehen bemüht. Im Gegenteil. Astronomische Forschungen hat er zugunsten spekulativer Wahrsagerei vernachlässigt. Wissenschaftliche Schriften hat er nicht verfasst; es gibt nur einen Hinweis in den spärlichen Quellen, dass er sich mit einführenden Texten zur griechischen Geisteswelt befasst habe.[3] Ansonsten finden wir bei ihm das ganze Instrumentarium des geistigen Rückschritts auf dem Gebiet der Astronomie. Die über ihn aufgezeichnete Vita enthüllt die haarsträubendsten Dinge über seinen angeblich dienstbaren Geist. Das allein ist über ihn allgemein bekannt. Seine Vorsicht ist nachvollziehbar, nachdem er den Vorgang von 1186 gewiss mit erlebt haben wird. Auch hier erkennt man die allmähliche Verflachung der wissenschaftlichen Leistung.

Der Mathematiker Mubaššir b. Aḥmad (gest. 1193), in Bagdad geboren, ist auf fast allen Gebieten der Mathematik, vor allem in Geometrie, Astronomie und im Erbrecht vorzüglich ausgebildet und an den anderen Wissenschaften höchst interessiert.

Doch lebt er nicht davon. Er macht sich vielmehr als Buchhändler nützlich und verdient damit eine Menge Geld. So vermittelt er dem Bagdader Kalifen an-Nāṣir (reg. 1180-1225) Bücher, die dieser für die Bildungsstätte Niẓāmīja, die seit dem Jahr 1067 in Bagdad besteht,[4] stiften kann. Auch für den Kalifen direkt beschafft er Bücher.[5] Diese Geschäftsbeziehung ist zu Ende, als der Kalif in Kämpfe verwickelt wird und dadurch auch der Handel mit Büchern nicht mehr gefragt ist. Wissenschaftlich hat er auf seinem ureigenen Gebiet nichts hervorgebracht; seine Ausbildung ist im Prinzip umsonst gewesen, denn für den Buchhandel braucht er sie nicht unbedingt. Dass wissenschaftliche Forschung und Arbeit keine ausreichende Lebensgrundlage mehr bietet, ist gleichfalls als ein Zeichen des schleichenden Verfalls zu werten.

Der nächste Gelehrte, Ja'qūb b. aṣ-Ṣaqlān (gest. 1229), ist Arzt, in Jerusalem geboren und Christ. In seiner Vaterstadt muss er gewisse Möglichkeiten gehabt haben, sich zu bilden. Doch scheint er sich zunächst wissenschaftlich auf Weisheitslehren orientiert zu haben, ein späterer Philosoph namens al-'Anṭāqī bittet darum, bei ihm Vorlesungen hören zu können.[6] Das muss um das Jahr 1184 gewesen sein. Der Philosoph lässt in Jerusalem eine Kirche errichten. Diese Christen sind ursprünglich vor allem aus dem Gebiet des heutigen Amman gekommen und bewohnen nun die östliche Seite der Stadt Jerusalem, direkt in der Nähe des Krankenhauses. Als der große Aijūbiden-König al-Malik al-'Ādil (ca. 1145-1218), der jüngere Bruder des bekannten Saladin, die Stadt Jerusalem besetzt, nimmt er Kontakt zu dem Arzt Ja'qūb auf. Der Chronist al-Qifṭī beschreibt dessen Qualifizierung mit den Worten: „Der ist kein Wissenschaftler, er kann nur auf der Basis seiner Erfahrung im Krankenhaus behandeln."[7] Das vernichtende Urteil über den Arzt drückt bereits aus, wie sich die Lage der Wissenschaften entwickelt hat.

Das hält allerdings den erwähnten König nicht ab, den Arzt mit nach Damaskus zu nehmen. Es ist die Zeit der Kreuzzüge, und der König ist ein erfolgreicher Kämpfer für die Sache des Islam. Stets loyal gegenüber Saladin, verfolgt er nach dessen Tod eine eigene Politik, die militärisch zu Lande wie zu Wasser gegen die christlichen Eindringlinge erfolgreich ist, obwohl er persönlich im Umgang mit seinen Gegnern die Diplomatie bevorzugt.[8] In Damaskus erkrankt der Arzt Ja'qūb; seine Gelenke, wohl vor allem die Hüftgelenke, schmerzen ihn so, dass seine Bewegungsmöglichkeit eingeschränkt ist. Wenn der König seinen medizinischen Rat braucht, müssen ihn einige Männer auf einer Tragbahre herbeischaffen. Der traurige Zustand dauert fort, bis der König stirbt. Wenig später ist auch das Schicksal des Arztes Ja'qūb erfüllt. Wie sein König stirbt er in Damaskus.

Wir haben bei ihm gesehen, wie eingeschränkt das medizinische Fachwissen geworden ist, wenn man die früheren Zeiten eines Sinān b. Ṯābit, der 943 gestorben ist, und anderer Mediziner jener Epoche mit den Erscheinungen dieser Spätzeit vergleicht. Nachdenklich muss auch stimmen, dass dem König das wenige Fachwissen des Arztes offenbar genügt hat. Er fragt nicht nach dessen besonderer Qualifizierung; vermutlich ist er der einzige greifbare Arzt in seiner Umgebung gewesen. Sicher, die Zeiten sind nicht friedlich und beschaulich; die fehlende fachliche Bildung entschuldigen kann das jedoch nicht.

Der folgende Arzt heißt Abū al-Ḥakam (gest. ca. 1153) und stammt eigentlich aus Nordafrika, wohnt aber in Damaskus. Seine Leidenschaft ist die Poesie. Deshalb bereist er die arabischen Länder, um schöne Verse zu sammeln und sich dadurch zu bilden.[9] Sein medizinisches Wissen vernachlässigt er, nirgendwo eilt ihm ein Ruf als Arzt voraus. Als er später in den Irak kommt, ist er deshalb völlig unbekannt.

Eines Tages geht er durch Bagdad und kommt an einer offenen Haustür vorbei, wo gerade ein Lehrer seinem jungen Schüler etwas von Euklid vorträgt. Wahrscheinlich handelt es sich um den 300 v. Chr. in Alexandria lebenden Gelehrten, der ein großer Mathematiker gewesen ist.[10] Jedenfalls fällt dem Abū al-Ḥakam auf, dass der Lehrer falsche Formulierungen gebraucht. Als er sich schließlich heimlich mit dem Vater des Jungen trifft, muss er feststellen, dass dieser einer der Fürsten des Staates ist. Damit steigt sein Ansehen, der Lehrer des Knaben wird entlassen, Abū al-Ḥakam erhält den Posten und ist gern gesehener Gast bei den abendlichen Unterhaltungen des Vaters.

Nun wird sein Name bekannt, viele junge Leute wollen bei ihm studieren, aber dabei geht es stets um allgemeine Bildung. Ein Schüler ist namentlich bekannt geworden; viele werden es nicht gewesen sein. Später schließt er sich einem Herrscher aus der Stadt Iṣfahān an, der stets ein Krankenhaus, auf 40 Kamelen verpackt, mit sich führt. In den Wirren unter dem Bagdader Kalifen al-Muqtafī (reg. 1136-1160) ist er mit dem transportablen Krankenhaus in Bagdad; dort bittet ihn der Oberrichter um medizinische Hilfe. Die Fachkenntnisse des Arztes müssen auch nicht besonders gut gewesen sei, denn er interessiert sich weiterhin mehr für unterhaltsame Dichtung, die er am Abend vortragen kann. Das tut er auch mit beachtlichem Aufwand. Schließlich jedoch wird die Arbeit in Bagdad zu gefährlich.

Die Kreuzfahrer setzen ihre Feinseligkeiten fort. Bagdad wird von Türkenverbänden mehrfach belagert.[11] Deshalb will Abū al-Ḥakam nach Nordafrika zurückkehren. Sein Weg führt ihn über Damaskus. In seiner Begleitung ist ein Diener, der den Gelehrten zu versorgen hat und Früchte und Eis zur Erfrischung nach der Reise bringt. Qifṭī schildert, wie er sich in einem großen inneren Monolog selbst befragt, ob sich in dem Land überhaupt noch jemand für Wissen und Erkenntnis interessiere, und verneint das. Überzeugt, dass ein Mann mit Verstand nicht in das Land gelassen wird,[12] verkauft er, was er bei sich hat, und eröffnet einen Laden für

Fruchtsäfte. Den betreibt er bis zu seinem Ende. Wissenschaftlich verwertbare Schriften hinterlässt er nicht. Die Nachwelt vermerkt, dass er sich vor allem mit leichter Poesie beschäftigt und triviales Material gesammelt habe, das ausschließlich zur Unterhaltung nutzbar sei und kaum literarischen Wert besitze.

Abū al-Ḥakam mag in mehrfacher Hinsicht symptomatisch für den Niedergang der Bildung sein. Da ist zum einen sein eigenes Unvermögen. Weder hat er eine solide medizinische Ausbildung erhalten, noch hat er sich später darum bemüht. Sein kurzzeitiger Einsatz in dem transportablen Krankenhaus ist nur eine Episode. Sicherlich hat er den Dienst aus gewissen Erfahrungen heraus gerade noch leisten können. Wir haben ja bereits bei dem Arzt Jaʿqūb gesehen, dass selbst hochgestellte Persönlichkeiten keine besonderen fachlichen Ansprüche an Ärzte mehr gestellt haben. Jeder ist ihnen wichtig. So wird es auch mit Abū al-Ḥakam gewesen sein. Das ist die medizinische Seite.

Nun aber zu der Selbstbefragung, die uns al-Qifṭī überliefert hat. Man könnte die Worte fast als ein Charakteristikum der gesellschaftlichen Zustände begreifen. Offensichtlich empfindet er seine Epoche bereits als eine Zeit, in der Wissenserwerb und Kenntnisdrang nichts mehr wert sind. Zwar ist er selbst keine Leuchte der Wissenschaft, doch reagiert er auf dieses Problem wie ein Seismograph. In seinen Worten spiegelt sich recht unverhüllt, dass die Zeiten schlecht sind für Bildung und Wissenschaft. Der subjektive Eindruck dieses Freundes der Poesie muss deprimierend gewesen sein. Der Zeitgeist zeigt sich darin unverhüllt.

Auch der nächste Arzt repräsentiert auf gewisse Weise den wissenschaftlichen Stillstand . Er nennt sich Ibn aṣ-Ṣalāḥ (gest. 1153) und lebt in Bagdad. Dort studiert er auch Logik, Mathematik und Medizin. Vor allem interessiert er sich für das letztere Fachgebiet und macht darin auch bald Fortschritte. Er erkundigt sich nach den Möglichkeiten einer Arbeitsstelle und geht nach Damaskus, wo Nūr ad-Dīn Zengī (1118-1174) herrscht, ein Regionalfürst, der in heftigen erfolgreichen Kämpfen mit den Kreuzfahrern sein Gebiet ständig ausdehnt. Er interessiert sich für die Wissenschaften und umgibt sich an seinem Hof gern mit Gelehrten. Darauf hat unser Arzt mit Erfolg spekuliert. Der Fürst ehrt ihn und ist um sein Bleiben bemüht. Daher lässt sich der Gelehrte in Damaskus nieder, wo er den vorher erwähnten Abū al-Ḥakam trifft.

Ibn aṣ-Ṣalāḥ stellt bei der ersten Begegnung der beiden die Sache so dar, dass Abū al-Ḥakam einst in Bagdad sein erster Lehrer in Mathematik gewesen sei. Worauf ihm der andere erwidert, dass er jetzt bei Ibn aṣ-Ṣalāḥ in die

Schule gehen müsse, denn dessen Denken sei wahrhaftig, sein eigenes dagegen mangelhaft. Doch so unbedingt wissenschaftlich hervorragend muss auch Ibn aṣ-Ṣalāḥ nicht gewesen sein, denn eigene Schriften hat er nicht hinterlassen.

Seine Leistung erstreckt sich auf die unfruchtbaren Kommentare zu bereits vorliegenden Büchern. Aus dem Schicksal des Gelehrten ergibt sich, dass Abū al-Ḥakam in seiner Sicht der Zeit die Verhältnisse zu düster gezeichnet hat, wenn er annimmt, dass keiner mit Verstand in das Land gelassen wird. Ibn aṣ-Ṣalāḥ wird von dem Regionalfürsten mit Ehren empfangen. Die These, dass immer ein Arzt gebraucht wird, bestätigt sich auch hier. Dafür ist Abū al-Ḥakam offensichtlich zu unqualifiziert. Trotzdem drückt sich auch bei dem anderen Gelehrten der wissenschaftliche Niedergang aus. Denn das neue Zeitalter der Unfruchtbarkeit wird vor allem durch die wachsende Flut von Kommentaren und Superkommentaren offenbart. Die eigenschöpferische wissenschaftliche Leistung geht immer mehr zurück.

Dieses Unwesen ist auf allen Fachgebieten weit verbreitet. Die Poesie wird zur gewaltsamen Sprachkünstelei. In der Geschichtsschreibung verdrängt der Zierstil aus den Kanzleien jede exakte, faktengenaue Darstellung. Kompendienschreiber sind ebenfalls Erscheinungen der Spätzeit, denn sie fügen nur noch zusammen, was ihnen aus anderen Büchern greifbar ist. Der einstige so kühne Gedankenflug der Gelehrten erlahmt unter der Dominanz machtpolitischer Verhältnisse. War die politische Macht in ihrer Blüte prägend für die Blüte der Wissenschaft, so ist der politische Niedergang ebenso prägend für den Verfall der Wissenschaften in der Spätzeit des arabischen Reiches.

Im 13. Jahrhundert ereignen sich in der arabischen Welt zwei Ereignisse von gravierender Bedeutung. Im Westen des arabischen Reiches, in Spanien, dringen die Christen immer weiter gegen die Araber vor. In der ersten Jahrhunderthälfte erobern sie fast alle andalusischen Städte der Muslims. Am 29. Juni 1236 fällt die alte Hauptstadt des spanischen Kalifats Cordoba in die Hände der Spanier. Danach verbleibt den Muslims bis 1491 nur noch ein kleiner Staat um die Stadt Granada.

Dem Schlag im Westen folgt der im Osten, als 1258 die Mongolen Bagdad erstürmen und zerstören. Bei ihrem Vorrücken haben sie den ganzen Iran verwüstet und überall ihre Schädelpyramiden hinterlassen. So wird Kairo zum Stützpunkt der arabischen Kultur. Das ist im gewissen Sinne noch eine letzte Stätte der Bildung. Doch regieren zu der Zeit die Mamluken,

Kriegssklaven, die untereinander in ständiger handgreiflicher Rivalität stehen. Ungerechtigkeiten und Grausamkeiten sind deshalb an der Tagesordnung. Trotz aller negativen Erscheinungen sind die Machthaber jedoch bestrebt, etwas für die Kultur zu leisten, wenn es ihnen zeitlich möglich ist.

Vor allem engagieren sie sich in der Baukunst und prägen die Stadt durch neue Moscheen und einen Aquädukt, der die über der Stadt liegende Festung mit Wasser versorgen soll. Auch entstehen weiterhin Krankenhäuser, Bildungsstätten und Bibliotheken; doch sind häufig die Bibliotheken und die anderen Bildungsstätten in die Kämpfe zwischen den herrschenden Gruppierungen einbezogen. So werden die beiden Schulen, eine nach dem Sultan Ḥasan und die andere nach dem Sultan Šaʿbān benannt, zerstört, als zwei rivalisierende politische Gruppierungen um die Macht kämpfen.[13]

1496 wiederholt sich die Situation. Zwei Fraktionen kämpfen um die Macht. Die Angreifer besetzen die Moschee, Bibliothek und Bildungsstätte des Sultan Ḥasan, um von dort aus die über der Stadt thronende Festung mit Kanonen anzugreifen. Der Gegner antwortet in gleicher Weise und zerstört alles, was an Büchern und Einrichtungen vorhanden ist. Die Sieger, nachdem sie den Angriff zurückgeschlagen haben, rauben schließlich, was noch vorhanden ist.[14]

Das sind keine Einzelfälle, sie deuten an, wie instabil die inneren politischen Verhältnisse sind. Für Bildung und geistige Kultur ist zu jener Zeit wenig Gelegenheit. Das zeigt sich auch in vielen Schicksalen von Richtern und Gelehrten. Sie sind einem Druck ausgesetzt, der sie häufig resignieren lässt. Besonders deutlich wird das an den Richtern, oft die einzigen, die noch notwendiges Fachwissen erwerben müssen. In der Mamlukenzeit hat es sich ergeben, dass die Herrschenden, weil sie stets Geld brauchen, die Richterposten zum Kauf angeboten haben. Das hat verheerende Auswirkungen. Denn damit ist die Geldbörse entscheidend und nicht die fachliche Qualifikation.

Deshalb heißt es von dem Oberrichter in Damaskus Qawām ad-Dīn Muḥammad - ein studierter Jurist, der eine ausgezeichnete Karriere hinter sich hat, als er 1456 stirbt –, er sei einer der Richter, die ernannt wurden, ohne Geld anzubieten.[15]

Das Kaufen der Richterstelle ist also inzwischen eine weit verbreitete und allgemein übliche Variante. So erfahren wir über den Richter al-Maḥallī aus Alexandria, dass er viel Geld, aber wenig Fachbildung habe.[16] Der Mann ist mit 70 Jahren 1457 verstorben. Bei dieser Art des Ämterkaufs ist in den Quellen häufig die Formulierung zu finden, dass dieser und jener Richter mehrfach auf der Stelle bestätigt wurde – und dafür natürlich jedes Mal neu und reichlich bezahlen muss. So ergeht es dem Oberrichter al-Ḥimṣī der aus Syrien stammt, wo er auch mit seinen Studien begonnen hat. In Kairo ist er Stellvertretender Richter, steigt dann zum Richter des südlichen Ägypten auf, ehe er schließlich Richter von Aleppo und Damaskus und in dieser Funktion mehrfach bestätigt wird. Offensichtlich sieht er seinen Posten in Syrien als eine Art von auferlegtem Exil an. Deshalb bewirbt er sich für den Posten eines Richters von Ägypten. Das klappt aber nicht. Mit 80 Jahren stirbt er 1458.

Eine mehrfache Erneuerung seiner Stelle erfährt auch der Oberrichter von Mekka, al-Maḫzūmī. Er ist in der Stadt geboren und hat alles studiert, was möglich ist. Diese Art der erneuten Bestätigung ist also eine Form von wiederholter Geldzuwendung durch den Posteninhaber. Einer von denen, die nicht viel Fachwissen besitzen, ist Abū l-'Adl Qāsim. Er entstammt einer berühmten Richterfamilie jener Zeit. Bei seinem Vater hat er studiert, doch der Chronist bescheinigt ihm nur mäßige Kenntnisse.[17] Lange Zeit Stellvertretender Richter, ist er am Ende seines Lebens 1458 jedoch arm und bedürftig.[18]

All diese Richter haben versuchen müssen, ihren Posten so lukrativ wie möglich zu gestalten. Einer, der dabei offensichtlich übertrieben hat, ist Ibn Āqbars, der eigentlich nur stellvertretender Richter ist. In Kairo geboren; arbeitet er von Jugend auf in einem Ambra-Laden. Ambra oder Amber ist ein Duftstoff, der von Pottwalen gewonnen wird. In Kairo hat es zu jener Zeit einen florierenden Markt für dieses Parfümmaterial gegeben. Dann aber studiert er die Wissenschaften. Welche das sind, kommt in seiner Lebensbeschreibung nicht vor. Er wird in der Folgezeit stellvertretender Richter. In der Funktion kommt er in persönlichen Kontakt mit einem der Mamlukenfürsten, der später Sultan werden soll. Als der diese Würde erlangt hat, erhebt er aus der alten Bekanntschaft heraus Ibn Āqbars zum Oberaufseher der frommen Stiftungen. Danach wird er Marktinspektor in Kairo und steigt weiter auf, indem er Kontrolleur des dem Staat anvertrauten Eigentums wird. Während dieser Zeit bereichert er sich aus den ihm anvertrauten Mitteln in beachtlichem Umfang. Den Sultan interessiert das nicht, doch als er plötzlich stirbt, nimmt sich der Nachfolger diesen Ibn Āqbars vor. Er wird abgesetzt, eingesperrt und gefoltert. Das ganze Geld, das er besitzt, konfiszieren die Machthaber.

So lebt er den Rest seines Lebens in Armut. Wissenschaftliche Werke hat er nicht hinterlassen; nur einige satirische Verse. Im Jahr 1459 stirbt er. Diese Beispiele vermitteln einen Eindruck von der nachlassenden Qualität geistiger

Arbeit. Zugleich wird deutlich, wie brutal die Staatsmacht jederzeit eingreifen kann. Doch trotz dieser staatlichen Willkür existiert im mittelalterlichen Ägypten noch – im eingeschränkten Maß – Bildung und Kultur. Von den zahlreichen Krankenhäusern, die in der Zeit der Mamluken gebaut worden sind, hat sich ein einziges bis heute erhalten.

Der Sultan Qalā'ūn (gest. 1289) hat Syrien erobert und weitgehend die Schäden beseitigt, die durch die Mongolen dort hervorgerufen worden sind. In Kairo gründet er ein Krankenhaus, das an der Stelle des einstigen Fatimidenschlosses errichtet wird. In dem Gebäude gibt es große Säle für die verschiedenen Krankheiten wie innere Erkrankungen, Augenleiden und Frauenkrankheiten.

Dazu kommen Laboratorien, Küchen und Magazine mit Lebensmitteln und Medikamenten, eine Abteilung für Chirurgie, eine Ambulanzabteilung, auch eine Apotheke gehört dazu. Verbunden ist das Gebäude mit einer Moschee und einer Schule. In der alten Gestalt besteht das Krankenhaus bis zur Mitte des 19. Jahrhunderts. Dann wird es vernachlässigt und schrumpft zu einer Nervenklinik zusammen. Die Nervenkranken kommen schließlich in ein anderes Heim, das Krankenhaus wird eine Augenklinik, die heute noch in dem Gebäude existiert.[19].

Fast alle Mamlukensultane haben in der Zeit von 1250 bis 1516 Bildungsstätten geschaffen, die den Charakter einer Universität besitzen. Manche bieten die Ausbildung auf den Gebieten der vier islamischen Rechtsschulen an. Es gibt auch die Möglichkeit, Grammatik, Sprache, Philosophie und Naturwissenschaften zu studieren. Immer ist eine Bibliothek angeschlossen. Meist ist mit der Stiftungsurkunde festgelegt, wie viel und welche Bücher dazu gehören.[20]

Viele solcher Einrichtungen hat beispielsweise der Sultan Baibars in den Jahren 1261-1263 geschaffen. In jedem Jahrhundert kommen neue Einrichtungen hinzu. Dabei ist zu beobachten, dass auch außerhalb von Kairo solche Bildungseinrichtungen entstehen. Wir finden sie in Aswan im Süden und Alexandria im Norden; in letzterem Ort sind es insgesamt 25, im Süden drei.

Meist existiert ein ganzer Gebäudekomplex, zu dem eine Moschee, Bildungseinrichtung und Bibliothek gehören, manchmal ergänzt durch Wohngebäude für die Lehrkräfte und Studenten. Die Bibliothek bildet oft das Zentrum des Ganzen. Schon in den Stiftungsurkunden wird das festgelegt. Mithilfe baulicher Mittel sorgt man dafür, dass die Bibliothek stets mit Frischluft versorgt wird. Das gilt auch für das Tageslicht. Sonnenlicht darf aber nicht direkt auf die Schriften fallen. In der Nacht sind Öllampen in

Gebrauch. Mit Kupfernetzen hindert man die Vögel daran, in das Gebäude einzudringen. Einige dieser Einrichtungen verfügen noch über eine Küche. Dazu kommt Aufsichtspersonal. Die Bücher sind zuweilen in Bücherkästen untergebracht; häufiger jedoch an den Wänden in Regalen angeordnet, wozu Leitern bereit stehen.

Manche der Einrichtungen erlauben dem Wissensdurstigen selbst die Suche; in den meisten Bibliotheken ist das aber nicht erlaubt. Das Personal sucht dann die betreffende Literatur heraus. Kopisten stehen rund um die Uhr zur Verfügung, dazu kommen noch die Schreibmaterialien. Spezialbibliotheken existieren ebenfalls. Natürlich sind das interessante Bauwerke und letzte Zentren, die von der einstigen Größe der arabischen Wissenschaften künden. Allerdings muss man darauf verweisen, dass sich der wissenschaftliche Wert der Büchersammlungen in Grenzen hält. Häufig haben die Stifter verfügt, dass nur ein Thema angeboten werden darf. Und das ist überwiegend religiöse Literatur.

Wir haben einen gewissen Eindruck über die Verhältnisse durch ein Werk des ägyptischen Autors al-Qalqašandī (gest. 1418). Er hat gegen 1387 ein monumentales Buch verfasst, das eine Art Anweisung ist zur kunstgerechten Abfassung von Aufsätzen und Berichten, insbesondere für den Gebrauch ägyptischer Verwaltungsbeamter. Eigentlich aber stellt es eine enzyklopädische Übersicht der wichtigsten Wissensgebiete seiner Zeit dar. Die ganze Schrift umfasst heute im Druck 14 Bände.

In seinem ersten Band stellt al-Qalqašandī den Sekretären die verschiedenen Wissenszweige im arabischen Raum vor. Dabei fällt auf, dass er in den Naturwissenschaften und der Mathematik eigentlich keine Werke aus der früheren Glanzzeit mehr kennt. In der Medizin weiß er nur noch mit Ibn Sīnā etwas anzufangen; Rāzī, Sinān b. Ṭābit, ar-Ruhāwī, über die wir hier bereits berichtet haben, sind ihm völlig unbekannt. Dafür erwähnt er noch Ibn Nafīs (gest. 1290), der nur eine Kurzfassung des Werkes von Ibn Sīnā angefertigt hat. Dazu kommt noch ein Ibn Qiff, der das Werk Ibn Sīnās kommentiert hat. All diese Gelehrten haben kaum eigene wissenschaftliche Arbeit vorzuweisen.[21]

Genauso niederschmetternd sieht es in der Astronomie aus. Von den im entsprechenden Abschnitt hier angeführten Gelehrten erwähnt er nur zwei. Dafür sehr viele aus der Spätzeit und so unbekannte, dass der Herausgeber kaum genügend Angaben über sie findet.[22] Typisch aber für die Zeit von al-Qalqašandī ist der Umstand, dass er unter Wissenschaft die Zauberei, die Reiterei, die Kunst der Talismane und das Lesen der Sandzeichen (eine Spielart der Zauberei) zählt.

10 Der Innenhof des Krankenhauses in Kairo, das der ägyptische Sultan Qalā'ūn (starb 1289) erbauen ließ, zeigt den Bauzustand um 1870.

11 Bildnis des Philosophen und Naturwissenschaftlers Ibn Sīnā (starb 1037). Diese Abbildung – wahrscheinlich aus dem Iran – ist keine authentische Darstellung des bedeutenden mittelalterlichen Gelehrten.

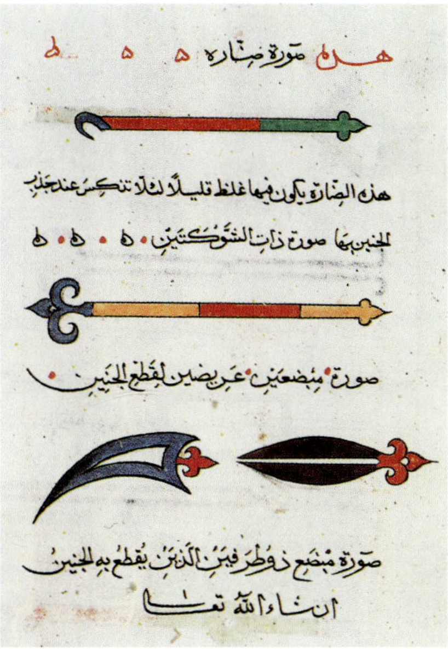

12 Darstellung chirurgischer Instrumente in einer Handschrift des Abū l-Qāsim az-Zahrawī (starb um 1009) aus dem Ende des 15. Jhs. Die abgebildeten Instrumente sind aus Schmiedeeisen, die Griffe aus Buchsbaumholz.
Mit diesen Klingen wurde die Nabelschnur des Neugeborenen abgetrennt.

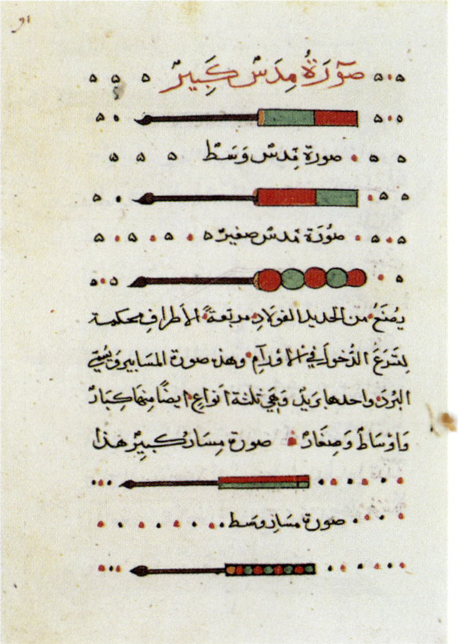

13 Pipetten, mit denen Medizin – zum Beispiel in die Füße – injiziert wurde.

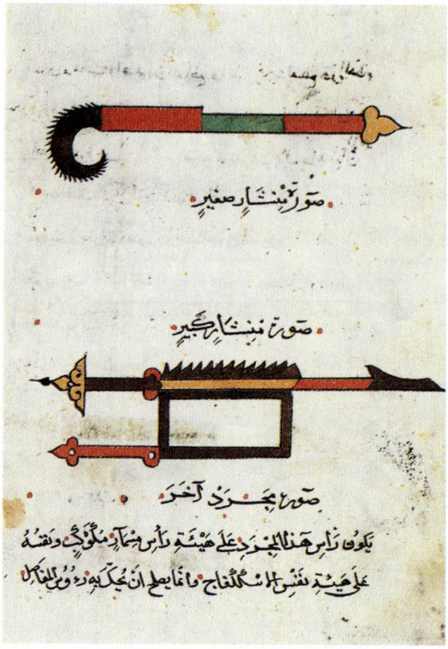

14 Instrumente zum Durchsägen von Knochen.

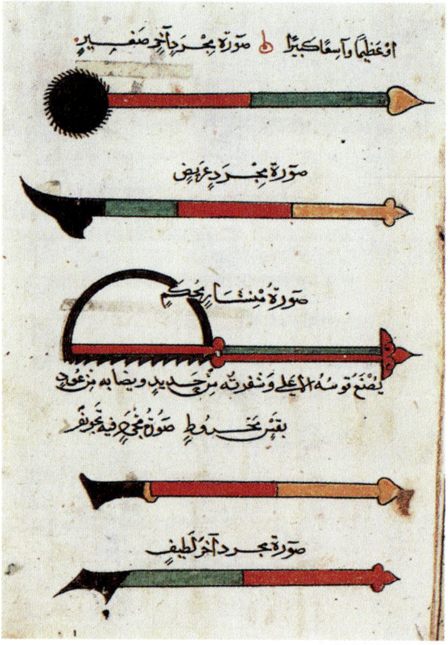

15 Auch diese Instrumente benutzte man zum Durchsägen oder Abtrennen von Knochen.

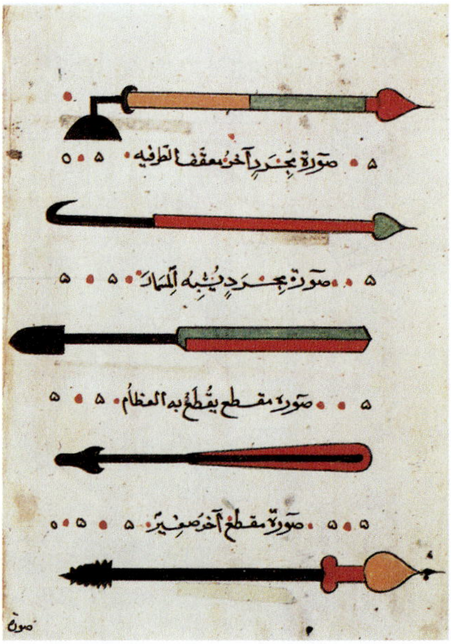

16 Pipetten und Spatel, mit denen man zum Beispiel Salbe auf die entsprechenden Stellen auftragen oder einbringen konnte.

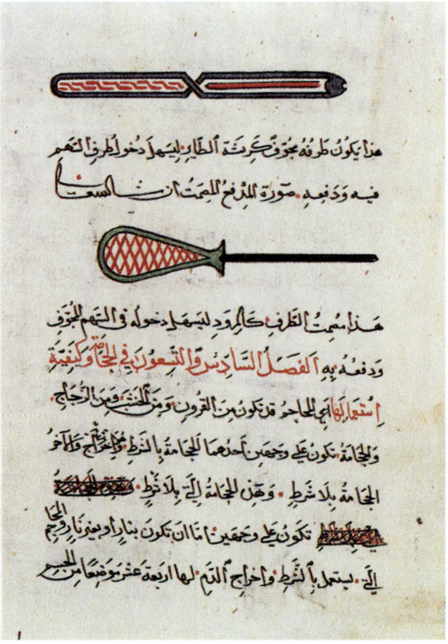

17 Mit diesen Pipetten konnte man Augensalbe einträufeln, aber auch kleine Mengen Flüssigkeit abmessen bzw. entnehmen.

18 Bei dieser Abendgesellschaft erkennt man im Oberteil des Bildes die klassischen arabischen Musikinstrumente: die Laute, die 40-50-saitige Harfe und die Rahmentrommel. Die beiden Letzteren findet man auch im unteren Bild bei der Volksbelustigung mit Maskenspielen.

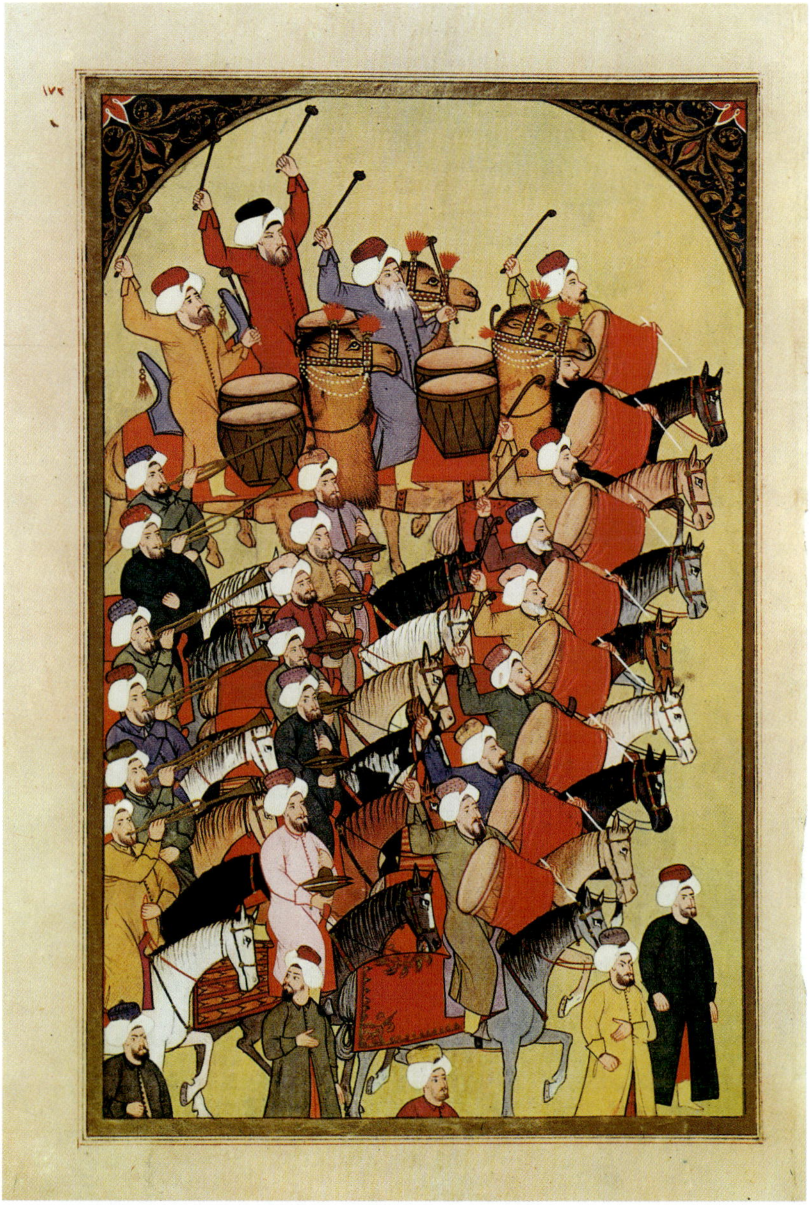

19 Osmanische Militärmusik aus der Mitte des 16. Jhs.

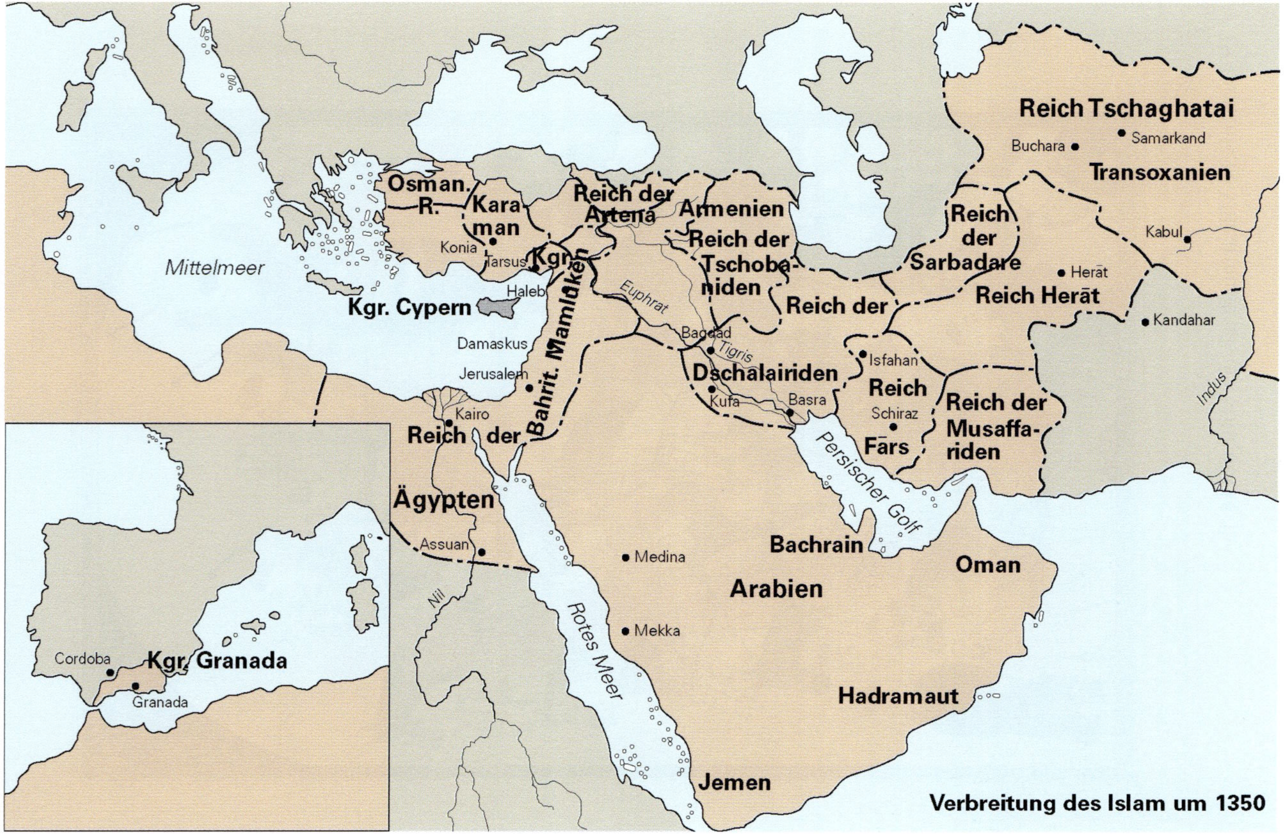

20 Die Verbreitung des Islam um 1350.

In der Geometrie ist ihm vieles nicht klar, wahrscheinlich nicht einmal der Begriff. Denn er versteht darunter auch die medizinische Leistung bei der wissenschaftlichen Erklärung des Auges durch Ibn Haiṯam. Dann erfindet er die „Wissenschaft der verbrannten Spiegel“ und führt erneut den Gelehrten als Fachmann an. Ihn finden wir auch bei der Wissenschaft der „Gewichtszentren“. Das Ganze setzt sich unter dem Begriff der Geometrie fort; die Erbauer der künstlerisch wie technisch originellen Wasseruhren sind ihm unbekannt.

In der Astronomie weiß er nichts von den großen Gelehrten der Araber; er führt eine 1337 verstorbene Person als Fachmann für das Berechnen von Sternen an. Genauso sieht es aus bei dem Bestimmen von Zeiten im Ablauf der Himmelskörper. Dann erfindet er wieder eine wissenschaftliche Fachdisziplin, die zur Astronomie gehören soll, die „Ausbreitung der Kugel“. Gemeint ist die Berechnung der Erdkugel; dabei taucht von den hier im Buch erwähnten Gelehrten nur al-Bīrūnī auf. Ganz finster sieht es bei ihm in der Mathematik aus; keine der Größen des Fachgebiets aus klassischer Zeit ist ihm bekannt.[23]

Der knappe Überblick macht das Dilemma des damals in Ägypten bestehenden Buchmarktes deutlich. Die klassische Literatur der einstigen wissenschaftlichen Disziplinen ist weitgehend unbekannt. Denn dadurch, dass der Osten und Westen des islamischen Reiches nichts mehr an Schriften liefern, ist man in Ägypten auf den vorhandenen Bestand angewiesen. Zwei Faktoren wirken so im negativen Sinn zusammen.

Der Verlust der Kenntnis einstiger Leistungen sowie die relativ beschränkten Bestände im Land prägen die Situation. Die Vielzahl von Bibliotheken in der Mamlukenzeit macht die Lage der Buchbeschaffung nur noch schwieriger. Nichts ist mehr von der Zeit einstiger Bibliotheken geblieben, wo man sich um die neuesten Bücher - wie beispielsweise im Irak - bemüht hat. Wenn man sich mit den Bildungsstätten und den Bibliotheken dieser Spätzeit befasst, dann vermittelt der finanzielle Aufwand dafür einen gewissen Eindruck, wie schwierig es gewesen sein muss, die Einrichtungen zu sichern.

So betragen allein die Personalkosten der Bildungsstätte des Sultans Qalā'ūn 46.000 Dirham monatlich.[24] Das Geld fließt weitgehend aus dem Gewinn gestifteten Landes. Hinzu kommen noch die Baukosten; denn in drei Jahren ist der Gebäudekomplex des Sultans entstanden. Täglich kostet ihm das 20.000 Dirham.[25] Der Leiter der Bibliothek verdient monatlich 100 Dirham. In anderen ähnlichen Einrichtungen liegt der Betrag niedriger. Gleichzeitig legt der Sultan fest, was die übrigen Angestellten der Bibliothek erhalten. Jeden Freitag, so lautet die Weisung, gibt es fünf Qintar (ein Qintar = 44,93 kg) Schaffleisch, 25 Qintar runde Brotlaibe und das Geld, das man für entsprechenden Reis, Granatäpfel, Fett, Brennholz und Gewürze benötigt. Dazu kommt noch der Lohn für die Mitarbeiter. Alles soll unter ihnen aufgeteilt werden.[26] Das vermittelt einen ungefähren Eindruck von der Höhe der laufenden Kosten. Die Aufwendungen für den Bücherkauf tauchen in den Darstellungen nicht auf. Zumeist werden Bücher in der Stiftungsmasse einfach nur als vorhanden erwähnt.

Äußere Faktoren für den Verlust des wissenschaftlichen Leistungspotenzials

Im Mittelpunkt dieses Abschnitts stehen die Kreuzzüge. Dabei sollen die einzelnen Kampfregionen im Nahen Osten und in Nordafrika nacheinander behandelt werden, wenn nicht aus inhaltlichen Gründen eine andere Vorgehensweise notwendig wird. Aus europäischer Sichtweise sind die Vorgänge vielfältig dargestellt worden, aber nicht aus der arabischen Perspektive. Den Ausbruch der Kreuzzüge muss man letztlich im Zusammenhang mit den seit viereinhalb Jahrhunderten hindurch erfolgten Angriffen arabischer Truppen gegen die Christen sehen: gegen Byzanz, in Spanien, Sizilien und Italien. Der byzantinische Herrscher Alexios I. Komnenos (reg. 1081-1118) bittet die christliche Welt um Hilfe gegen die in Kleinasien angreifenden Selǧuken.[27] Aus der Sicht des arabischen Autors ist eine Reaktion der Christen nicht verwunderlich. Als Papst Urban II. im Jahr 1095 auf dem Konzil von Clermont zum Kreuzzug nach dem Nahen Osten aufruft, ist die Konfrontation absehbar. Der Papst erhofft sich möglicherweise durch solch einen Schritt auch eine Wiedervereinigung der griechisch-orthodoxen mit der römischen Kirche. Aus arabischer Sicht sind auch bestimmte Händlerschichten in Südeuropa an Angriffen interessiert. Im Frühling 1097 versammeln sich zirka 150.000 Kämpfer in Konstantinopel, die dem Aufruf des Papstes gefolgt sind. Ihre Absicht ist es, in das heilige Land der Christenheit zu gelangen. Der Weg führt sie durch Kleinasien. Im Juni des Jahres erobern sie die Stadt Nikaia (heute Isnik); sie ist der Hauptstützpunkt der türkischen Selǧuken und Grenzfestung zu Byzanz; 1078 hatten die Selǧuken sie dem byzantinischen Reich abgenommen. In der Kirchengeschichte ist Nikaia, in der älteren Form Nicäa, bekannt durch das erste und siebente ökumenische Konzil. Im ersten Konzil im Jahr 325 ist hier unter anderem der Tag des Osterfestes festgelegt worden.

Der Angriff geht weiter; bald ist der größte Teil der kleinasiatischen Halbinsel unter der Kontrolle der Kreuzritter. In der Stadt Tyana teilt sich die Armee der Angreifer; ein Teil unter Balduin von Boulogne zieht in Richtung der Stadt Tarsos. Die andere Hälfte begibt sich nach Norden und rechnet sich aus, Hilfe von den christlichen Armeniern zu erhalten, die sie auf dem Weg erwarten. Tankred und Balduin von Boulogne dringen weiter vor und erobern die Hafenstadt Alexandrette, das arabische Iskanderūn, deren Hafengegend für ihr ungesundes Klima, bedingt durch Sümpfe in unmittelbarer Umgebung, berüchtigt ist. Die Kreuzfahrer aber sind froh, eine Hafenstadt am Mittelmeer in der Hand zu haben, um Nachschub auf dem Schiffsweg heranzuholen. Die versprengt agierenden Selǧuken leisten noch immer Widerstand. Sie können aber nicht verhindern, dass die Angreifer, obwohl es zu Konflikten zwischen Tankred und Balduin kommt, nach Edessa weiter ziehen. Die Stadt ist zu dieser Zeit hart umkämpft von arabischen und türkischen Machthabern, die nicht verstehen, welche Gefahr da heranrückt. 1086/87 hat sich die Stadt dem Selǧukenfürsten Malikšāh unterworfen. Dann jedoch erobert sie ein General des Sultans von Damaskus, der aber von einer griechischen Tänzerin vergiftet wird. Daraufhin bemächtigt sich ein Armenier namens T'oros (Theodoros) der Zitadelle der Stadt. Als Graf Balduin von Boulogne1097/98 in der Region erscheint, ruft ihn T'oros zum gemeinsamen Kampf gegen ihre Feinde nach Edessa, wo er ihn freudig empfängt. 15 Tage später wird T'oros umgebracht, wahrscheinlich von der Bevölkerung. Seit 1098 regiert Graf Balduin in der Stadt, die unter ihm viel zu leiden hat.[28]

Sein Vorrücken hat objektiv auch dem anderen Teil des Kreuzzugsheeres genutzt, da er viele Gegner an sich bindet, sodass der andere Heeresteil fast unbehelligt vorrücken kann. Der Weg führt sie über den Antitaurus, jenes Gebirgssystem, das sich nördlich von Adana erstreckt. Der höchste Gipfel beträgt 3.734 m. Die felsigen Wege entlang der Berghänge sind schmal und rutschig; viele Menschen und Tiere stürzen in die Tiefe. Ihr Ziel ist das nördliche Syrien, genauer die Stadt Antiochia (Antākija), die in der Hand eines Statthalters des Selǧukenfürsten Malikšāh ist.[29] Am 21. Oktober 1097 treffen die Kreuzfahrer vor den Toren der Stadt ein. Die Belagerung der stark gesicherten Festung und Stadt, zusätzlich noch durch natürliche Terrainverhältnisse geschützt, ist äußerst schwierig. Erst im fünften Monat können sie mithilfe eines Verräters unter furchtbarem Gemetzel in die Stadt eindringen. Drei Tage später taucht eine gewaltige arabische Armee auf, um der Stadt gegen die Angreifer zu helfen. Angeführt wird die Armee von dem Emir von Mossul namens Banū Uqail, der die Stadt 25 Tage lang belagert. Die Lage ändert sich, als man auf christlicher Seite angeblich eine heilige Lanze in einer Kirche findet. Es soll die Lanze gewesen sein, mit der ein römischer Soldat dem sterbenden Jesus am Kreuz in die Seite gestochen hat, um festzustellen, ob er bereits tot sei. Das begeistert die Belagerten so sehr, dass sie in einem Ausfall die zahlenmäßig weitaus stärkeren Gegner niederkämpfen.[30] Damit entsteht in Nordsyrien ein christlicher Kleinstaat, der 170 Jahre bestehen wird und bei Entstehen des späteren Königreichs Jerusalem einen Vasallenstatus erhält.

Das rasche Vordringen der Christen wirft die Frage auf, wie die inneren Verhältnisse aufseiten der Araber zu der Zeit ausgesehen haben. Einen Eindruck haben wir bereits durch den Fall der Stadt Edessa gewonnen. Den Norden Syriens beherrschen Verbände der Selǧuken. Die südlicheren Teile jedoch unterstehen den in Ägypten herrschenden Fatimiden, einer schiitischen Staatsmacht. Viele Jahre hindurch haben sich die Kräfte militärisch bekämpft; sunnitische Türken stehen gegen schiitische Ägypter. Andere arabische Kleinherrscher sind in der Gegend praktisch unabhängige Kriegsherren geworden. Das syrische Tripolis zum Beispiel untersteht seit 1069 einem Herrscher der Banū Munqiḏ. So existieren zahlreiche innere Konfliktherde, die sich aus kleinlichsten Interessen heraus ständig neu beleben. Allgemeine Unsicherheit breitet sich aus. Von einer einheitlichen Front gegen die christlichen Angreifer kann keine Rede sein. Um die Lage noch komplizierter zu machen, haben sich die Drusen im Südlibanon festgesetzt, christliche Splittergruppen in die nordsyrischen Gebirge zurückgezogen.[31] Eine islamische Sekte, die Ismāʿīlīja, die zu einer extrem schiitischen Richtung gehört und deshalb von allen Muslims feindlich behandelt wird, hat sich in den nordöstlichen Bergen versteckt. Die nordlibanesischen Maroniten zählen zu den Christen des Landes und sprechen teilweise noch das alte Syrisch. All diese Kräfte und religiösen Gruppierungen sind nur darauf bedacht, ihre Position auf Kosten der anderen zu stärken. Damit ist ein entscheidender Grund gegeben für die geringe Gegenwehr, denen die vorrückenden Christen begegnen. Wir werden später sehen, dass nur geringfügige militärische und finanzielle Mittel ausgereicht hätten, um christliche Stützpunkte wie Edessa zu beseitigen.

Zwei weitere Gruppen von Kreuzrittern ziehen weiter nach Süden, in Richtung Jerusalem. Die Truppenteile von Graf Raimund nehmen den Weg östlich des Nusairi-Gebirges; die Gottfrieds und Roberts entlang der Küste. Graf Raimund und seine Leute hinterlassen eine Spur der Verwüstung. Der Ort Maʿarra Nuʿmān wird mitsamt seinen Bewohnern angezündet, ingesamt sollen 100.000 Opfer verbrannt sein. Dann stoßen sie auf eine Kurdenfestung, die eine wichtige Straßenverbindung überwacht und 1031 von einem Statthalter im syrischen Ḥimṣ errichtet worden ist.[32] Die Festung kann nicht bezwungen werden. Die an der Küste vorrückenden Kreuzritter erreichen eine andere befestigte Stadt, al-Ǧabla. Da sie sich jedoch beeilen wollen, nach Jerusalem zu gelangen, lassen sie die Ortschaft unangetastet. Sie rücken weiter vor, da taucht das Gerücht auf, vom abbasidischen Kalifen aus Bagdad entsandt, rücke ein gewaltiges arabisches Heer gegen die Kreuzritter vor. Deshalb vereinigen sich die beiden vorrückenden Verbände. Die gemeinsame Route erstreckt sich entlang der Küste, die schon Alexander der Große einst gezogen ist. In Lādiqija stoßen sie noch auf byzantinische Kräfte, die völlig unabhängig aktiv sind. Die Kreuzritter halten es für besser, sich für den weiteren Weg Unterstützung zu beschaffen. Deshalb holen sie maronitische Christen, die ihnen den weiteren Weg weisen.[33] Einige Tage verweilen sie in den Gärten von Sidon (arabisch Saida); Akka erreichen sie ungefähr am 14. Mai. Auch in dieser Gegend gibt es stark befestigte Städte; die nicht angegriffen werden, um den Weitermarsch nicht zu verzögern. Fast verläuft die Aktion hier wie ein Spaziergang. Die Städte Qaisarija und ar-Ramla umgehen sie.

Am 7. Juni stehen sie vor dem Ziel ihrer Wünsche, Jerusalem. Die Truppenstärke beläuft sich auf zirka 40.000 Kämpfer, von denen ungefähr die Hälfte richtige Soldaten sind. Die ägyptische Garnison in der Stadt verfügt über zirka 1.000 Mann. Die Angreifer beginnen mit der Belagerung der Stadt; vor allem schneiden sie die Stadt von allen Zufuhren ab. An den Folgen der Belagerung werden zirka 70.000 Menschen in der Stadt sterben. Auch Alte und Frauen sind davon nicht ausgenommen.[34] Andere Quellen berichten von 65.000. Die Belagerung zieht sich über einen Monat hin. Schließlich gelingt die Einnahme der Stadt am 15. Juli 1099. Die Kreuzfahrer stellen ein furchtbares Gemetzel unter den Bewohnern der Stadt an, besonders auf dem Tempelplatz. Das steht in krassem Kontrast zu der toleranten Haltung des Kalifen 'Umar, nachdem er 638 Herr über die Stadt geworden ist. Damals hat man die christlichen Einwohner am Leben gelassen, ihre Besitztümer, Kirchen und Kruzifixe sind ihnen vertraglich zugesichert worden. Was in der Praxis auch geschehen ist. Unter den Kreuzfahrern sieht das anders aus; zu dem Morden kommt auch der Raub. So plündern sie die kostbaren Schätze im Felsendom.[35]

Die Stadt wird nun Hauptstadt des Königreiches Jerusalem. In ihr ändern die neuen Herren sehr viel. Sie errichten eine Kirche, die 1149 eingeweiht wird. Gleichzeitig verwandeln sie auch die vorhandenen Moscheen in Kirchen. Über dem Felsendom bringt man ein Kreuz an. In der dem Islam besonders heiligen al-Aqṣāmoschee wird zuerst eine Wohnanlage eingebaut, später ist sie Getreidespeicher und teilweise eine Abortanlage. Das neue Königreich sieht sich vor allem von den Ägyptern bedroht, die in dem nahen Askalon eine Garnison unterhalten. Durch einen Überfall auf diesen Posten wollen die Kreuzritter sich sichern, doch ihr Erfolg ist nur vorübergehend, denn die Ägypter halten die Stellung und ziehen einen eigenen Flottenverband zum Nachschub heran.[36] An der Spitze des neuen Staates soll Graf Raimund stehen, er lehnt jedoch aus Glaubensgründen ab. Nun fällt die Wahl auf Gottfried von Bouillon. Viele der Keuzfahrer sehen jetzt ihre Pflicht erfüllt und segeln nach Hause zurück. Vor allem italienische Schiffe stehen dafür bereit. Die Eigner der Schiffe sind Handelsgesellschaften, die sich jetzt günstige Marktchancen ausrechnen. Händler aus Pisa erlangen 1.100 spezielle Handelsrechte in Jaffa. Eine venezianische Flotte erobert Heifa; die Bewohner ruft man zusammen und bringt sie dann um. Die erwähnte ägyptische Flotte sieht sich außer Stande, gegen diese Flottenverbände etwas zu unternehmen. Einer, der noch immer unterwegs ist, ist Tankred. Er ist auf dem Weg in das Jordan-Gebiet. Hier ist die Ortschaft al-Baisān seine erste Eroberung, gelegen auf dem Weg vom Mittelmeer nach Damaskus. Nablus ergibt sich freiwillig. Er nimmt jedoch seinen Sitz in Tiberias als Gottfrieds Vasall. Im März 1101 aber zieht er sich nach Antiochia zurück, wo sein Onkel amtiert hat, der aber von einem Türkenherrscher namens Gumštigīn gefangen genommen wird. Dieser stammt aus dem iranischen Sīwās und hat dort eine eigene Dynastie aufgebaut. Einen Vorstoß nach Marʿaš hat er unternommen und dabei diesen Bohemund gefangen genommen. 1103 wird er für ein Lösegeld freigelassen.

Mit dem Tod des Königs Gottfried steht ein Machtwechsel an; neuer Herrscher wird Balduin, der deshalb aus Edessa kommt. Am Weihnachtstag 1100 wird er in Bethlehem gekrönt. Er ist ein energischer und aggressiver Herrscher; in seiner Regierungszeit 1100-1118 reicht die Macht des Königreiches Jerusalem von al-Aqaba am Nordufer des Roten Meeres bis Beirut im Norden. Sein Vetter und Nachfolger Balduin II. (reg. 1118-1131) erobert noch einige Städte, die direkt am Mittelmeer liegen. In der Breite reicht das Reich im Osten nur bis zum Jordan. Beirut und Sidon werden bereits 1110 erobert. Damaskus ist in der Hand des Atābeg Ṭuġtigīn, einem früheren Sklaven des Selǧukensultans Tutuš, dieser hat eine vertragliche Regelung mit Balduin. Der türkische Herrscher begründet eine eigene Dynastie, die Burīden, die bis 1154 regieren. Trotz des Abkommens erobert eine Flotte aus Genua im Jahr 1101 die Orte Arsuf und Caesarea. Die Genuesen sichern sich ein Drittel der Beute und besetzen bestimmte Stadtteile, um dort Handelsniederlassungen zu schaffen. Aber Tyrus, begünstigt durch seine natürliche Lage auf einer Halbinsel, bleibt bis 1124 und Asqalon bis 1153 in arabischer Hand. In der Region südlich des Roten Meeres baut Balduin eine gewaltige Festung, um die daran vorbeiführende Handelsstraße von Damaskus nach Innerarabien und nach Ägypten zu kontrollieren.

In Syrien ist Tripolis zu der Zeit der wichtigste Hafen. Graf Raimund hat darauf ein Auge geworfen, schon als er südwärts nach Antiochia und Jerusalem zieht. Nach der Schaffung des Königreichs kehrt er dorthin zurück und beginnt 1101 seine Belagerung. Um die Stadt Tripolis zu isolieren, baut er zwei Jahre später eine Burg auf der gegenüberliegenden Seite der Flussmündung. Die Stadt liegt auf der anderen Seite. Um die Burg entwickel sich später ein christliches Quartier. Die Belagerung zieht sich lange hin, obwohl sich aus den Bergen christliche Freiwillige zu den Angreifern gesellen. In der Zwischenzeit erobert er 1104 zusammen mit der Flotte der Genuesen den Ort Jubail; das wird später der südlichste Punkt der Grafschaft Tripolis werden. Raimund stirbt 1105, ohne sein Ziel hinsichtlich Tripolis erreicht zu haben. Die belagerte Stadt hält sich bis 12. Juli 1109.[37] Nun existieren zwei Gebiete, Edessa und Antiochia, die sich freiwillig dem König in Jerusalem als Vasallen unterstellt haben. Tripolis untersteht dem König direkt. Diese vier staatlichen Formen sind die ersten europäischen Gebilde auf arabischem Territorium. Ihr kleiner Teil Syriens, den sie ausmachen, steht einem riesigen islamischen Gebiet gegenüber. Keine der Kreuzfahrerstädte ist vom Feindesland weiter entfernt als ein Tagesmarsch. Darüber hinaus sind die Kreuzfahrer in ihren Gebieten nur sehr wenige. Solche wichtigen inländischen Städte Syriens wie Aleppo, Hama, Hims, Balbek und Damaskus werden nie erobert, selbst nicht in der Zeit, als sie Tribut an die Christen zahlen müssen. Jährlich hat Nūraddīn Zengī, der Statthalter in Damaskus, an die Christen 8.000 Dinar zu entrichten.[38]

Insgesamt stellt der christliche Staat mit seinen Rivalitäten und Konflikten in den Führungskreisen mehr ein Kapitel der europäischen Politik dar als der arabischen Geschichte. Natürlich entwickeln sich langsam zwischen den Eindringlingen und den ursprünglichen Einwohnern normale Beziehungen. Die Fremden sind ja in das Land mit der unerschütterlichen Überzeugung gekommen, dass sie jenen, die sie als Ungläubige bezeichnen, weil sie angeblich Muḥammad als Gott anbeten, weit überlegen seien. Die Muslims sind über die Unkultur dieser Eindringlinge absolut entsetzt. Einer der arabischen Zeitgenossen des Vorrückens der Franken, wie die Araber die Christen nennen, ist der Edelmann, Höfling und Literat Usāma b. Munqiḏ (1095-1188). Er schildert seinen Eindruck, als er sie sieht, mit den Worten: „Sie sind Tiere, die die Tugenden von Mut und Kampfbereitschaft haben, sonst nichts."[39] Die Worte machen die tiefe Kluft zwischen den beiden Kulturen deutlich. Nur sehr zögernd entwickelt sich ein bisschen Normalität zwischen beiden Seiten. Die Christen stellen kundige und geschickte Handwerker und Bauern aus der örtlichen Bevölkerung ein. Sie bringen Pferde, Falken und Hunde mit und setzen durch, dass bei ihren Jagdunternehmungen kein Überfall auf sie erfolgen darf. Händler und Reisende müssen sich sicheres Geleit verschaffen. Die Kreuzritter nutzen die für das Klima günstigere arabische Kleidung. Sie bekommen Geschmack an arabischen Speisen mit solchen für sie neuen Ingredienzen wie Zucker und Gewürzen. Bald bevorzugen sie die Form des arabischen Hausbaus; mit großen Innenhöfen und Wasseranlagen. Einige von ihnen heiraten auch Einheimische; die Kinder aus diesen Ehen nennen die Araber nur „So und so".

Der bereits erwähnte Statthalter von Damaskus, Nūruddīn Zengī, ist der erste aus einer Reihe arabischer Militärführer, die dem Vordringen der Christen definitiv ein Ende setzen. Ursprünglich hat er die Stadt Mossul unter seiner Gewalt. Er ist Sohn einer Sklavin des türkischen Sultans Malikšāh und baut sich ein kleines Reich zusammen, das vor allem Aleppo, Harran, Mossul und Damaskus umfasst. Die von ihm begründete Dynastie existiert von 1172-1262. Ihm kommt aus Sicht der arabischen Historiker das Verdienst zu, den ersten Schlag gegen die Kreuzfahrer geführt zu haben. Dieser Angriff richtet sich gegen Edessa. Wegen ihrer relativen Nähe zu Bagdad und ihrer Kontrollfunktion über die Hauptverbindungen zwischen dem Iraq und dem Mittelmeer bedeutet ihre Besetzung durch die Christen eine ständige Gefahr. Nach einer Belagerung von vier Wochen wird Edessa 1144 erobert. Dieses Gebilde des christlichen Staates ist stark befestigt, doch schwach verteidigt. Mit der Wiedergewinnung ist die gefährliche Bedrohung der Beziehungen Syriens zum Iraq beseitigt. In Europa empfindet man den Fall von Edessa als eine Kampfansage. Deshalb beginnt der zweite Kreuzzug (1147-1149), geführt von Konrad III. aus Deutschland und Louis VII. von Frankreich. Mit einer Armee französischer und deutscher Ritter, mit Templern und Truppen aus Jerusalem belagert man vier Tage lang vergeblich Damaskus. Nichts wird auf dem zweiten Kreuzzug erreicht.

Nun müssen wir vorrübergehend den Blick nach Westen richten. An der Küste des heutigen Tunesien liegt die Stadt al-Mahdīja; sie ist das Zentrum des arabischen Widerstands gegen den christlichen Vormarsch in Spanien und auf Sizilien. Deshalb richtet sich 1122 eine Operation der Kreuzfahrer, vor allem der Normannen, gegen diesen Ort. Viele Probleme begleiten die Aktion. Der Versuch der Angreifer scheitert, heimlich so viel Informationen einzuholen, dass der Überfall überraschend erfolgt. Da die belagerte Stadt rechtzeitig davon erfährt, kann der Statthalter eine große Armee zusammenstellen, viele Waffen herbeischaffen und die Befestigungen noch verstärken. Außerdem ruft er arabische Stämme auf, sich zu beteiligen. So kommen auf Seiten der Verteidiger zirka 100.000 Mann und 10.000 Reiter zusammen, die dem Feind Widerstand leisten wollen.[40] Ein starker Sturm auf dem Mittelmeer schädigt die Vorhut der Angreifer. Einige ihrer Schiffe versinken in den Fluten.[41] Von einem der Schiffe, das die Küste erreicht, erfahren die Verteidiger weitere wichtige Nachrichten über den zu erwartenden Angriff. Ende Juli 1123 trifft der Hauptverband der Normannen ein. Sie haben unterwegs eine der vorgelagerten Inseln besetzt. Insgesamt beträgt die Zahl der Angreifer ca. 30.000 Soldaten und 1.000 Reiter. Sie greifen nicht sofort die Stadt an, weil sie mit großem Widerstand rechnen. Ihr Angriff richtet sich zunächst gegen eine vorgelagerte Insel, die den Namen al-ʿAḥāsī trägt und ungefähr 6 km vor der Küste liegt. Von dort aus entsendet man zwei Schiffe, die Ausrüstungen an Land bringen sollen, damit von hier aus eine Belagerung möglich ist. Die Verteidiger aber zwingen die beiden Schiffe zur Abkehr, ohne dass sie ihre Aufgaben erfüllen. Der Feind kann jedoch am 28. Juli durch Verrat eine Festung vor der Stadt erobern; die Normannen töten die Soldaten darin und setzen 100 eigene Leute ein. Darauf ergreifen die muslimischen Verteidiger die militärische Initiative. In einer der folgenden Juli-Nächte erobern sie mit einem Überraschungsangriff die Insel al-ʿAḥāsī. Die Christen flüchten auf ihren Schiffen und hinterlassen ihre Ausrüstungen, Waffen und Pferde.[42] Einen Angriff richten die Muslims gegen eine weitere eroberte Insel; etwa acht Tage belagern sie das Lager des Feindes, da er keine Unterstützung erhält, flieht er auf seinen Schiffen nach Sizilien. Eigene Leute werden in der Eile zurückgelassen; als sie zu fliehen versuchen, werden sie getötet.

Der Sieg ist wichtig. Der Feind hat nicht mit solch einer raschen und energischen Gegenwehr gerechnet. Auch ist es dadurch zu keiner Koordinierung eines gleichzeitigen Land- und Seeangriffs auf die Stadt gekommen. Darüber hinaus sind die Europäer nicht so hoch motiviert wie die Muslims, die wissen, wofür sie kämpfen. Der Sieg über die gefährlichen Feinde verbreitet sich rasch in der ganzen islamischen Welt. Dabei aber darf man nicht vergessen, dass der Feind langfristig geplant hat. Nachdem seine Ziele einer raschen Eroberung der Gebiete um die Stadt al-Mahdīja gescheitert sind, versucht er eine andere Taktik. Er macht Angebote für Verhandlungen. Da man eine so große Armee nicht ständig unterhalten kann, sind die Muslims in einer nicht ganz einfachen Lage. Einen gewissen Eindruck von der neuen gegnerischen Taktik des Gegners bekommen die Verteidiger von al-Mahdīja, als sie erfahren, welche Bedingungen der Gegner durchsetzt, als sich ein kleinerer arabischer Feudalherr an der afrikanischen Küste zu konkreten Gesprächen mit den Christen bereit findet. Das bedeutet Auslieferung an den Feind. Damit rechnet sich Letzterer aus, sich Stück für Stück seinem Ziel zu nähern. Da es aber unter den Muslims zu Reibereien über Hilfe zur Verteidigung kommt, sehen die sizilianischen Normannen eine Chance, die Stadt al-Mahdīja in die Hand zu bekommen. Sie schicken eine Flotte dorthin; die Belagerung dauert 70 Tage, ohne dass sie ihr Ziel erreichen. Dafür stehlen sie alle Waren, die sie auf den Schiffen im Hafen der Stadt finden.

Nun sieht die Taktik der Normannen vor, alle Gebiete an der afrikanischen Küste zu erobern, bis auf die von al-Mahdīja beherrschten. Dieser gespannte Zustand dauert sechs Jahre. 1141 versuchen die Normannen erneut,[43] in al-Mahdīja Entscheidendes zu erreichen. Als Vorwand dienen irgendwelche finanziellen Forderungen. Der Angriff erreicht erneut nicht sein Ziel, weil die Muslims durch geschickte Verhandlungen ein sachliches Verhältnis herstellen können, das ihre Fortexistenz in der Stadt unangetastet lässt. Zur endgültigen Beruhigung der Lage für die Muslims trägt ganz entscheidend bei, dass sich die Normannen in Sizilien in die Auseinandersetzung um den Papst Innozenz II. (amtierte 1130-1143) einschalten. 1130 ist dieser von Frankreich, Deutschland, Spanien und England anerkannt worden. Die Normannen unter ihrem Anführer Roger II. unterstützen den Gegenpapst Anaklet II., der 1139 dafür mit dem päpstlichen Bann belegt wird. Im selben Jahr zieht der Papst mit einem Heer gegen Roger II.; er wird aber am 22. Juli von Roger II. gefangen genommen. Letzterer zwingt den Papst, den Bann wieder aufzuheben, ihn, Roger II., als König anzuerkennen und ihm und seinen Erben Apulien, Capua und Kalabrien als Lehen zu geben.[44] Nachdem er den ganzen Süden Italiens erobert hat, wendet er sich unter einem Vorwand gegen Byzanz und erobert 1147 Korfu, das er bis 1149 behält, und plünderte das griechische Festland.[45] Damit ist der König von Sizilien in ganz anderen Regionen beschäftigt.

Zu einer Isolierung der nordafrikanischen Region trägt im Jahr 1142 der Ausbruch der Pest bei, die einige Jahre andauert.[46] Der nächste Angriff der Christen richtet sich gegen das heute in Libyen liegende Tripolis. Die Stadt hat sich unter einem Statthalter namens Ibn Ḫazrūn unabhängig gemacht, muss aber seinem stärkeren Nachbar gewisse Abgaben entrichten. Ein erster Versuch, die Stadt zu erobern, ist 1142 gescheitert. 1145 wiederholt sich der Vorgang. Die Verhältnisse scheinen den christlichen Angreifern günstig. Denn in der Stadt ist eine Hungersnot ausgebrochen. Darüber hinaus ist es in ihr zu militanten Auseinandersetzungen gekommen; ein großer Teil der Bevölkerung lehnt das Regime des Ibn Ḫazrūn wegen seiner Grausamkeit ab. Doch die Bemühungen, eine Erleichterung der Lage zu erreichen, scheitern. Nun versucht die Mehrheit einen Aufstand, der ebenfalls keinen Erfolg bringt. All das bleibt Roger II. nicht verborgen. 200 Schiffe schickt er los, um die Eroberung durchzusetzen. Die Belagerung zu Wasser und zu Land beginnt. Da trotz der drohenden Gefahr die Konflikte in der Stadt weitergehen, haben die Angreifer relativ leichtes Spiel. Sie rauben die Stadt aus; töten viele Bürger und lassen die Befestigungsanlagen wieder herstellen. Dann setzen sie einen neuen Statthalter ein, nehmen aus seiner Familie einige Geiseln und reisen mit ihnen nach Sizilien zurück.[47]

Auch die Stadt al-Mahdīja fällt 1148 in die Hände der Christen. Dazu trägt wesentlich bei, dass die Stadtbewohner auf der vorgelagerten Insel Qauṣara einige Spione installiert haben, die Meldung geben sollen, wenn Feinde anrücken. Die Flotte der Christen aus Sizilien, 250 Schiffe, können die Insel erobern. Man kehrt die Spione in dem Sinne um, dass man sie veranlasst, beruhigende Nachrichten in die Stadt zu melden.[48] Doch der Überraschungsangriff scheitert wegen anhaltender Windstille. In ihrer Not greifen die Angreifer zu einer List und lassen der Stadt mitteilen, das sie mit friedlichen Absichten gekommen seien. Die Stadtbewohner beraten sich und sind uneins. So können schließlich die Christen eindringen und umbringen, wer nicht fliehen kann. Die Stadtleitung mit allen Familienmitgliedern wird zwangsweise nach Sizilien verschleppt. Die Stadt besitzt jedoch für das weitere Vorgehen der Christen nicht mehr die zentrale Bedeutung, deshalb verweilen sie nur eine Woche in ihr, in Tripolis dagegen ein halbes Jahr. Ihr nächstes Ziel ist schon fixiert. Es handelt sich um die nördlich von al-Mahdīja gelegene Ortschaft Sousse, heute noch in Tunesien gelegen.[49] Roger II., der sich gern als „König von Afrika" bezeichnen lässt, stirbt indes 1154.

Zwei Jahre später beginnt der Aufstand der Araber gegen die christlichen Besetzungen Nordafrikas. Ausgangspunkt ist die Stadt Sfax, südlich von al-Mahdīja in Tunesien gelegen. Zwar haben die Christen auch aus der Stadt Geiseln genommen, doch ist mit denen heimlich abgesprochen, dass bei günstiger Gelegenheit der Aufstand beginnen soll. Die Araber sammeln unbemerkt Waffen; in der Nacht des 1. Januar 1156 während eines christlichen Festes beginnt die Aktion. Alles Drohen der Christen, die Geiseln zu töten, hilft nichts. Die herrschenden Christen sind nicht auf solch eine Lage eingerichtet; sie müssen die Stadt unverzüglich verlassen. Dieser Funken des Widerstands weitet sich zu einem Flächenbrand aus, der die christlichen Besitzungen hinwegfegt. Das lybische Tripolis fällt 1158; nur al-Mahdīja ist noch in der Hand der Christen. Doch die Muslims beginnen die Stadt zu belagern. Sie sind erfolgreich, obwohl aus Sizilien 20 Schiffe mit Nahrung und Soldaten herbeieilen. 1160 wird der Sieg endgültig in der Stadt und in ihren benachbarten Gebieten, in denen sich noch Christen verschanzt haben, durchgesetzt.[50]

Auch in Palästina entwickelt sich nach dem Fall von Edessa die Lage zugunsten der Araber. Inzwischen ist aus der um Aleppo ansässigen Herrschaftsfamilie der Zengī der Sohn Nūruddūn Maḥmūd an die Macht gekommen.

Er leistet den Christen viel erbitterter Widerstand als ehedem sein Vater. 1154 erobert er Damaskus, das von einer anderen türkischen Dynastie beherrscht wird. Damit hat er jedes Hindernis zwischen seinem Land und dem besetzten Jerusalem beseitigt. Zunächst befreit er die Gebiete in der Umgebung von Edessa, um diese Stadt besser sichern zu können. Deren einstiger christlicher Herrscher Joscelin II. liegt in Ketten in einem muslimischen Gefängnis.[51] Nūruddīn erobert ebenfalls Teile des Fürstentums von Antiochia; den jungen Herrscher Bohemund III. und dessen Verbündeten Raimund III. von Tripolis nimmt er fest. Beide werden jedoch später gegen Lösegeld freigelassen. Der erste nach einem Jahr Haft; der zweite nach neun Jahren.

In Palästina ist die Festung Askalon – 1153 von den Christen erobert, womit für sie der Weg nach Ägypten geöffnet worden ist – noch immer in christlicher Hand.[52] Inzwischen tritt jedoch eine Entwicklung ein, die für das ganze Land von großer Bedeutung werden soll. Denn der Regionalfürst Nūraddīn verfügt über einen fähigen Militärführer, der in dem zusammenbrechenden Fatimidenstaat bis zum Minister des letzten Herrschers dieser Dynastie al-ʿAḍid (reg. 1160-1171) aufgestiegen ist. Als der Militärführer stirbt, wird er durch diesen Neffen ersetzt. Der Neffe ist Saladin. 1138 in Tikrit am Tigris geboren – seine Eltern sind Kurden – ist der Vater unter der Zengī-Dynastie Statthalter in Balbek gewesen. Über Saladins Ausbildung ist wenig bekannt. In der Jugend hat sein Interesse der theologischen Literatur gegolten. Er taucht erstmals 1164 in der Öffentlichkeit auf, als er seinen Onkel bei dessen erster Reise nach Ägypten begleitet. Zwei Ziele steckt er sich bereits früh. Zum einen die völlige Beseitigung der schiitischen Macht und Geisteswelt in Ägypten. Dafür wird die sunnitische Lehre, die Anschauungswelt der Mehrheit der Muslims, wieder eingeführt. Demonstrativ bezeichnet er 1171 im Freitagsgebet in Kairo den Kalifen in Bagdad als das geistliche Oberhaupt.

Damit ist das Ende der Fatimiden besiegelt. Sein anderes Ziel ist die Vertreibung der Christen aus Syrien und Palästina. Das muss umfassend vorbereitet werden. Nach Nūruddīns Tod erklärt sich Saladin in Ägypten für unabhängig. Dann erobert er Syrien. Nūruddīn hat einen elfjährigen Herrscher hinterlassen, der leicht zu besiegen ist. Jetzt stellen sich auch die beiden heiligen Städte, Mekka und Madina, hinter Saladin. Im Mai 1175 erhält er auf seine Bitte hin von dem Kalifen in Bagdad den Besitz von Ägypten, Nordafrika, Nubien, Westarabien, Palästina und Zentralsyrien zuerkannt. Teile der Ländereien sind noch in den Händen der Christen. So betrachtet Saladin sich als der alleinige Sultan.

Doch hat er noch ein weiteres Problem. Auf sein Leben sind zwei Mordanschläge verübt worden, die von einer islamischen Geheimorganisation gesteuert werden. Der Anführer derselben, genannt der Alte vom Berge – sein richtiger Name lautet Rāšid ad-Dīn Sinān – residiert in einem unzugänglichen Bergkastell im Iran. Das Ziel dieser Terrororganisation ist es, Feinde aller Art zu vernichten, gleich ob Muslims oder Christen. Gegen den einstigen Nūruddīn hat es zwei fehlgeschlagene Angriffe gegeben. 1130 ist ein fatimidischer Kalif ermordet worden. Von den Christen fällt Raimund II. von Tripolis 1152 einem Attentat zum Opfer; auch den neu gewählten König von Jerusalem, Konrad von Montferrat, trifft es 1192. Die Mörder sind mit vergifteten Dolchen ausgerüstet und verrichten ihre blutigen Mordanschläge todesmutig unter Preisgabe ihres Lebens.[53] Die Europäer nennen diese Mörder Assassinen; der Begriff hat sich im Französischen bis heute erhalten. Im Arabischen nennt man sie Ḥašīšījūn, weil sie oft mit Drogen zu tun haben. Religiös gehören sie zur schiitischen Splittergruppe der Ismāʿīliten. Für die Anhänger der Richtung gibt es auch andere Namen wie Nizārīs.[54] Weil Saladin bewusst ist, welche Gefahr von diesen Extremisten ausgeht, belagert er deren syrische Festung Maṣjād im Jahr 1176 so lange, bis ihm die Assassinen versichern, dass auf ihn keine weiteren Angriffe erfolgen werden.[55] Der Anführer der syrischen Assassinen hat sich vorübergehend von der zentralen Festung der Geheimbewegung, Alamūt im iranischen Kirmān, unabhängig gemacht. Er hat sich einen Informationsdienst in der Form einer Taubenpost zugelegt, sodass er über – für andere übernatürliche – schnelle Fähigkeiten der Information besitzt.

Nun wendet sich Saladin gegen die Christen. Die Siege folgen in rascher Folge. Am 1. Juli 1187 erobert er Tiberias, nachdem er es sechs Tage belagert hat. Dann folgt die Schlacht bei Ḥiṭṭīn vom 3.-4 Juli. Es ist ein Freitag, eigentlich ein Tag des Gebets und der bevorzugte Wochentag Saladins für große Auseinandersetzungen. Die Zahl der Christen beläuft sich auf 20.000 Mann, doch alle leiden derart unter Hitze und Durst, dass sie kaum kämpfen können. So gerät fast die gesamte Staatsspitze in die Hand des Siegers. Der König von Jerusalem ist darunter, ihm bereitet Saladin einen freundlichen Empfang. Reginald von Chatillon hingegen, der Feind des Friedens, erfährt eine andere Behandlung. Er ist skrupellos in seinem Vorgehen. Im Besitz der Festung al-Karak, hat er häufig friedliche Karawanen überfallen und ausgeplündert, trotz vertraglicher Regelungen. Reginald erhält kein Begrüßungsgetränk von Saladin angeboten; er und alle Angehörigen der Orden der Templer und Hospitaliter werden hingerichtet. Dieser Sieg in der Schlacht bedeutet viel. Nach einer Woche Belagerung fällt Jerusalem; die christliche

Garnison der Stadt ist in der Schlacht gefallen. Am 2. Oktober 1187 zieht Saladin in die Stadt ein. In der al-Aqṣā-Moschee ertönt wieder der Gebetsruf des Muezzins; nicht mehr das Läuten der Christen. Das goldene Kreuz auf der Kuppel des Felsendoms wird entfernt. Keiner wird ermordet, keiner wird beraubt. Diejenigen von den lateinischen Christen, die die Stadt verlassen wollen, können es gegen ein Kopfgeld tun. Auf diese Summe verzichtet Saladin ganz, wenn es sich um weniger bemittelte Gläubige oder Arme handelt. Er schickt den Ausziehenden sogar bewaffnete Krieger mit, damit sie unterwegs nicht beraubt werden. Die Christen griechisch-orthodoxen Glaubens wollen nicht ausziehen. Sie können bleiben und werden nicht zu Sklaven gemacht.[56]

Die Wiederherstellung der al-Aqṣā-Moschee ist eine vordringliche Aufgabe für den Sultan. Sie muss von allem Schmutz gereinigt werden, auch die von den Christen vorgenommenen baulichen Veränderungen werden entfernt. Eine Inschrift gibt bis heute darüber Auskunft, dass Saladin erneut den Miḥrāb, die Wandnische, die die Richtung nach Mekka angibt, eingebaut und die ganze Moschee im originalen Zustand wiederhergestellt hat. Die Rüstkammer der Tempelritter im südwestlichen Teil der al-Aqṣā-Moschee wird umgebaut und erhält den Namen „Moschee der Frauen". Eine Predigerkanzel, die bereits vor längerer Zeit in Damaskus für die Jerusalemer Moschee angefertigt worden ist, transportiert man jetzt an ihren Bestimmungsort. Das Kreuz über der Grabeskirche wird entfernt. Die Glocken werden zerstört. Zunächst ist christlichen Pilgern der Besuch der Kirche verboten. 1192 wird die Regelung aufgehoben. Das große Johanniterhospiz erhält als fromme Stiftung die 'Umar-Moschee; die Kirche in dem Hospiz-Komplex wird ein Krankenhaus. Das Frauenkloster bei der Annenkirche müssen die Nonnen verlassen; das ganze Gebäude wird eine mit reichen Besitzungen ausgestattete Schule, die den Namen Saladins trägt. Auch die Stadtmauer lässt er wieder herstellen.

Nach dem gewaltigen Erfolg in Jerusalem wendet sich Saladin gegen die restlichen christlichen Enklaven in Syrien und Palästina. In einer Reihe militärisch ausgezeichneter Aktionen werden die meisten der feindlichen Besitzungen erobert. Keine vermag Widerstand zu leisten, da sie ihre besten Leute in der Schlacht bei Ḥiṭṭīn verloren haben. Zuerst wendet sich Saladin gegen Norden und erobert Lāḏiqīja, auch Latakia geschrieben, dann folgen Jabala und Ṣihaun; darauf wendet er sich nach Süden und befreit die Orte Šaqīf Arnūn, Kaukab, eine von den Christen neu gebaute Burg am Jordan, und Safad. Alle diese Orte und noch kleinere fallen vor dem Jahr 1189. Die Kreuzfahrer sind schon so gut wie aus dem Land vertrieben. Nur Antiochia,

Tripolis und Tyrus haben sie noch unter ihrer Kontrolle. In Europa ruft der militärische Erfolg Saladins große Unruhe hervor. Deshalb einigen sich europäische Herrscher, unter Zurückstellung bilateraler Konflikte, darauf, einen neuen Kreuzzug durchzuführen. Es ist der dritte, und er findet von 1189-1192 statt. Unter den Angreifern ist der deutsche Kaiser Friedrich I. Barbarossa, aus England kommt König Richard I. Löwenherz und aus Frankreich König Philipp II. Das sind die drei mächtigsten Herrscher Europas. Hinsichtlich der Anzahl der Kreuzritter ist er einer der größten Kreuzzüge.

Jedoch steht er unter keinem guten Stern. Die Truppen des deutschen Kaisers schlagen den Landweg über Kleinsasien ein. Bei dem Marsch durch das Taurusgebirge kommt die Truppe in die Küstenebene von Seleukia. Hier erfüllt sich unerwartet das Schicksal von Kaiser Barbarossa. Er ertrinkt am 10. Juni 1190 im Fluss Saleph (heute Göksu), die Umstände sind bis heute ungeklärt. Der ganze Zug der deutschen Ritter bricht in sich zusammen.[57] Die Mehrzahl der Ritter kehrt unverzüglich heim. Die anderen beiden Könige reisen auf dem Meer; unterwegs erobert Richard I. Zypern, später letzter Fluchtpunkt nach ihrer Vertreibung aus Palästina und Syrien.[58] Die noch verbliebenen Christen beschließen, die Stadt Akkon als Schlüssel für die Wiedergewinnung der früheren Gebiete zu erobern. Deshalb bildet sich eine Armee aus den kleinen Resten der kaiserlichen Truppen und den bereits eingetroffenen französischen Kreuzrittern. Saladin erkennt die Absicht und besetzt die Stadt, um den Plan der Angreifer zu vereiteln. Der Kampf wird zu Land und auf See geführt. Auch Richard I. trifft schließlich ein. Die Truppen setzen neue Mittel gegen den Feind ein; einem Mann aus Damaskus gelingt es mit Explosivmitteln, drei der hölzernen Belagerungstürme der Angreifer zu zerstören. Doch die Stadt und ihre Garnison sind durch den Angriff getrennt; Saladin sichert die Kommunikation zwischen beiden durch Taubenpost und Schwimmer. Doch es hilft nichts; nachdem die Stadt vom 27. August 1189 bis 12. Juli 1191 belagert worden ist, müssen die Belagerten eine vertragliche Übergabe der Stadt aushandeln. Saladin soll unter anderem 200.000 Goldstücke bezahlen, wofür die arabischen Gefangenen aufseiten der Christen freigelassen werden sollen. Als das Geld am vereinbarten Tag nicht eintrifft, lässt Richard I. die 2.700 arabischen Gefangenen hinrichten. Damit wird klar, welch Geist die Angreifer leitet. Saladin seinerseits lässt fast alle seine Gefangenen frei.[59] Er tut alles, um die Spannungen abzubauen. Am 2. November 1192 wird zwischen beiden Seiten Frieden geschlossen. Darin ist die Regelung enthalten, dass die Küste südlich der Stadt Tyros den Christen untersteht; das Landesinnere einschließlich Jerusalem bleibt islamisch-arabisch. Auch hat man Regelungen für Pilger getroffen, die auf ihrem Weg nicht belästigt werden dürfen.

Saladin hat nicht die Möglichkeit, sich lange an dem Frieden zu erfreuen. Am 19. Februar 1193 wird er mit hohem Fieber nach Damaskus gebracht und stirbt 12 Tage später im Alter von 55 Jahren. Sein Grab ist bis heute in der Umajjaden-Moschee in Damaskus zu sehen. Er ist keineswegs nur Krieger und Heerführer gewesen; er hat Gelehrte unterstützt, theologische Studien gefördert und Schulen sowie Moscheen gegründet. Eines seiner herausragenden Bauwerke ist die über der Stadt Kairo errichtete Zitadelle. Der Bau beginnt 1183. Zu seiner Führungsgruppe gehören berühmte Gelehrte. Einer ist der Richter al-Fāḍil, der ihm als Minister dient und selbst eine Schule in Kairo gegründet hat, zudem ein anerkannter Dichter und großartiger Stilist ist. Deshalb sammelt man später die von ihm verfassten Schreiben in 100 Bänden.[60]

Ein anderer Gelehrter in seiner ständigen Begleitung ist der Rechtsgelehrte al-ʿImād al-Iṣfahānī, der an der in Bagdad eingerichteten Universität mit Namen Nizāmīja unterrichtet. Als er davon hört, dass Saladin von Kairo kommend nach Damaskus gehen wird, schließt er sich ihm dort an. Er teilt sich mit seinem oben erwähnten Kollegen die Arbeit, indem er die Verwaltung von Syrien inne hat. Richter al-Fāḍil ist dann für Ägypten zuständig. Al-ʿImād, der auch als Autor bekannt ist, stirbt 1201 in Damaskus.[61] Saladins Privatsekretär Šaddād verfasst später seine Biografie. Nachdem Saladin das schiitische Fatimidenregime in Ägypten beseitigt hat, verteilt er die vorgefundenen Schätze. Darunter ist historisch bekannter Schmuck. Beispielweise ein kostbarer Saphir, der von den alt-persischen Herrschern stammt. Die Abbasiden in Bagdad besitzen ihn; der bekannte Kalif Hārūn ar-Rašid (reg. 786-809) lässt ihn beim Betrachten in den Tigris fallen, aus dem man ihn wieder herausholt. Dann besitzen ihn die Selǧuken (1038-1157); von ihnen ist er zu den Fatimiden gelangt.[62] Saladins Reichtümer erhalten die Truppen und seine Vertrauten; für sich behält er nichts. Als er stirbt, hat er ein Vermögen von 47 Dirham und ein Goldstück.[63] Das Reich, das er geschaffen hat und das sich von Ägypten bis zum Tigris erstreckt, wird unter seinen Söhnen aufgeteilt.

Keiner von ihnen besitzt des Vaters menschliche und strategische Fähigkeiten. Der erste Sohn al-Malik al-Afḍal soll die Krone weiterführen und erhält Damaskus, ein anderer Kairo, ein dritter Aleppo und Saladins jüngerer Bruder al-ʿĀdil die Festungen al-Qarak und aš-Šaubak. Zwischen 1196 und 1199 nutzt al-ʿĀdil die Gelegenheit eines Streits zwischen den anderen Verwandten, um die Herrschaft über Ägypten und den größten Teil Syriens an sich zu reißen. Er kann im Wesentlichen den Staat seines Bruders wieder schaffen und hat dafür eine historische Pause genutzt, die zwischen dem vierten und fünften Kreuzzug liegt. 1212 taucht der Kinderkreuzzug auf; 1217 folgt die Aktion des Königs von Ungarn. Mit den christlichen Staaten unterhält al-'Ādil sachliche Beziehungen; ihm liegt daran, den Handel zu fördern.[64] Er gestattet den venezianischen Kaufleuten, in Alexandria Geschäfte zu eröffnen; den Pisanern erlaubt er in der gleichen Stadt die Errichtung von Konsulaten.[65] Der König gründet in Damaskus eine nach ihm benannte Schule, die er teilweise erbaut hat; das Gebäude ist heute der Sitz der Arabischen Akademie von Damaskus.[66]

Noch kurz vor seinem Tod hat er erfahren, dass Kreuzfahrer Angriffe gegen den ägyptischen Küstenort Damiette beginnen, der 18 km südlich der Mündung des östlichen Nilarmes liegt. Die Kreuzfahrer haben schon vorher erste Versuche unternommen; jetzt will man aus zwei Gründen Entscheidendes durchsetzen. Erstens hat man aus den bisherigen Vorgängen in Palästina gelernt, dass man seine Besitzungen dort nur dauerhaft sichern kann, wenn man auch Ägypten kontrolliert. Zweitens, und dafür macht sich Venedig stark, ermöglicht ihnen die Besetzung Ägyptens den Zugang zum Roten Meer. Deshalb greift nun der König von Jerusalem, Johann von Brienne (reg. 1218-1221), die kleine ägyptische Stadt an, die auch in seine Hände fällt, kurz danach aber von den Arabern zurückerobert wird.[67] Nach dem Tod des Sultans al-'Ādil zerfällt das Reich unter seinen zahlreichen Nachkommen in Ägypten, Damaskus und Mesopotamien.[68] Andere Nachkommen aus der Familie beherrschen Ḥama, Ḥimṣ und den Jemen. Die in Ägypten regierenden Teile sind die dominierenden und erheben immer wieder Ansprüche auf Syrien. Die Konflikte in den eigenen Reihen hören nicht mehr auf.

Unter den christlichen Resten der Kreuzfahrer sieht es nicht viel besser aus. Doch nutzen die Christen noch die Schwäche auf der arabischen Seite und erobern nacheinander Beirut, Safad, Tiberias, Asqalan und sogar 1229 Jerusalem. Das alles ist aber nur möglich, weil die arabische Seite nur mit sich selbst beschäftigt ist. Die erneute Ausdehnung des christlichen Gebietes hat die dringende Notwendigkeit gezeigt, neue Kreuzfahrer einsetzen zu müssen. Das jedoch geschieht nicht. Hinzu kommen innere Querelen aller Art. Die Venezianer stehen gegen die Genuesen, noch schlimmer sieht es zwischen den Templern und Hospitalitern aus.[69] Dazu gesellen sich die persönlichen Konflikte zwischen hohen Führungsgestalten um den leeren Titel des Königs von Jerusalem. In ihren dauernden Schwierigkeiten stützen sich die potenziellen Kronprätendenten zuweilen auf arabische Hilfe. Der erste

Widerstand auf arabischer Seite regt sich in Gestalt des Herrschers al-Kāmil (reg. 1218-1238), der Ägypten regiert. Syrien unterstellt sich ihm aus freien Stücken. Er hat sich vor allem mit der ägyptischen Küste zu befassen, an der die Kreuzfahrer aufgetaucht sind. Sie richten, wie bereits oben angedeutet, ihr Hauptaugenmerk auf Ägypten, wo sie schließlich die Stadt Damiette erobern. Nach zwei Jahren Kampf, von November 1219 bis August 1221, vertreibt er sie aus der Stadt. Doch bietet er den Gegnern danach freien Abzug an. Wie er überhaupt an Wirtschaft sehr interessiert ist. Deshalb legt er in Ägypten Bewässerungskanäle an und schließt mehrere Wirtschaftsabkommen mit den Christen. Darüber hinaus ist er sehr an theologischen Themen interessiert, was auch das Christentum mit einschließt. Die christlichen Kopten Ägyptens zählen ihn zu den wohltätigsten Herrschern, die sie je hatten. Aus dem erwähnten Interesse heraus wendet sich der König auch an den bedeutensten Mystiker jener Zeit, ʿUmar b. al-Fārīd (1181-1234). In völliger Bedürfnislosigkeit lebt er meist als Einsiedler auf den Höhen östlich von Kairo und wird von der Bevölkerung als Heiliger verehrt.[70] Sein Grab am Fuße des Berges wird noch heute oft besucht. Seine Gedichte sind in einem Diwan zusammengestellt; es sind nicht sehr viele, doch gehören sie zu den besten der arabischen Literatur. Ihn bittet der Sultan zu Gesprächen zu sich, doch der Einsiedler lehnt stets ab.

Die Kreuzzug-Idee begegnet immer größeren Schwierigkeiten. Dazu gehört auch der Feldzug von Kaiser Friedrich II. (1194-1250) Der hat zwar anfangs herzliche Beziehungen zum Papst gepflegt; gleichzeitig aber seine Macht dahingehend ausgebaut, dass er von seinem sizilianischen Stammsitz aus eifrig Machtpolitik treibt. Dabei gerät er allmählich in Kollision mit der päpstlichen Einflusssphäre, wie sich bald zeigen soll. 1227 zieht er sein Heer in Brindisi zusammen.[71] Vor allem Deutschland stellt Ritter, trotzdem bleibt die Heeresstärke unter den Erwartungen. Der Feldzug stockt. Als die Truppe 1227 in See sticht, bricht an Bord eine Seuche aus. Der Thüringer Landgraf stirbt daran. Auch der Kaiser selbst erkrankt und sucht in dem berühmten Heilbad Pozzuoli bei Neapel Genesung. Ein Teil des Kreuzheeres setzt die Fahrt fort. Papst Gregor IX. (1170-1241), der nach dem Vorgänger Innozenz III. 1227 die Macht übernommen hat, aber sieht seine Chance und belegt Kaiser Friedrich II. am 29. September mit dem Bann, weil er sich in Süditalien nicht an die Abmachungen gehalten hat. Dadurch wird der Kreuzzug entwertet und neue Konflikte mit dem Papst stehen auf der Tagesordnung.

Alle Bemühungen, den Streit beizulegen, scheitern. Trotzdem beginnt Friedrich II. Ende Juni 1228 seine Reise. Als er am 7. September in Akkon eintrifft, jubelt zwar die Bevölkerung, doch der lateinische Klerus ist gegen ihn. Mit dem König al-Kāmil jedoch erreicht der Kaiser – der übrigens Arabisch spricht – einen Vertrag, wie ihn andere mit einer Riesenarmee nie erreicht haben. Denn der König sagt ihm nicht nur Jerusalem zu, sondern auch noch einen Korridor nach Akkon.[72] Auch bietet der König dem Kaiser jede Hilfe an, vor allem gegen andere arabische Regionalherrscher. Die Zugeständnisse erscheinen sehr weitgehend, doch dem König ist nicht entgangen, dass die Machtbasis der Christen immer schwächer wird. Auch ist Jerusalem nicht mehr befestigt; während des 5. Kreuzzuges zerstören arabische Truppen die Stadtmauern. Trotz des scheinbaren Erfolgs sieht sich der Kaiser in einer schwierigen Lage. Deshalb zieht er am 17. März 1229 nach Jerusalem[73] und dokumentiert seinen Machtanspruch; der dortige Patriarch verweigert seine Mitwirkung. Dem Akt schließen sich Konflikte mit den Templern an. Deshalb bricht er am 1. Mai mit seinen Truppen wieder nach Italien auf. In endlosen Konflikten mit dem Papst und dessen Getreuen vermag der Kaiser keine Entscheidung zu seinen Gunsten durchzusetzen und stirbt als Verfolgter.

Ganz anders als den freigeistigen deutschen Kaiser behandelt der Papst den strenggläubigen französischen König Ludwig IX. (1215-1270). Da mit ihm keinerlei Konflikte über Süditalien bestehen, kann der Papst den Herrscher bevorzugen; er gewinnt eine Vormachtstellung. Das erweist sich auch in dem Kreuzzugsbestreben; dieser sechste Kreuzzug soll sich gegen Ägypten richten. Dabei verfolgt man das alte Konzept, durch eine beabsichtigte Eroberung Kairos in Palästina leichteres Spiel zu haben. Über Zypern segelt man nach Ägypten. Das Ziel ist erneut Damiette. Die Stadt ergibt sich am 6. Juni 1249 ohne Widerstand. Der Nil ist gerade in die Phase der Überflutungen eingetreten. Beim Vorrücken der Armee müssen überschwemmte Flächen und tiefe Kanäle durchquert werden. In den angreifenden Einheiten breiten sich gefährliche Krankheiten aus. Die Verbindungslinien zwischen den einzelnen Truppenteilen werden unterbrochen. Im April 1250 ist das Debakel vollkommen. Der König mit den meisten seiner Beamten wird von den örtlichen Verantwortlichen festgenommen.

Inzwischen kommt es zu entscheidenden Veränderungen in Ägypten. Die Dynastie, der König Kāmil angehört, ist im November 1249 zu Ende. In einem Interrregnum übernimmt die Ehefrau des letzten Vertreters der alten Dynastie die Macht im Staat. Die energische und weitblickende Frau trägt den poetischen Namen „Perlenbaum“ (Šağara ad-Durr). Drei Monate regiert sie, indem sie den Tod ihres Mannes verheimlicht und das Eintreffen des Thronfolgers aus Mesopotamien erwartet. Dieser Mann findet nicht die Anerkennung der sich in Ägypten durchsetzenden Mamluken. Die Militärsklaven übernehmen jetzt selbst die Macht. Der erste von ihnen ist Aibeg. Er hat der früheren Dynastie als Statthalter von Damaskus gedient;[74] außerdem hat er ein ertragreiches Lehen im Ḥaurān-Gebiet. Nach einem Monat Haft werden König Ludwig und seine Leute für ein Lösegeld von 8.000 Goldbyzantinern und der Abtretung Damiettes freigelassen.[75] 1248 stirbt Aibeg. Er hat sich durch zahlreiche Bauten verewigt. In Damaskus hat er drei theologische Hochschulen gebaut, eine vierte in Jerusalem. Die Handelsstraßen sichert er durch die Errichtung von Raststätten. Seinen Leichnam transportiert man nach Damaskus, wo er in einem für ihn gebauten Mausoleum beigesetzt wird.[76] Ludwig IX. schifft sich mit dem Rest seiner Armee 1251 nach Akkon ein. Er erobert Tyros und Caesarea. Alle diese Hafenstädte, dazu kommen noch Haifa und Sidon, sichert er durch Festungsbaumaßnahmen. Er bleibt in Palästina, bis ihn 1254 der Tod seiner Mutter nach Frankreich zurückruft. 1270 unternimmt er auf Anregung seines Bruders Karl von Anjou einen neuen Kreuzzug. Diesmal soll Tunis das Ziel sein. Eine Seuche rafft jedoch einen großen Teil des Heeres weg, und Ludwig selbst wird ein Opfer der Krankheit. Papst Bonifatius VIII. (1235-1303) spricht ihn 1297 heilig.

Unter den Mamluken ist der vierte Sultan Baibars (1223-1277) einer von denen, die den Resten der Kreuzfahrer in Palästina und Syrien den letzten Schlag versetzen. Seinen ersten entscheidenden militärischen Erfolg erreicht er gegen die vorrückenden Mongolen, deren Vorhut schon bis Gaza gekommen ist. Am 3. September 1260 führt er seine Truppen in der Schlacht bei dem palästinensischen Ort Goliathsquelle gegen die Feinde, die bereits Teile Syriens erobert haben. Es ist ein entscheidender Sieg, denn damit wird das weitere Vordringen der Mongolen entscheidend gestoppt. Baibars hat die Vorhut geführt und sich durch unerschrockene Tapferkeit hervorgetan. Er ist es, der 1260 als Sieger in Kairo einziehen kann.[77] Doch muss er geschickt und vorsichtig sein; er ist von Feinden umgeben.

Im Norden herrscht der christliche König von Armenien. Im Westen ist fast der ganze Küstenstreifen von Kreuzfahrern besetzt. Im Inneren machen die noch immer existierenden Assassinen das Leben unsicher und im Osten schwirren noch immer die nach Rache sowie Beute strebenden Mongolen umher. Auch ist unklar, ob nicht ein nächster Kreuzzug bevorsteht. Zunächst wendet er sich gegen die Kreuzfahrer, die inzwischen untereinander verfeindet sind. Die Konflikte schürt er, indem er die einen durch Schikanen aufreizt, sich mit den anderen jedoch verbündet. Die Unterstützung aus Europa ist zu spärlich, und der Tod Ludwigs IX. befreit ihn von seinem gefährlichsten Feind.

Jetzt führt er in sieben Feldzügen die ersten Schläge gegen die Kreuzritter. Zuerst wird die Macht des Fürsten Bohemund von Tripolis untergraben, als Baibars das dem Herrscher ebenfalls gehörende Antiochia am 21. Mai erobert.[78] Der schwere Vorwurf gegen die Stadt lautet dahin, dass sie freundliche Beziehungen zu den Mongolen unterhalten hat. Deshalb setzt er hier eine exemplarische Strafe durch. Die christliche Garnison, etwa 16.000 Mann, kommt bei dem Angriff ums Leben. Die übrigen christlichen Bewohner, man spricht von 100.000, werden in die Sklaverei abgeführt. Die Preise werden gleich festgelegt. Ein junges Mädchen soll fünf Dirham kosten, ein Kind 12 Dirham. Dann wird die Stadt mit der Zitadelle und den Kirchen angesteckt.[79]

Die Stadt erholt sich nicht wieder von dem Schaden, der sie damals getroffen hat. Jaffa erobert er ohne jeglichen Widerstand 1268. Jedes Jahr macht er solche Feldzüge. 1263 eroberte er die Festung al-Qark.[80] Er schädigt die Templer durch die Besetzung von Ṣafed und der Burg Sāfiṯā 1266; die in Ṣafed gefangenen 2.000 Gegner werden hingerichtet. Die Johanniter vernichtet er 1271 durch die Eroberung ihrer stärksten und sichersten Festung Ḥiṣn al-Akrād, ein militärisches Meisterwerk des Mittelalters. Dazu genügt dem Sultan eine Belagerung vom 24. März bis 8. April. Die Festung untersteht dem christlichen Herrn von Tripolis[81] und kontrolliert die Küstenverbindung von Nordlibanon mit Syrien.

Dann greift er die Bergfestungen der Assassinen an; diese, so hat er erfahren, sind eng verbündet mit den Johannitern und zahlen ihnen teilweise Tribut. Noch zur Zeit von Ludwig IX. ist eine Delegation der Assassinen zu ihm nach Akkon gekommen und hat ihm Geschenke gebracht. Dazu gehören gläserne Tiergestalten.[82] Nun reduziert er die Burgen dieser Gegner, indem er ihre Schlupfwinkel zerstört. Das sind die Burgen Maṣjad, al-Qadmūs, al-Kahf und al-H̱awābi.[83] Danach gibt es in Syrien keine Stützpunkte der Assassinen mehr. Nach diesen entscheidenden militärischen Erfolgen beeilen sich die noch übrig gebliebenen christlichen Gebiete, Frieden anzubieten. Das betrifft das an der syrischen Küste gelegene Tartus, das von Templern gehalten wird, die Baibars Geschenke sowie 300 arabische Gefangene überreichen, um Schonung für ihr Gebiet zu erlangen. Auch die Hospitaliter in al-Marqab sehen sich zu ähnlichen Schritten genötigt. Das ist jedoch nur eine Atempause, die sie sich damit verschafft haben. In Europa ist die Kreuzzugsidee verblasst; alle Anstrengungen von Papst Gregor X. (gest. 1276), der selbst als Erzdiakon von Lüttich in Palästina war, einen neuen Kreuzzug zu initiieren, scheitern unter anderem an der Uneinigkeit von Frankreich und Deutschland. Auch das Verhältnis der Griechen zu Rom ist gespannt.[84] Das alles ist den Arabern im Nahen Osten natürlich weitgehend unbekannt.

Als neuer Herrscher der Mamluken mit weitreichender Wirkung betritt Qalā'ūn (reg. 1279-1290) als sechster Sultan in Folge den Schauplatz der Geschichte. Zuerst hat er sich mit Widersachern aus den eigenen Reihen zu beschäftigen. Das betrifft die syrische Seite, wo sich Unzufriedene gemeinsam mit den Mongolen gegen ihn verbündet haben. Sie schlägt er 1279 vernichtend. Dabei aber muss er feststellen, dass seine unmittelbaren Gegner durch eine Koalition aus Armeniern, Kreuzfahrern und Geogiern unterstützt werden. Das hat ernste Folgen. Nachdem er erneut seine Gegner bezwungen hat, schließt er mit den verbliebenen[85] Kreuzfahrerstaaten in Tripolis und Tartus einen Friedensvertrag. Auch mit der Stadt Akkon kommt 1283 solch eine Regelung zu Stande. Als erstes bestraft er die Armenier für ihre Beteiligung an den Angriffen gegen ihn. Für ihre Partnerschaft mit den Mongolen müssen sie miterleben, wie er ihr Land verwüstet und plündert. Dann wendet er sich gegen die christlichen Positionen in Syrien. Um das überraschend zu vollbringen, scheut er sich nicht, bestehende Verträge zu brechen.

So überfällt er 1285 die Christenfestung Marqab und lässt die Schutzwälle derselben so schnell unterwühlen und unbrauchbar machen, dass die Besatzung sich ergibt. Schwere Fälle behandelt er auf seine Weise. Das betrifft die Festung Maraqīja, die einem Lehensmann des Fürsten Bohemund VII. von Tripolis gehört. Qalā'ūn bedrängt den Fürsten und droht ihm so direkt, bis er sie seinem Lehensmann abkauft und zerstören lässt.[86] Margarete von Tyros muss dem Sultan den Frieden unter demütigenden Bedingungen abhandeln. 1289 entschließt er sich, die größte Stadt der Kreuzfahrer anzugreifen, Tripolis. Er belagert die Stadt, die sich bald ergeben muss. Die letzten Christen haben vorher auf venezianischen Schiffen das Land verlassen. Er lässt die Stadt weitgehend zerstören und einige Kilometer vom Strand entfernt wieder aufbauen. Als nächstes will er Akkon erobern, doch stirbt er vorher unverhofft.

Sein Sohn al-Ašraf (reg. 1290-1293) setzt den Angriff gegen die Stadt fort. Nach einem Monat Belagerung, in der die Araber 92 Katapulte gegen die Feinde einsetzen, wird die Stadt im Mai 1291 gestürmt. Die Hilfe aus Zypern ist vergebens. Die Templer in der Stadt werden hingerichtet. Plünderungen geschehen; die Festungen werden zerstört.

Diese Niederlage[87] besiegelt das Schicksal der noch verbliebenen christlichen Reste. Tyros fällt am 18. Mai, Sidon am 14. Juli und Beirut kapituliert am 21. Juli, Tartus wird am 3. August erobert. Mitte dieses Monats fällt die

Festung ʿAṯlīṯ endgültig und wird zerstört. Damit ist eines der dramatischsten Kapitel der Geschichte Syriens und Libanons abgeschlossen.

Die Araber sind die Erfinder eines umspannenden Welthandels. Geographisches Zentrum dafür ist der Irak, da er in der Zeit von etwa dem 9.-12. Jahrhundert im Schnittpunkt der Überland- und Seeverbindungen liegt. Diese Handelsausdehnung reicht im Westen bis nach Nordafrika und Spanien, im Süden nach Ostafrika, im Norden nach Russland sowie dem Ostseebecken und im Osten nach Indien, China und Korea.[88] Der Seehandel betrifft die afrikanische Verbindung und Indien, sonst bevorzugt man Landrouten. Als Importwaren sind zu nennen: Gold und Sklaven aus Ostafrika; Pelze, Sklaven, Panzerrüstungen und Schwerter aus Osteuropa und von den Türken. Fischleim kommt von den Chazaren; Moschus aus Tibet; indisches Blei aus Malakka; Seide, irdenes Geschirr und Papier aus China; Teppiche und Gebetsteppiche aus Armenien; Gewürze, Edelsteine, Drogen, Lanzen und Kampfer aus Indien; gewobene Seidenstoffe, Papier, Pelze und Sklaven aus Transoxanien; Gebetsteppiche, Mützen, Früchte und Getränke aus dem Iran; Brokat, Leinen, Zedernholz und Teppiche aus dem byzantinischen Reich.[89] Die Transaktionen werden in Waren oder in barem Geld abgewickelt. Die Kaufleute haben in den Handelszentren verschiedener Gegenden Bevollmächtigte für sich eingesetzt; zum Beispiel im Norden Sumatras.

Unter diesen Bedingungen entstehen spezielle Geschäftsformen. Da existiert der Makler; der Stapelkaufmann, der eine Art Aufkauf tätigt, und der Depotkaufmann, der mit seinen Agenten arbeitet und damit die Waren verschiedener Gegenden sammelt.[90] Vor allem der Kalifenhof braucht ständig Luxusgüter. In den Städten entwickelt sich das Gewerbe der Bankiers und Geldwechsler. Diese vermitteln häufig den Handel und finanzieren ihn. Oft geschieht das bargeldlos durch Verrechnung. Die Kaufleute nutzen Kreditbriefe (suftağa), die eine Art Zahlungsanweisung und Reisescheck zugleich sind. Die Araber erfinden auch in Verbindung mit dem Fernhandel den Scheck. In Arabisch heißt das Wort „šakk“ und lautet in Persisch sehr ähnlich.[91] Schecks benutzt man zur direkten Bezahlung und zur Begleichung von Wechseln.[92] Kreditoperationen spielen im Fernhandel eine große Rolle, deshalb übernehmen viele Geldwechslerfirmen die Rolle von Banken. Weil im Islam der Wucher durch den Koran verboten ist, beschäftigt man in diesen Wirtschaftsvorgängen vor allem Nichtmuslims; zum anderen erfindet man allerlei Rechtskniffe und Umgehungsgeschäfte, um für Muslims einige Arten von Kreditgeschäften nutzen zu können. Die Händler verdienen teilweise sehr gut und bilden in manchen Großstädten eine eigene soziale Schicht.

Alte Handelsrouten werden von den Arabern teilweise wieder genutzt. Die erste kommt aus China und beginnt in den Stromgebieten des heutigen Huangho und des Jangtsekiang und passiert die Wüste Gobi. Von dieser aus führt die nördliche Route durch die Oase Chami, dann nordwärts längs des Tienschan-Gebirges durch das Gebiet am Balkasch-See und an der Stadt Talas vorüber. Dann, dem Syrdarja-Fluss folgend, geht es nordöstlich zum Aral-See und dem Kaspischen Meer.[93] Die mittlere Straße führt südlich vom Tienschan-Gebirge durch das nördliche Ost-Turkestan durch die Städte Chami, Turfan, Qaraschahr, Kutscha und Aksu nach Kaschgar, von dort weiter über den Terekpass nach Ferghana und durch die Städte Samarkand, Buchara und Merw nach Persien. Die südliche Handelsroute führt von der Wüste Gobi durch das südliche Ost-Turkestan und die darin gelegenen Städte Chotan und Jarkand,[94] dann über die Hochebene von Pamir und durch Afghanistan nach dem Pandschab (Indien) und über die Pässe von Bamian und Gazni nach Multan im heutigen Pakistan. Die Handelsstraßen sind teilweise einige 1000 Jahre alt und tragen bisweilen den Beinamen der Seidenstraße. In dem erwähnten Ort Turfan findet man bei Grabungen 1902-1915 Schriften in verschiedenen orientalischen Sprachen, die in das erste Jahrtausend v. Chr. zurückreichen. Kleinere Karawanenwege, die sich teilweise mit einer der drei großen Routen verbinden, gehen von Indien nach Persien durch Sistan, ein anderer führt über Gazni und Kabul nach Afghanistan.[95]

In Verbindung mit dem Handel verpflanzen die arabischen Kaufleute auch wichtige Naturprodukte. So verbreiten sie vom 8.-10. Jahrhundert die bittere Orange (Grapefruit) und die Zitrone von Oman und Mesopotamien nach Syrien und Arabien.[96] Die Kultur der Pflanzen weitet sich von dort, vor allem während der Kreuzzüge, über die Mittelmeerländer bis nach Spanien und Marokko aus. Auf Sizilien beginnt der Anbau bereits im Jahr 1002.[97] Und so beginnt die Weiterverbreitung nach Europa. In Venedig sind 1340 die süßen Orangen bekannt. Limonen pflanzt man im Jahr 1369 in Genua und an der ligurischen Küste an. 1486 tauchen Limonenbäume längs der Riviera und im Jahr 1486 auf den Azoren auf. Zusätzlich verzeichnet man unter den Ausfuhrartikeln im Jahr 1420 aus Alexandria auch die Limonen. Die süßen Orangen bringt erst um das Jahr 1546 der Portugiese Juan de Castro (von 1545-1548 Vizekönig von Indien) von China aus nach Portugal, wo man sie anpflanzt.[98]

Auch die arabischen Händler sind in dieser Gegend präsent; als Hauptstapelplatz nutzen sie Malakka. Dorthin transportieren sie auch die Produkte von China, Java und weiteren Sundainseln. Typisch ist, dass sie mit dem

Handel auch den islamischen Glauben in diese Weltgegenden bringen. Ihr wichtigster Punkt an der Ostküste von Malakka wird die Stadt Kalah. Von China, rechnen die arabischen Händler, braucht man mit dem Schiff bis dahin sechs Tage.[99] Dort finden sie schon indische Kaufleute. In der Gegend dieser Inseln registrieren die arabischen Händler Blei und Bambusrohrpflanzungen. Im 10. Jahrhundert bestehen feste Handelsverbindungen zwischen dem Ort und Sīrāf an der Ostküste des Persischen Meeres. Damit gibt es Haupthandelslinien auch auf dem Meer. Allein der auf diesem Seeweg aus China und den angrenzenden Gebieten importierte Papierbedarf beläuft sich im 9. Jahrhundert wertmäßig auf etwa 11.000 Dirham.[100] Auch siedeln sich arabische Händler an der Malabarküste, auf Ceylon und in den indischen Küstenstädten an. Daibal im indischen Sind ist der wichtigste Handelsort der Araber in Indien. Er liegt an der Mündung des Indus und hat dadurch Wasserverbindungen in mehrere Richtungen,[101] auch in das Landesinnere. Von dem indischen Ort gehen die Waren aus dem Indusgebiet und des Pandschab auf dem Seeweg vor allem nach dem Irak, Persien und Arabien. Für die Erzeugnisse der nördlichen Regionen Indiens ist Multan die wichtigste Stadt. Sie ist nur sehr schwer auf dem Landweg zu erreichen.[102] Mehrfach sind mit den Kamelkarawanen Flüsse zu durchqueren; deshalb müssen die Waren stets abgeladen und dann wieder aufgepackt werden. Aus diesem Grund ist die Seeverbindung die günstigere und schnellere Variante.

Multan ist eine feste Größe in dem Fernhandel über See; während der Hafen von Daibal seit dem 13. Jahrhundert nicht mehr gebraucht wird. Dafür entsteht Lahari Bandar bei Tatta. In Multan treten solche Wandlungen nicht auf.[103] Es wechselt ab dem frühen 11. Jahrhundert häufig den Herren, denn das wirtschaftliche Potenzial der Stadt ist für viele muslimische Herrscher interessant. Auch die Mongolen wollen die Ortschaft erobern, scheitern jedoch. Diese Vorgänge sind dem friedlichen Handel natürlich abträglich. Aus Indien kommen damals nach Multan und von dort zum Weitertransport auf der Seidenstraße nach Zentralasien Textilien, Indigo, Seide und Opium.[104] Bengalische Seide und Zucker gehen auf dem gleichen Weg nach Persien. Von dort importiert Indien gemünztes Silber, Pferde, getrocknete Früchte, Seidenprodukte, Rosenwasser und Teppiche. Aus Bahrain importiert Indien Perlen. Aus dem Jemen gelangen per Schiff Pferde, Kaffee, Korallen und abessinische Sklaven nach Indien. Textilien und Reis sind die wichtigsten Güter, die der Jemen dafür empfängt. Rosenwasser, ein Destillat, ist ebenfalls ein begehrtes Produkt aus Persien in China.[105]

Die Beeinträchtigungen dieser weitrechenden Handelsbeziehungen der Araber beginnen mit den Kreuzzügen, da in Verbindung damit Venedig,

Genua und andere italienische Städte für die arabischen Staaten zu aggressiv reagierenden Handelskonkurrenten werden. Im 10. und 11. Jahrhundert sind Bari, Salerno, Neapel, Genua, Gaeta und vor allem Amalfi, Pisa und Venedig die Hauptträger des Mittelmeerhandels. Das entwickelt sich weiter. Der zu hoher Blüte gelangte Levantehandel hat vom 12. bis zum 15. Jahrhundert seinen Schwerpunkt in Venedig und Genua. In der Levante selbst ist vom 12. bis 13. Jahrhundert während der Kreuzzüge Akkon an der Küste von Palästina der bedeutendste Handelsplatz. Als auch diese Stadt 1291 in die Hände der Muslims fällt, werden Famagusta auf Zypern, für längere Zeit auch Lajazzo an der Meeresbucht von Alexandrette, zu den Haupthandelsplätzen in der Levante. Die Folgen der Entwicklungen für den arabischen Fernhandel sind ein ernstes Desaster. Verbindungen werden unterbrochen, Kapital geht verloren.[106] Bagdad und Basra am Euphrat, bis dahin die Hauptstapelplätze für den Transithandel, verlieren gegen Ende des 13. Jahrhunderts ihre mehrere Jahrhunderte währende kommerzielle Bedeutung. Dafür steigt die handelspolitische Bedeutung von Täbriz, das in der Nähe des Kaspischen Meeres liegt.

Die Mongolen, die 1258 Bagdad erobert und zerstört haben, tragen zum wirtschaftlichen Niedergang des Nahen Ostens bei. Der Iran ist durch sie weitgehend zerstört; die Handelsrouten über dieses Gebiet sind blockiert. Damit fallen zahlreiche Möglichkeiten weg, die bisher im Handel bestanden haben. Die Entwicklung verschärft sich noch dadurch, dass sich die Mongolen nach ihrem durch die Mamluken erzwungenen Rückzug in einem Teil des Iran niederlassen, der nicht zu den am schlimmsten von Verwüstungen betroffenen zählt. Das Gebiet um die Stadt Täbriz, am Fuß des vulkanischen Berges Kuh-e-Sahand gelegen, findet ihr Interesse, weil sich hier durch reichliche Bewässerung viel landwirtschaftliche Kultur entwickelt hat. Die neuen Herren schwanken anfangs in ihren religiösen Anschauungen zwischen Christentum und Islam; doch sind sie von Anbeginn bereit, mit den wirtschaftlich potenten Venezianern zusammenzuarbeiten.

Auch die Genuesen tauchen bei ihnen auf. Als Zwischenstationen für den Handel nutzen sie die christlichen Reiche des Nahen Ostens, vor allem Trapezunt.[107] Es liegt an der Südostecke des Schwarzen Meeres in einem sehr hügeligen Küstengebiet und hat eine direkte Schiffsverbindung ins Mittelmeer. Das christliche Gebiet um die Stadt hat sich den vordringenden Mongolen sofort als Vasall unterstellt und ist deshalb verschont worden. Trapazunt wird dadurch mit der Handelsstraße verbunden, die von den Mongolen abgesichert bis nach Ostasien reicht.[108] Die Genuesen und Venezianer sind dabei die treibenden Kräfte. Die einheimische Bevölkerung hat ebenfalls große Vorteile davon, weil sie Produkte wie Leinenstoffe, Wolle und Seide mit einbringen kann.

Vor allem die genuesische Kolonie wächst sehr rasch und hat bald einen eigenen Konsul in der Stadt; von der Mitte des 13. Jahrhundert ist sie mehrheitlich die größte Gruppe von Fremden. Ihre wirtschaftliche Stärke bringt es mit sich, dass auch in politischen Fragen ihre Ansichten Gewicht haben. Erst als die Staatsmacht der Mongolen, ihre Bezeichnung im Iran lautet Ilchane, ab 1320 zu sinken beginnt, wird Trapezunt allmählich zum Opfer vordringender Turkmenenverbände aus Kleinasien. Das ändert aber nichts an der Handelstätigkeit der Genuesen. 1304 schaffen sich die Genuesen in der Stadt Täbriz Handelsniederlassungen. Dort können sie, da auch die Machthaber Vorteile aus ihren Bemühungen ziehen, ziemlich unabhängig wirtschaften.[109] Ihre Aktivitäten lassen sich über alle politischen Veränderungen hinweg noch im 15. Jahrhundert feststellen. Dann steigt sogar noch der Einfluss der Venezianer in der Stadt.[110] Dieser Handel wird um die arabischen Staaten herumgeführt; für letztere ist keinerlei Gewinn damit verbunden.

Ein kurzes Zwischenspiel wirtschaftlicher Erholung für Ägypten gibt es in den Anfängen der Mamlukenzeit. In dieser Phase sind die militärischen Führer durchaus auf die Förderung des Handels bedacht, weil der zu einem allgemeinen Wohlstand beiträgt und auch die Staatskasse füllt. Als Partner bieten sich italienische und südfranzösische Städte an. Damit ist man auf den eigentlichen Gegner angewiesen. Man gesteht ihnen zu, Handelsniederlassungen zu schaffen. Deshalb finden wir sie in Alexandria, Damaskus und Beirut.[111] Noch wichtiger ist die Unterstützung der Mamluken für den Fernhandel nach Indien und dem Fernen Osten. Langsam wird dadurch Ägypten zu einem Zentrum des Handels. Der größte Teil der Waren kommt über das Rote Meer und bildet die Quelle eines beachtlichen Reichtums. Djidda wird der wichtigste Hafen für Waren aus dem Süden. Von hier aus werden schwere Waren zu Wasser, leichtere durch Handelskarawanen bis auf die Sinaihalbinsel befördert. Es gibt auch noch den anderen Weg; er führt über den Persischen Golf und Syrien. Ein Abzweig davon geht nach dem Iran. Eine kurze Zwischenblüte erreichen Ägypten und Syrien während des 14. Jahrhunderts. Alexandria, Damaskus und Aleppo gehören zu den wohlhabendsten Handelsstädten. Aber Reichtum und Stabilität werden erschüttert, als 1382 in Ägypten eine Gruppierung der Mamluken an die Macht kommt, die durch unlogische und gefährliche politische Maßnahmen einen Bürgerkrieg auslöst, der in Ägypten und den angrenzenden Regionen fast 25 Jahre wütet. Die daraus resultierende Schwäche nutzen zum einen europäische Piraten zu

Angriffen; zum anderen überschwemmen 1400 die Tartaren unter Timur Läng Syrien; aus Damaskus und Aleppo deportiert Timur Tausende geschickter Handwerker nach Samarkand.[112]

Der schärfste Feind aller arabischen Bemühungen, den Fernhandel weiterhin effektiv zu realisieren, taucht nun auf: Portugal. Es will die Vorherrschaft über den Orienthandel und glaubt, damit eine heilige Pflicht zu tun. Dabei wird bald offensichtlich, dass die Portugiesen eigentlich das Monopol der Araber übernehmen wollen, da sie wissen, wie weitflächig die Araber ihre Handelsbeziehungen nach dem Orient angelegt haben. Deshalb betrachten die Portugiesen die Araber als ihre Hauptfeinde, obwohl die arabische Stärke nicht mehr dem früheren Zustand entspricht. Im Jahr 1497 macht Vasco da Gama eine Erkundungsfahrt zu den arabischen Handelszentren an der Küste Ostafrikas; von Mozambique bis Malindi reichen diese Häfen. Das ist vorerst noch die Stufe des Sammelns von Informationen, um später gezielt zuschlagen zu können. 1498 segelt er mit drei Schiffen von Kilwa in Richtung Indien. An Bord ist der arabische Kapitän Ibn Māǧid. Nachdem sie das Kap der Guten Hoffnung umschifft haben, gelangen sie am 17. Mai 1498 nach Kalikut, dem späteren Calcutta. Damit eröffnet man eine direkte Seeverbindung von Europa nach Indien. Die Mischung von Abenteuerlust und merkantilen Interessen hat sich einen neuen Weg gebahnt.

Die Portugiesen sind die ersten Europäer, die in Indien Fuß fassen. Ihr Plan ist, auf indischem Boden möglichst sichere und feste Niederlassungen zu gründen, um ihre Handelstätigkeit zu sichern.[113] Der indische Herrscher von Kalikut, der den Erbtitel eines Zamorin trägt, begegnet den Eroberern freundlich. Die Portugiesen haben sich ausgerechnet, dass ein direkter Handel auf dem Seeweg mit Gewürzen und anderen orientalischen Waren billiger werden würde; die alte Transportmethode ist durch die hohen Transitkosten dagegen unrentabel. Nach der Entdeckung des Handelswegs um das Kap empfiehlt Vasco da Gama nach der erfolgreichen Rückkehr, einen gezielten ersten kommerziellen Versuch zu realisieren. Auf seine Empfehlung hin wählt man Pedro Alvarez Cabral aus.[114] Der bricht von Lissabon auf mit 30 Schiffen und 1.200 Mann Besatzung. Auch gehört als Leiter der Aktion Bartolomeo Diaz dazu. Da es zwischen dem Verantwortlichen und dem Hauptkapitän zu Missverständnissen kommt, fährt Letzterer mit den Schiffen nach Cochin, einem Hafen an der indischen Malabar-Küste, der heute zu dem Bundestaat Kerala gehört. Die Rückkehr dieser 30 Schiffe überbietet alle Erwartungen, die man bisher am portugiesischen Hof gehegt hat. Nun fällt die Entscheidung, den gesamten Handel aus Indien und den anderen angrenzenden Gebieten endgültig für Portugal zu sichern. Der König des Landes trägt den Ehrentitel „Herr der Navigation", Ausdruck seiner wachsenden Ambitionen. Erneut schickt man eine gut ausgerüstete Flotte unter Vasco da Gama nach Indien. Dieses Mal heißt der Auftrag nun schon sehr konkret Handel und Eroberung.[115]

Vasco da Gama trifft im Oktober 1502 in Kalikut ein. Die Beziehungen zu dem Zamorin sind jetzt vonseiten der Portugiesen unfreundlich und feindlich. Man sucht nach arabischen Händlern, die dort leben, und bringt sie um. Am 3. November segelt Vasco nach dem südlichen Cochin und gründet dort eine feste Niederlassung. Nach seiner Rückkehr entscheidet sich der König von Portugal, jeweils für die Dauer von drei Jahren einen Gouverneur in Indien einzusetzen. Die Wahl fällt auf Francesco de Almeida. Als der mit einer großen Flotte von Lissabon aufbricht, hat er, wie sich bald zeigt, einen Sonderauftrag zu erfüllen. Der besteht darin, an sechs handelsmäßig wichtigen Punkten zwischen Indien und Afrika militärische Stützpunkte zu errichten. Zuerst wendet er sich mit seiner militärischen Gewalt gegen Ostafrika. Die kleinen Hafenstädte Sofala, Kilwa und Mombasa fallen in seine Hände. Auch hier werden die arabischen Händler umgebracht. In Kilwa errichtet er eine Festung zur Überwachung der Gewässer. Auch in Indien, wo Almeida 1505 eintrifft, geschieht das Gleiche. Betroffen sind die Küstenstädte Anjuna in Goa, Kannur im südlichen Kerala, wo auch die nächste Festung gebaut wird, und Cochin.[116] Die Portugiesen haben zu der Zeit bereits den wichtigsten Teil des Fernhandels unter Kontrolle.

Als 1504 portugiesische Schiffe beladen mit Pfeffer aus Indien auf der Themse in London und am 21. Januar 1522 im Hafen von Antwerpen einlaufen, machen sie demonstrativ ihre unanfechtbare Stellung deutlich. Alle Bemühungen der Venezianer, diese Demonstration zu verhindern, scheitern.[117] Pfeffer ist ein sehr wichtiger Handelsartikel, den nun die Portugiesen monopolisieren. Doch die Araber geben nicht klein bei. Die portugiesische Flotte sieht sich jetzt von den ägyptischen Mamluken attackiert. Im Januar 1508 bringt man den Portugiesen eine schwere Niederlage bei. Almeida aber verfolgt die muslimische Flotte und vernichtet sie im Februar 1509 bei Diu.[118] Der Ort liegt in Indien am Golf von Cambay und wird 1534 von Portugiesen erobert.[119] Diese weiten den Anbau des Pfefferstrauches auf mehrere Inseln des malaiischen Archipels aus, um eine größere Produktion damit zu erreichen und dadurch den Preis nach eigenen Wünschen besser gestalten zu können. Der Pfeffer gilt als Symbol des gesamten Gewürzhandels. In Rom heißen die Gewürzhändler im Mittelalter Piperarii, in Frankreich Pebriers und in England Pepperers.[120]

Der nächste Vizekönig in Indien ist Alfonso de Albuquerque. Er ist schon 1503 als Marine-Kommandeur in Indien gewesen; dank seiner guten Erfolge steigt er in dem Rang weiter auf. Auf der Reise nach Indien erobert er die Südarabien vorgelagerte Insel Sokotra; diese baut er aus, um den Hafen Aden und das Rote Meer zu kontrollieren. Dadurch versperrt er arabischen Schiffen die Route von Süden her. Um die Herrschaft über den Persischen Golf zu sichern, beschließt er weiterhin, das Gebiet um die Meeresstraße von Hormuz im Persischen Golf zu erobern. Zuerst greift er die Häfen Masqat und H̱ūrfukān im Südosten der Arabischen Halbinsel an. Er zerstört und verwüstet sie. Schließlich erreicht er Hormuz, um es zu besetzen. Auf die Weise ist die Herrschaft über den Persischen Golf für die Portugiesen gesichert; auch das Rote Meer unterliegt ihrer Kontrolle.[121] Die Araber sind gezielt als Konkurrenten ausgelöscht worden.

Danach widmet er sich der afrikanischen Küste, um auch hier die Araber zu beseitigen; alle Häfen von Sofala im Süden bis Barawa im Norden werden deshalb besetzt. Das dauert bis 1509. Jedes arabische Schiff, das sich trotzdem zeigt, wird sofort angegriffen. Nachdem in brutaler Weise die Positionen der Angreifer gesichert sind, tritt Albuquerque 1509 sein Amt in Indien an. Er orientiert zunächst auf eine sichere Festung und wählt Goa. Dieser reiche Hafen aber gehört dem Sultan von Bijāpur. 1510 erobern ihn die Portugiesen. Dann schreibt er an seinen König am 22. Dezember 1510: „Meine Festlegungen gehen dahin, dass kein Mohr mehr Goa betritt und eine effektive Macht an Schiffen und Mannschaften immer stationiert bleibt. Dann soll noch mit einer anderen Flotte das Rote Meer und Hormuz besucht werden."[122] Er will also weiter die direkte Kontrolle über die arabischen Gebiete ausüben. Im südlichen Cochin lässt er wiederholt kontrollieren, ob keinerlei Handelsverbindung nach Ägypten besteht. Bei Verdacht wird sofort dagegen vorgegangen. Widerstand gegen diesen Terror regt sich auf verschiedenen Ebenen. Als drei portugiesische Kriegsschiffe 1503 die Küste von Oman, im Südosten der Arabischen Halbinsel gelegen, beschießen und teilweise annektieren, ist noch kein Widerstand der örtlichen Herrscher zu verzeichnen. Der entwickelt sich erst unter dem Imam Nāṣir b. Muršid, der 1624 an die Macht kommt. Er befreit alle von den Portugiesen besetzten Gebiete, nur nicht die Festungen Ṣiḥār und andere. Aber er belagert sie und schneidet sie von Versorgungslinien ab. So kann er sie zwingen, die Kopfsteuer an ihn zu zahlen.[123] Albuquerque ist weiter, wie er angekündigt hat, in der Region aktiv. Zweimal greift er die Stadt und den Hafen von Aden im Jahr 1513 an; dorthin haben sich zahlreiche arabische Händler geflüchtet. Aber es gelingt ihm nicht, sein Ziel zu verwirklichen.

Nun aber tritt den Portugiesen eine neue imperiale Macht entgegen, die türkischen Osmanen. 1517 besetzen sie Ägypten. Fast gleichzeitig rücken sie im Jemen 1515-1516 vor. Doch können auch sie nicht Aden erobern. Die Osmanen besetzen 1532 den Irak und haben damit direkten Zugang zum Persischen Golf. Damit tritt nun eine zunehmende Konfrontation ein. Die Portugiesen bewachen den Indischen Ozean; die neue türkische Macht bereitet sich vor, die Ansprüche der Gegenseite auf arabisches Territorium zu verhindern. Die Osmanen sind aber auch bemüht, den Portugiesen im Gebiet des Indischen Ozeans entgegenzutreten. 1531 tritt zum ersten Mal solch ein Fall ein, als eine osmanische Flotte auf dem Weg nach Indien vorstoßen will, jedoch in einer Seeschlacht mit den Portugiesen bei Diu scheitert. 1538 kommt der nächste Angriff, der ebenfalls nicht erfolgreich ist. Ernsthafter[124] sieht die Militäroperation in der Mitte des Jahrhunderts aus, als die osmanische Flotte unter dem türkischen Admiral Piri Rais 1547 einen erneuten Angriff gegen die Portugiesen vorbereitet. Auf dem Weg erobert Rais Aden und den portugiesischen Stützpunkt Masqaṭ. Damit sind schon wichtige Entscheidungen gefallen; aber auch er vermag nichts gegen den Gegner auszurichten. Spätere Versuche seiner Nachfolger, aus dem Irak über die Straße von Hormuz anzugreifen, scheitern ebenfalls. Für die Araber ergibt sich erst wieder im 19. Jahrhundert die Möglichkeit, im Mittelmeer und den unmittelbar benachbarten Gebieten freien Handel auszuüben.

Anmerkungen

Vorwort

1 C. Brockelmann, Geschichte der Arabischen Literatur (GAL) 1. Suppl.Bd., Leiden
1937, S. 824

2 Meyers Großes Konversations-Lexikon, 2. Bd., Leipzig 1904, S. 199 f.

3 C. Brockelmann, GAL, 1. Bd., Leiden 1943, S. 619

4 Goethes Werke, Vollständige Ausgabe letzter Hand, 53. Bd., Stuttgart 1833, S. 109

5 Goethe, West-Östlicher Divan, Gesamtausgabe, Leipzig 1965, S. 572

6 Übersetzung der Allgemeinen Welthistorie der Neueren Zeit, Halle 1759, S. 14

7 F. Babinger, Ein orientalischer Berater Goethes: Heinrich Friedrich von Diez, in: Goethe Jahrbuch 1913, Frankf./M. S.99

8 J. Fück, Die arabischen Studien in Europa, Leipzig 1955, S.158 f.

9 Goethe, West-Östlicher Divan, Gesamtausgabe, S. 381

10 F. Götting, Chronik von Goethes Leben, Leipzig 1953, S. 103

11 Goethe, West-Östlicher Divan, Gesamtausgabe, S. 381

12 J.Fück, Die arabischen Studien in Europa, S. 178

13 J. Schiferle, Zweite Pilgerreise nach Jerusalem und Rom, 2. Bd., Augsburg 1859, S. 174

14 A. von Kremer, Ägypten, 2. Bd., Leipzig 1863, S. 326

15 G. Pfannmüller, Handbuch der Islam-Literatur, Leipzig 1923, S. 2

16 ʿAbdarraḥmān Baḍawī, Ḍaur al-ʿarab fī takwīn al-fikr al-ʿurūbī, Kuwait 1979, S. 101

17 Maṣārif al-ʿarabīja, 4/2002, S. 31

18 ebd., 12/2002, S. 52

Buchwesen und Papier

1 Ch. Pellat, Arabische Geisteswelt, Zürich 1967, S. 337 f.

2 Fuʿad Rašīd, al-Kiṭāb al-ʿarabī al-maẖṭūṭ, 1.Bd. Kairo 1997, S. 21

3 ebd., S. 22

4 A. Grohmann, Einführung und Chrestomatie zur Arabischen

Papyruskunde, Prag 1955, S. 78/79
5 Fu'ad Rašīd, al-Kiṭāb al-'arabī al-maḫṭūṭ, 1. Bd., S. 30
6 Aḥmad Ibn 'Alī al-Qalqašandī, Ṣubḥ al-'A'šā, 2. Bd. Hrsg., Muḥammad Ḥusain Šamsuddīn, Beirut 1987, S. 516
7 Fu'ad Rašīd, al-Kiṭāb al-'arabī al-maḫṭūṭ, 1.Bd., S. 148
8 ebd., S. 150
9 ebd.
10 ebd., S. 152
11 ebd., S. 155
12 Enzyklopädie des Islam, (EI), 1. Bd., S. 1044
13 J. Irmscher (Hrsg), Lexikon der Antike, Leipzig 1977, S. 26
14 GAL, 1. Suppl. Bd. S. 227
15 EI, 3. Bd., S. 874
16 GAL, 1. Suppl. Bd. S. 223
17 Ibn an-Nadīm, Fihrist, Hrsg. Riḍā Tağaddud, Teheran 1971, S. 158
18 GAL, 1.Bd., S.109
19 Ibn an-Nadīm, Fihrist, S. 66
20 ebd., S. 71, 72, 78, 104, 364
21 GAL, 1. Bd. S. 118 u. 1. Suppl.Bd. S. 178
22 GAL, 1. Suppl.Bd. S. 178
23 Ibn an-Nadīm, Fihrist, S. 73/74
24 GAL, 1. Bd., S. 120
25 Ibn an-Nadīm, Fihrist, S. 79
26 ebd., S. 90; GAL, 1. Suppl.Bd. S. 184
27 Ibn an-Nadīm, Fihrist, S. 108
28 ebd., S. 75
29 ebd., S. 74; GAL, 1. Bd., S. 119
30 Ibn an-Nadīm, Fihrist, S. 75; GAL, 1.Bd., S. 119
31 Ibn an-Nadīm, Fihrist, S. 82; GAL, 1. Bd., S.122
32 Ibn an-Nadīm, Fihrist, S. 82/83; GAL, 1.Bd., S. 123
33 Ibn Qutaiba, 'Ujūn al-Aḫbār, Ḥrṣġ. M. 'Abḍ al-Qādir Ḥātim,1. Bd., Kairo 1963, S. 32 (Einl.)
34 ebd., S.
35 ebd., S. 42
36 ebd.
37 Ibn an-Nadīm, Fihrist, 85/86; GAL, 1. Bd., S. 125
38 Ibn Ḫallikān, Wafajāt al-a'jān, Hrsg. Iḥsān 'Abbās, 3. Bd., Beirut 1970, S. 42; GAL, 1. Suppl. Bd., S. 174
39 Abū Ḥanīfa ad-Dīnawarī, al-Aḫbār aṭ-ṭiwāl, Hrsg., I.

Kratchkovsky, 1. Bd. Leiden 1912, S. 21

40 ebd., S. 25

41 ebd., 2.Bd., S.116

42 ebd., S. 117

43 ebd., S. 270

44 ebd., S. 278

45 ebd., 1. Bd. S.55

46 ebd., S. 22

47 EI, 1.Bd., S. 1019

48 Abū Ḥanīfa ad-Dīnawarī, al-Aḫbār aṭ-ṭiwāl, 1. Bd., S. 50

49 al-Qalqašandī, Subḥ al-'A'šā, 14. Bd., Beirut 1987, S. 413

50 ebd., S. 414

51 Ibn Qutaiba, 'Ujūn al-aḫbār, 1. Bd., S. 57

52 Ibn Ḫurḍāḏbaḥ, Kitāb al-masālik wa l-mamālik, Hrsg. M.J. de Goeje, Leiden 1967, S. 93

53 ebd., S. 153

54 al-Qalqašandī, Sub al-'A'šā, 6. Bd., S. 181

55 ebd., S. 182

56 ebd., S. 187

57 ebd., 2.Bd. S. 501

58 ebd., S. 504

59 ebd., S. 509

Die arabischen Bibliotheken

1 'Uṯmān 'Amr ibn Baḥr al-Ğāḥiẓ, al-Bajān wa t-tabjīn, o. Hrsg. Beirut, 3. Bd., S. 185

2 J. Fück, Die arabischen Studien in Europa, Leipzig 1955, S. 280

3 'Abdarraḥmān Badawī, Daur al-'arab fī takwīn al-fikr al-'urubī, S. 251

4 M. J. L.Young, J. D. Latham and R. B. Serjeant, Religion, Learning und Science in the Abbasid Period, Cambridge 1990, S. 305 (Cambridge)

5 Ibn an-Nadīm, Fihrist, S. 332

6 EI, 1. Bd., S. 520

7 al-Qifṭī, Kitāb aḫbār al-'ulamā' bi aḫbār al-ḥukamā', o. Hrsg, Kairo 1908, S. 286 (al-Qifṭī)

8 Cambridge, S. 264

9 al-Qifṭī, S. 287
10 Fu'ad Rašīd, al-Kiṭāb al-'arabī al-maḫṭūṭ, 1. Bd., S. 234
11 ebd., S. 238
12 ebd.
13 ebd., S. 239
14 ebd., S. 240
15 ebd., S. 236
16 ebd.
17 ebd., S. 237
18 ebd., S. 248
19 ebd., S. 242
20 EI, 2. Bd., S.236
21 R. Dozy, Histoire des Musulmans d'Espagne, 2. Bd., Leiden 1932, S. 183
22 ebd., S. 184
23 Fu'ad Rašīd, al-Kitāb al-'arabī al-maḫṭūṭ, 1. Bd., S. 243
24 Ḥāmiḍ aš-Šāfi'ī Rijāb, al-Kutub wa l-makṭabāṭ fī l-andalus, Kairo 1998, S. 98
25 Dozy, S. 184
26 Ḥāmiḍ aš-Šāfi'ī Rijāb, al-Kutub wa l-makṭabāṭ fī l-andalus,' S. 110
27 EI, 3. Bd., S. 276
28 Dozy, S. 226
29 ebd.
30 ebd., S. 244
31 Ḥāmiḍ aš-Šāfi'ī Rijāb, al-Kutub wa l-maktabāt fī l-andalus, S. 106
32 Ibn Baḥr al-Ǧāḥīẓ, Bajān wa t-tabjīn, 1,Bd., S.30; GAL, 1. Suppl. Bd., S. 213
33 EI, 4.Bd., S.1195
34 GAL, 1. Bd., S. 141
35 Ibn an-Nadīm, Fihrist, S.111
36 ebd., S. 123
ebd., S. 130
38 ebd.
39 'Alī al-Mas'ūdī, Murūǧ aḏ-ḏahab, Ḥrṣg. Muḥjīaddīn 'Abd al-Ḥamīḍ, 4. Bd., Beirut 1983, S. 87
40 Fu'ad aš-Šāfi'ī Rijāb, al-Kitāb al-'arabī al-maḫṭūṭ, 1. Bd., S. 264
41 Ibn an-Nadīm, Fihrist, S. 149

42 Ibn Ḫurdāḏbah, Kitāb al-masālik wa l-mamālik, S. 249
43 Ibn an-Nadīm, Fihrist, S. 149
44 Muṣṭafā ʿAlījān, al-Maktabāt fī a-ḥaḍāra al-ʿarabīja al-islāmīja, Amman 1999, S. 125
45 Ibn Ḫurdāḏbah, Kitāb al-masālik wa l-mamālik, S. 176 u. 250
46 Fuʿad aš-Šāfiʿī Rijāb, al-Kitāb al-ʿarabī al-maḫṭūṭ, 1. Bd., S. 265
47 GAL, 1. Suppl. Bd., S. 582
48 ebd., S. 153
49 Ibn Ḫallikān, Wafajāt al-aʿjān, 5. Bd, S. 105
50 EI, 2.Bd., S. 262
51 EI, 1.Bd., S. 18/19
52 Fuʿad aš-Šāfiʿī Rijāb, al-Kitāb al-ʿarabī al-maḫṭūṭ, 1. Bd., S. 102
53 ebd., S. 268
54 GAL, 1. Bd., S.106
55 Fuʿad aš-Šāfiʿī Rijāb, al-Kitāb al-ʿarabī al-maḫṭūṭ, 1. Bd., S. 278
56 ebd., S. 268
57 EI, 2. Bd., S. 423
58 Fuʿad aš-Šāfiʿī Rijāb, al-Kitāb al-ʿarabī al-maḫṭūṭ, 1. Bd., S. 270
59 EI, 1. Bd., S. 279
60 ebd.
61 J. G. Eichhorn, Geschichte der drei letzten Jahrhunderte, 4. Bd., Göttingen 1806, S. 463
62 EI, Erg.Bd., S.137
63 Fuʿad aš-Šāfiʿī Rijāb, al-Kitāb al-ʿarabī al-maḫṭūṭ, 1. Bd., S. 283

Die einzelnen Wissenschaftszweige und ihre Auswirkungen auf Europa

Die Mathematik und verwandte Gebiete

1 Muḥammad ibn Aḥmad ibn Jūsuf al-Ḫwārazmī, Mafātīḥ al-ʿulūm, Hrsg. Ibrāhīm al-Abjārī, Beirut 1984, S. 225
2 ebd., S. 226
3 Cambridge, S, 484
4 al-Qifṭī, S. 187
5 Cambridge, S. 255
6 ebd., S. 256
7 Meyers Konversations-Lexikon, 6. Bd., Leipzig 1904, S. 536

8 Cambridge, S. 305
9 Duden-Lexikon, 5.Bd., Mannheim 1991, S. 2058
10 EI, 2.Bd., 979
11 al-Qifṭī, S. 221
12 Cambridge, S. 305
13 ebd., S. 253
14 EI, 1.Bd., S. 709
15 ebd. 4. Bd., S. 23
16 'Alī al-Mas'ūdī, Kitāb at-tanbīh wa l-išrāf Hrsg. M.J.de Goeje, Leiden 1967, S. 342
17 EI, 3.Bd., S. S.1198
18 Ibn Ḫurdāḏbah, Kitāb al-masālik wa l-mamālik, S. 73
19 Ibn al-Faqīh al-Hamaḏānī Kitāb al-buldān, Hrsg. M.J.de Goeje, Leiden 1967, S. 133
20 al-Qifṭī, S. 185
21 Cambridge, S. 253
22 W. Gellert (Hrsg.), Kleine Enzyklopädie Mathematik, Leipzig 1979, S. 287
23 R. Carr (Hrsg.) Spain-A History, Oxford 2000, S. 99
24 Meyers Konversations-Lexikon, 1.Bd., S. 313
25 ebd.
26 ebd., 16. Bd., S. 712
27 ebd.
28 Ibn an-Nadīm, Fihrist, S. 338
29 GAL, 1.Bd., S. 252
30 Manṣūr at-Tamīmī as-Sam'ānī, al-Ansāb, Hrsg. 'Abdallāh 'Umar al-Bārūdī, 1. Bd., Libanon 1988, S. 279
31 al-Qifṭī, S. 184
32 Ibn Ḫallikān, Wafajāt al-'A'jān, 5. Bd., S. 164
33 al-Qifṭī, S. 188
34 Ibn Aibak aṣ-Ṣafadī, Kitab al-Wāfī bil-wafajāṭ, Hrsg. H. Ritter, 1. Teil, Wiesbaden 1962, S. 209
35 Ibn an-Nadīm, Fihrist, S. 341
36 EI, 1.Bd., S. 120
37 W. Gellert (Hrsg.), Kleine Enzyklopädie Mathematik, S. 284
38 Cambridge, S. 253
39 W. Gellert (Hrsg.), Kleine Enzyklopädie Mathematik, S. 240
40 Ibn Aibak aṣ-Ṣafadī, Kitab al-Wāfī bil-wafajāṭ, 1. Teil, S. 209
41 GAL, 1.Bd., S. 255; EI, 2. Bd., S. 456

42 Cambridge, S. 254
43 E. Wiedmann, Über die Uhren im Bereich der islamischen Kultur, Halle 1915, S. 48
44 ebd., S. 172
45 ebd., S. 43/44
46 ebd., S. 44
47 ebd., S. 55

Die Astronomen

48 ʿUṯmān ibn Baḥr al-Ǧāḥiẓ, Kitāb al-ḥajawān, 2. Bd., Kairo 1904, S. 107
49 al-Qifṭī, S. 177
50 ebd., S. 177
51 ebd., S. 148
52 GAL, 1. Suppl.Bd., S. 382
53 EI, 1.Bd., S. 151
54 al-Qifṭī, S. 157
55 Cambridge, S. 297
56 EI, 1.Bd., S. 647
57 Ibn Ḫurdāḏbah, Kitāb al-masālik wa l-mamālik, S. 243
58 GAL, 1.Bd., S. 250
59 Cambridge, S. 364
60 ebd.
61 al-Qifṭī, S. 107
62 ebd.
63 ebd.
64 Cambridge, S. 297f.
65 GAL, 1. Suppl.Bd., S. 395
66 ebd.
67 Ibn an-Nadīm, Fihrist, S.336
68 ebd.
69 al-Qifṭī, S. 56
70 J. L. Kraemer, Philosophy in the Renaissance of Islam, Leiden 1986, S. 290
71 ebd.
72 ebd., S. 275
73 al-Qifṭī, S. 270
74 ebd.

75 ebd., S. 274
76 ebd.
77 Ibn Sīnā, aš-Šifā', Hrsg. Ibrāḥīm Bajūmī Madkūr, 2. Bd der ar-rijāḍijāt, Qum 1984, S. 429
78 ebd., S. 216
79 ebd., S. 219
80 ebd., S. 220
81 ebd., S. 223
82 ebd., S. 421
83 ebd., S. 422
84 ebd., S. 424
85 EI, 1. Bd., S. 757
86 Cambridge, S. 418
87 ebd. S. 405
88 ebd., S. 418
89 ebd., S. 413

Die Philosophie

90 GAL, 1. Bd. S. 232
91 EI, 2.Bd., Leiden 1965, S. 778, Zweite Ausgabe (EI[2])
92 Ibn Aibak aṣ-Ṣafadī, Kitāb al-Wāfī bil-wafajā, 1.T. S. 108
93 ebd.
94 J. L. Kraemer, Philosophy in the Rennaissance of Islam, S. 25
95 Ibn Aibak aṣ-Ṣafadī, Kitāb al-Wāfī bil-wafajā, 1. T. S. 106
96 Th. Mommsen, Römische Geschichte, 5. Bd., Berlin 1885, S. 588
97 EI?, 2. Bd., S. 778
98 Ibn Aibak aṣ-Ṣafadī, Kitāb al-Wāfī bil-wafajā, 1. T., S. 107
99 ebd.
100 ebd.
101 ebd.
102 ebd., S. 106
103 C. Sachs, The History of Musical Instruments, New York 1940, S. 257
104 EI[2], 2. Bd., S. 778
105 'Alī al-Mas'ūdī Murūǧ aḏ-ḏahab, 4. Bd., S. 353
106 EI, 4. Bd., S. 78
107 Ibn Aibak aṣ-Ṣafadī, Kitāb al-Wāfī bil-wafajā, 1. T., S. 107

108 ebd.
109 ebd., S. 106
110 ebd.
111 ebd., S. 107
112 GAL, 1. Bd., S. 232
113 al-Fārābīs Commentary on Aristotle's Peri Ermenaias (De interpretatione), Hrsg. W. Kutsch und St. Marrow, Beirut 1986
114 ebd., S.102
115 ebd., S. 46
116 F. W. Zimmermann, Al-Fārābīs Commentary and Short Treatise on Aristotle's De Interpretatione, Oxford 1987, S. xlvi
117 ebd.
118 al-Fārābīs Commentary on Aristotle`s Peri Ermenaias (De interpretatione), S. 42
119 ebd., S. 102
120 ebd.
121 ebd., S. 33/34
122 ebd., S. 115
123 ebd., S. 34
124 ebd., S. 105
125 ebd., S. 191/192
126 ebd., S. 9
127 ebd., S. 134
128 ebd., S. 34
129 al-Fārābī, Kitāb 'Arā' ahl al-madīna al-fāḍila, Hrsg. Muḥammad al-Kurduḥ, Kairo 1948, S. 77
130 ebd. S. 78
131 ebd.
132 Platon, Der Staat, Hrsg. u. Übers. O. Apelt, Leipzig 1944, S. 63
133 al-Fārābī, Kitāb 'Arā' ahl al-madīna al-fāḍila, S. 79
134 ebd.
135 ebd., S. 80
136 ebd., S. 81
137 ebd., S. 82
138 ebd., S. 83
139 ebd., S. 84
140 ebd.
141 ebd., S. 85
142 ebd.

143 ebd., S. 87
144 ebd., S. 88
145 ebd.
146 ebd.
147 ebd., S. 97
148 J. L. Kraemer, Philosophy in the Renaissance of Islam, S. 25
149 ebd., S. 2
150 Pauly's Realencyclopädie der classischen Altertums-wissenschaften, 2. Reihe, 8. Halbbd., Stuttgart 1932, S. 1728
151 ebd., 28. Halbbd., Stuttgart 1930, S. 1759
152 ebd., 15. Halbbd., Stuttgart 1912, S. 732
153 ebd., 8. Halbbd., Stuttgart 1901, S. 2039
154 ebd., 41. Halbbd., Stuttgart 1951, S. 584
155 E. Früchtel, Weltentwurf und Logos, Zur Metaphysik Plotins, Frankfurt/M. 1970, S.25)
156 Plotin, Enneades II, Hrsg. u. Übers. E. Brenier, Paris 1924, S. 57
157 J. L. Kraemer, Philosophy in the Renaissance of Islam, S. 255
158 Plotins Schriften, Hrsg. u. Übers. R. Harder, V. Bd.,Leipzig 1937, S. 122 u. 125
159 J. L.Kraemer, Philosophy in the Renaissance of Islam, S. 221
160 ebd., S. 222
161 ebd., S. 224
162 ebd., S. 225
163 Ibn Sīnā, aš-Šifā', aṭ-Ṭabī'ijāṭ, Hrsg. Ibrāḥīm Bajūmī Madkūr, Qum 1984, S. 157
164 ebd., S. 159
165 ebd., S. 163
166 ebd., S. 160
167 ebd.
168 ebd.
169 ebd., S. 165
170 EI², 3. Bd., S. 728
171 ebd.
172 ebd.
173 GAL, 1.Bd., S. 392
174 EI, 1.Bd., S. 304/305
175 EI², 3.Bd., S. 728
176 GAL, 1.Bd., S. 640
177 Rasā'il falsafīja, Hrsg. 'A. Badawī, Beirut 1983, S. 137 f.

178 ebd.
179 ebd., S. 150
180 ebd.
181 Ibn Bāǧǧa,Risāla fī l-quwa an-nuzu'īja, Hrsg. 'A. Badawī, in: Rasā'il falsafīja, S. 160
182 GAL, 1. Bd., S. 479
183 EI, 2. Bd., S. 436
184 J. Östrup, Die Mauren und Marokko, Berlin o.J., S.163 f.
185 ebd.
186 EI², 3. Bd., 910
187 ebd.
188 ebd.
189 EI, 2. Bd., S. 154
190 ebd.
191 Elschazli, Übers., Hamburg 1988, S. 18
192 Ibn Rušd, Metaphysik, Hrsg. M. Bouyges, 3. Bd., Beirut 1983, S. 884
193 ebd., S. 1179
194 ebd., 1. Bd., S. 53
195 Tahafut at-Tahafut, Übers. S. v. d. Bergh, Cambridge 1969, S. 94
196 Ibn Rušd, Metaphysik, 1. Bd., S. 239
197 ebd.
198 ebd., 2. Bd., S. 886
199 ebd., S. 882
200 ebd., S. 841
201 ebd., S. 748
202 ebd., S. 461
203 ebd., S. 457
204 ebd., S. 426
205 ebd., S. 420
206 ebd., 1.Bd., S. 189
207 ebd., S. 185
208 ebd., S. 171
209 ebd., S. 148
210 ebd., S. 309
211 ebd., S. 329
312 ebd., S. 294
213 al-Ġazālī, Neubelebung der Religionswissenschaften, 12. Buch, Übers. H. Bauer, Halle 1917, S. 76 u. 87

214 Ibn Rušd, Metaphysik, 1. Bd., S. 111
215 Tahafut at-Tahafut, S.360
216 ebd., S. 216
217 Enzyklopädie der Philosophie, Augsburg 1992. S.15
218 H. Ley, Studie zur Geschichte des Materialismus im Mittelalter, Berlin 1957, S. 215
219 ebd., S. 233
220 Enzyklopädie der Philosophie, S. 301

Die Musik

221 Mahmud al-Hefny, Ägyptische Musik von einst und jetzt, Kairo 1957, S. 14
222 Cambridge, S. 364
223 EI, 3. Bd., S. 811
224 GAL, 1. Bd., S. 231
225 al-Fārābī, iḥṣā' al-'ulūm, 'Uṯmān Amīn, Kairo 1968, S.105
226 A. Schering, Musik, in: Handwörterbuch der Soziologie, Berlin 1931, S. 393
227 H. J. Moser, Musik-Lexikon, 2. Bd., Berlin 1955, S. 822
228 al-Fārābī, iḥṣā' al-'ulūm, S. 106
229 H.J. Moser, Musik-Lexikon, 1.Bd., S. 545
230 al-Fārābī, iḥṣā' al-'ulūm, S. 107
231 H.J.Moser, Musik-Lexikon, 2.Bd., S. 1042
232 Ibn Sīnā, aš-Šifā', 1. Bd. der ar-rijāḍijāt, Hrsg. Aḥmad Fu'āḍ Ihwānī und Ibrāḥīm Bajūmī Madkūr, , Qum 1984, S. 13
233 ebd.
234 ebd., S.14
235 ebd., S. 16
236 ebd., S. 46
237 J. Irmscher (Hrsg.), Lexikon der Antike, Leipzig 1977, S. 211
238 Ibn Sīnā, aš-Šifā', 1. Bd der ar-rijāḍijāt, S. 63/64
239 ebd., S. 71
240 ebd., S. 140
241 A. Schering, Tabellen zur Musikgeschichte, Leipzig 1934, S. 14
242 C. Sachs, The History of Musical Instruments, New York 1940, S. 278
243 ebd., S. 346
244 ebd., S. 358

Die Medizin

245 Cambridge, S. 480
246 al-Qifṭī, S. 178
247 ebd., S. 179
248 ebd.
249 Cambridge, S. 370/371
250 ebd., S. 374
251 ebd.
252 ebd.
253 ebd., S. 376
254 GAL, 1. Bd., S. 269
255 al-Qifṭī, S. 130
256 ebd., S. 132
257 ebd.
258 ebd., S. 133
259 ebd., S. 114
260 E. Wiedemann, Zu Ibn al-Haiṯams Optik, Archiv für die Geschichte der Naturwissenschaften und Technik, Bd.3., 1910, S. 21
261 J. Baarmann, Abhandlung über das Licht von Ibn al-Haiṯam, in: Zeitschrift der Morgenländischen Gesellschaft, 36. Bd., Leipzig 1882, S.215
262 E. Wiedemann, Zu Ibn al-Haiṯams Optik, S. 23
263 ebd., S. 41
264 ebd., S. 49
265 Cambridge, S. 258
266 ʿAlī ar-Ruhāwī, Adab aṭ-ṭabīb, Hrsg. Ahmad ʿAwaḍ, Kairo 1993, S. 14
267 ebd., S. 15
268 ebd., S. 17
269 ebd.
270 ebd., S. 21
271 ebd., S. 27
272 ebd., S. 23
273 EI, 2. Bd. S. 389
274 Cambridge, S. 362
275 Ibn al-Baiṭār, Fī ʿilāǧ bil-ʾaʿšāb wa n-nabātāt,

Hrsg. Maṣ'ab al-Badarī, Kairo o. J., S. 68
276 ebd., S. 91/92
277 ebd., S. 98
278 ebd., S. 151
279 ebd., S. 167
280 ebd., S. 169
281 ebd., S. 183
282 ebd., S. 179
283 ebd., S. 180
284 ebd., S. 76/77

Die inneren Ursachen für den Niedergang der Wissenschaft

1 al-Qifṭī, S. 278
2 ebd., S. 167
3 ebd.
4 EI, 3. Bd., S. 1009
5 al-Qifṭī, S. 177
6 ebd., S. 247
7 ebd., S. 248
8 EI, 1. Bd., S. 145
9 al-Qifṭī, S. 264
10 Duden-Lexikon, S. 1073
11 EI, 3. Bd., S. 777
12 al-Qifṭī, S. 265
13 aṣ-Ṣaījid an-Nāššār, Ta'rīḫ al-maktabāt fī miṣr, Kairo 1993, S. 234
14 ebd.
15 Ibn Taġrībirdī, History of Egypt, Hrsg. W. Popper, Los Angeles 1960, Part IV, S. 122
16 ebd., S. 130
17 ebd., S. 137
18 ebd., S. 137/138
19 Das tausendjährige Kairo 969-1069, Kairo S.23
20 as-Ṣaījid an-Nāššār, Ta'rīḫ al-maktabāt fī miṣr, S. 89
21 al-Qalqašandī, Ṣubḥ al-'a'šā fī ṣinā'a al-inšā', Hrsg. Muḥammad Ḥusain Šams ud-Dīn, 1. Bd., Beirut 1987, S. 554
22 ebd., S. 556
23 ebd., S. 562

24 as-Saījid an-Nāššār, Ta'rīẖ al-maktabāt fī miṣr, S. 130
25 ebd., S. 131
26 ebd., S. 136
27 Fīlīb Ḥittī, Ta'rīẖ sūrīja wa lubnān wa falasṭīn, Beirut 1957, 2. Bd., S. 224
28 EI, 3.Bd. S. 1077
29 EI, 1.Bd., S. 376
30 ebd.
31 Fīlīb Ḥittī, Ta'rīẖ sūrīja wa lubnān wa falasṭīn, 2. Bd., S. 225
32 ebd., S. 227
33 ebd., S. 228
34 ebd., S. 229
35 EI, 2.Bd., S. 1179
36 Philip K. Hitti, History of the Arabs, New York 1968, S. 639 (Hitti)
37 ebd., S. 641
38 ebd., S. 643
39 ebd.
40 Mamdūḥ Ḥusain, al-Ḥurūb aṣ-ṣalībīja, Amman 1998, S. 202
41 ebd
42 ebd., S. 204
43 ebd., S. 208
44 Meyers Konversationslexikon, 9.Bd., S. 848
45 ebd., 17. Bd., S. 51
46 Mamdūḥ Ḥusain, al-Ḥurūb aṣ-ṣalībīja, S. 209
47 ebd., S. 213
48 ebd., S. 216
49 ebd., S. 218
50 ebd.
51 Hitti, S. 645
52 ebd.
53 ebd., S. 646
54 EI, 1. Bd., S.510
55 Hitti, S. 646
56 EI, 2., Bd., S. 1180/1181
57 W. Zöllner, Geschichte der Kreuzzüge, Berlin 1983, S. 112
58 Hitti, S. 650
59 ebd., S. 651
60 Ibn Ḫallikān, Wafajāt al-'A'jān, 3. Bd., S. 158
61 ebd., 5. Bd., S. 147

62 Fīlīb Ḥittī, Ta'rīḫ sūrīja wa lubnān wa falasṭīn, 2. Bd., S. 241
63 Hitti, S. 652
64 EI, 1. B., S. 146
65 Hitti, S. 653
66 ebd.
67 EI, 1. Bd., S. 949
68 Hitti, S. 653
69 ebd.
70 EI, 3. Bd., S. 1058
71 W. Zöllner, Geschichte der Kreuzzüge, S. 140
72 Hitti, S. 654
73 W. Zöllner, Geschichte der Kreuzzüge, S. 144
74 EI, 1. Bd., S. 221
75 Meyers Konversations-Lexikon, 12.Bd., S. 780
76 Hitti, S. 655
77 EI, 1.Bd., S. 612
78 ebd.
79 Hitti, S. 657
80 Fīlīb Ḥittī, Ta'rīḫ sūrīja wa lubnān wa falasṭīn, 2. Bd., S. 244
81 Hitti, S. 244
82 Fīlīb Ḥittī, Ta'rīḫ sūrīja wa lubnān wa falasṭīn, 2. Bd., S. 247
83 Hitti, S. 657
84 Meyers Konversations-Lexikon, 8. Bd., S. 268
85 EI, 2. Bd., S. 734 f.
86 ebd.
87 Hitti, S. 658
88 Abdalaziz Duri, Arabische Wirtschaftsgeschichte, Zürich 1979, S. 86
89 ebd., S. 87
90 ebd., S. 87/88
91 ebd., S. 195
92 ebd., S. 89
93 E. Gildemeister, Die ätherischen Öle, 1. Bd., Miltitz b. Leipzig 1928, S. 9
94 ebd., S.10.
95 ebd.
96 ebd., S. 162
97 ebd., S. 163
98 ebd.

99 Ibn Ḫurdāḏbah, Kiṭāb al-masālik wa l-mamālik, S. 66
100 ebd., S. 242
101 ebd., S. 56 u. 62
102 ebd., S. 179
103 The Gazetteer of India, Hrsg. P.N. Chopra, 2. Bd., New Delhi 1973, S. 389
104 ebd., S. 390
105 E. Gildemeister, Die ätherischen Öle, 1. Bd., S. 151
106 ebd., S. 12
107 B. Spuler, Die Mongolen in Iran, Leiden 1985, S. 360
108 EI, 4. Bd., S. 716
109 B. Spuler, Die Mongolen in Iran, S. 360/361
110 EI, 4. Bd., S.716
111 Abdalaziz Duri, Arabische Wirtschaftsgeschichte, S. 134
112 ebd., S. 134
113 ebd., S. 136
114 The Gazetteer of India, 2. Bd., S. 351
115 ebd.
116 ebd.
117 E. Gildemeister, Die ätherischen Öle, 1. Bd., S. 126
118 The Gazetteer of India, 2. Bd., S. 351
119 W. G.Moore, The Penguin Encyclopedia of Places, Harmondsworth 1971, S. 218
120 E. Gildemeister, Die ätherischen Öle, 1. Bd., S. 126
121 Abdalaziz Duri, Arabische Wirtschaftsgeschichte, S. 137
122 The Gazetteer of India, 2. Bd., S. 351
123 Sa'īd 'Awaḍ Bāwazīr, Ma'ālim ta'rīḫ al-ǧazīra al-'arabīja, Aden 1966, S. 168/169
124 Abdalaziz Duri, Arabische Wirtschaftsgeschichte, S. 138

Zeittafel

1000 v. Chr.	Sabäerreich in Südarabien (–200 n. Chr.).
700 v. Chr.	Reich von Qataban im östlichen Jemen (–100 n. Chr.).
500 v. Chr.	Minäerstaat in Südarabien (–200 n. Chr.).
115 v. Chr.	Letzte Etappe der südarabischen Staatenbildungen, Reich der Ḥimjariten (–526 n. Chr.).
64 v. Chr.	Syrien wird römische Provinz.
26 v. Chr.	Römische Militärexpedition gegen Südarabien.
106 n. Chr.	Römische Provinz Arabia.
300	Erster Überfall des christlichen Äthiopien auf Südarabien.
456	Endgültiger Bruch des Staudamms in Marib.
525	Zweiter Überfall der Äthiopier auf Südarabien und Besetzung des Landes.
570	Geburt Muḥammads; der Jemen wird von dem sasanidischen Persien erobert.
622	Auswanderung Muḥammads aus Mekka (24. 9.).
624	Sieg Muḥammads bei Badr über die mekkanischen Quraiš; Einführung der Gebetsrichtung nach der Kaʿba.
625	Niederlage Muḥammads im Kampf gegen die Quraiš bei Uḥud.
627	Angriff der Mekkaner gegen Madīna.
630	Muḥammads Einzug in Mekka.
632	Tod Muḥammads (8. 6.); Verbreitung des Islam über die ganze Arabische Halbinsel; Niederwerfung von Aufständen gegen die Vorherrschaft der neuen Religion.
632–634	Kalif Abū Bakr.
634	Sieg der Muslims bei Agnadain über das byzantinische Reich.
634–644	Kalif ʿUmar.
636	Entscheidender Sieg der Muslims über Byzanz; Eroberung von Syrien; Beginn der Kriege mit Persien; Schlacht bei al-Qādisīja mit dem persischen Sasanidenreich – mit dem Sieg wurde die umfassende Eroberung des Irak durch die Muslims eingeleitet.
640	Ausbreitung des islamischen Staates nach Ägypten.
642	Entscheidender Sieg der Muslims über die Perser bei Nihāwand.
644	Ende des Sasanidenreichs in Persien.
644–656	Kalif ʿUṯmān.
653	Entstehung der offiziellen Koranfassung.
656–661	Kalif ʿAlī.
660	Proklamierung Muʿāwijas, Statthalter in Syrien, zum Kalifen und Begründer der Umajjaden.
661	Ermordung ʿAlīs in Kufa; Verzicht seines Sohnes Ḥasan auf die Amtsnachfolge.
670	Ausbreitung des islamischen Reichs der Umajjaden nach Nordafrika.
680	Tod von ʿAlīs Sohn Ḥusain bei Kerbelāʾ.
685	Unter dem Umajjaden-Kalifen ʿAbd al-Malik (685–705) Reform des Münzwesens und Einführung des Arabischen als Amtssprache.
705	Unter dem Umajjaden-Kalifen Walīd (705–715) Eroberung von Buchara und Samarkand; Vordringen im Industal.
711	Sieg der islamischen Armeen in Spanien und Untergang des Westgotenreiches.
732	Schlacht bei Tours und Poitiers.

746	Beginn der abbasidischen Oppositionsbewegung in Persien.
749	Proklamation des Abū l-ʿAbbās zum ersten Kalifen der ʿAbbāsiden.
750	Ende der Umajjaden-Dynastie.
755	Der Umajjade ʿAbdarraḥmān (755–788) begründet das Emirat von Cordoba.
762	Schiitische Aufstände gegen den ʿAbbāsiden-Kalifen al-Manṣūr (754–775); Gründung der Stadt Baġdad; Übersetzung von Meisterwerken der persischen und indischen Literatur ins Arabische.
775	Unter dem ʿAbbāsiden-Kalifen al-Mahdī (775–785) Beginn von schiitischen Aufständen im Irak; Muḥammad b. Isḥāq verfasst die erste Muḥammad-Biographie.
786	Blütezeit des ʿAbbāsidenreiches unter dem Kalifen Hārūn ar-Rašīd(786–809); Dichtung, Geschichtsschreibung und Altertumskunde erreichen erste Höhepunkte ihrer Entwicklung.
788	Der Schiit Idrīs b. ʿAbdallāh begründet in Ceuta den ersten vom ʿAbbāsidenreich unabhängigen Staat (–992; Idrīsidenstaat).
800	Loslösung Nordafrikas unter den Aġlabiden vom Kalifenreich.
813	Unter dem Kalifen al-Ma'mūn (813–833) schöpferische Auseinandersetzung mit der griechischen Kultur, Übersetzung des Aristoteles.
822	ʿAbdarraḥman II. von Cordoba (822–852).
827	Die rationale theologische Strömung der Muʿtazila wird zur Staatsdoktrin erhoben (–851).
831	Eroberung Palermos durch die Muslims.
847	Eingreifen türkischer Leibwachen in die Politik der ʿAbbāsiden-Kalifen.
862	Entstehung des Staates und der Dynastie der Tuluniden in Ägypten (–904). Gründung des Sultanats von Ġazna in Afghanistan.
869	Antifeudaler Aufstand von Negersklaven im südlichen Irak (–883).
888	Zerfall des spanischen Reiches in Teilstaaten.
890	Beginn der antifeudalen Qarmāten-Aufstände im Irak (–906), Syrien (–901), Jemen (–919) und Bahrain (–1030); im Jemen und Bahrain bildeten sich aus den Erhebungen Staaten.
910	Begründung der schiitischen Dynastie der Fatimiden in Nordafrika(–1171).
929	ʿAbdarraḥmān von Cordoba (–961) nimmt den Kalifentitel an.
930	Qarmāten überfallen Mekka und entführen den heiligen schwarzen Stein aus der Kaʿba (–951).
936	Beschränkung des Abbasidenkalifats auf die geistliche Würde.
950	Tod des Philosophen al-Fārābī in Damaskus; er war ein Enzyklopädist, der in seinen philosophischen Studien einen Synkretismus von platonischen, artistotelischen und mystischen Vorstellungen anstrebte.
969	Eroberung Ägyptens durch die Fatimiden.
998	Maḥmūd von Ġazna (–1030) beginnt mit der umfassenden Eroberung des nordwestlichen Indien.
1031	Ende der Umajjaden in Spanien.
1042	Die Dynastie der ʿAbbāditen von Sevilla (–1091).
1072	Der Salǧuqen-Sultan Malikšāh (–1092) beherrscht den Kalifenhof in Baġdād und ist vom ʿAbbāsiden-Kalifen anerkannt; in dieser Epoche lebt der bedeutende orthodoxe Theologe al-Ġazzālī (–1111).
1086	Sieg der al-Murābiṭūn unter Jūsuf b. Tašfīn über die spanischen Christen bei Sallaka.
1090	Zweiter Feldzug der al-Murābiṭūn nach Spanien.
1092	Errichtung des Sultanats von Rūm nach dem Zerfall des Salǧuqen-Reichs.
1099	Eroberung Jerusalems durch die Kreuzfahrer.

1107	Entstehung der Sekte der al-Muwaḥḥidūn in Nordafrika.
1163	Der Vertreter der al-Muwaḥḥidūn, Abū Ja'qūb Jūsuf (1163–1184), vereinigt die größten Teile Spaniens unter seiner Herrschaft.
1171	Beseitigung der Fatimiden in Ägypten durch den Ajjūbiden Ṣalāḥ ad-Dīn (1138–1193).
1187	Eroberung von Jerusalem durch Ṣalāḥ ad-Dīn.
1195	Höhepunkt der al-Muwaḥḥidūn-Macht in Spanien; Al-Manṣūr (1181–1199) schlägt bei Alarcos die Kastilier.
1210–1290	Ghoriden-Dynastie in Indien.
1222	Vordringen der Mongolen bis nach Delhi.
1236	Erhebung des Baba Ilyas mit Turkmenen gegen den Sultan der Rūm Salǧuqen in Kleinasien.
1250	Die Araber in Spanien auf Granada beschränkt; Bau der Alhambra.
1254–1517	Das Sultanat der Mamlūken in Ägypten.
1258	Eroberung Baġdads durch die Mongolen; Tod des letzten ʿAbbāsiden al-Muʿtasim; Ende des Bagdader Kalifats.
1260	Durch den Sieg von ʿAin Ǧālūt beenden die ägyptischen Mamlūken die mongolische Expansion nach Westen.
1273	Tod des bedeutenden mystischen Dichters Ǧalālud-dīn Rūmī (geb. 1207) im kleinasiatischen Konja.
1281 (ca.)	Osmān I., Begründer der Dynastie der Osmānen; unter ihm weitet sich sein Reich bis zum Marmarameer und dem Schwarzen Meer aus (–1326) .
1290–1320	Die Ḫalǧi-Dynastie von Delhi; Ausbreitung dieses Staates nach Zentral- und Südindien.
1320–1413	Tughluq-Dynastie von Delhi.
1326–1359	Orḫān, Sohn Osmāns; Eroberung von Brussa.
1359–1389	Murād I.; unter ihm werden in Kleinasien Philipopel (1363) und Adrianopel (1365) erobert.
1389	Schlacht auf dem Amselfeld und Tod Murāds.
1393	Unterwerfung der Bulgaren durch die Osmānen.
1398	Timur erobert Delhi.
1402	Sieg der Mongolen unter Timur über die Osmānen bei Ankara; damit erneute Beschränkung der Osmānen auf Kleinasien.
1421	Unter Murād II. (–1451) Erfolge gegen Byzanz.
1439–1444	Unterwerfung Serbiens durch die Osmānen.
1451–1526	Lōdī-Dynastie von Delhi.
1453	Eroberung Konstantinopels durch den Osmānen Muḥammad II. (1451–1481); Ende des letzten byzantinischen Kaisers.
1479	Friede der Osmānen mit Venedig nach sechzehnjährigem Krieg; Verzicht auf die venezianischen Besitzungen in Albanien für die Freiheit des Mittelmeerhandels.
1490 (ca.)	Entstehung zahlreicher islamischer Kleinstaaten in Indien.
1492	Fall von Granada; Ende des islamischen Emirats in Spanien.
1498	Vasco da Gama landet in Calicut.
1502–1525	Schah Ismāʿīl, Begründer des iranischen Ṣafawiden-Reichs.
1509	Albuquerque, portugiesischer Gouverneur in Indien.
1509–1511	Volksaufstände unter Führung schiitischer Geistlicher und Derwische in Anatolien.
1513	Blutige Verfolgung der anatolischen Schiiten durch Salīm I. (1512–1520).
1517	Eroberung Kairos durch die Osmānen; Ägypten wird türkische Provinz.
1520–1566	Sulaimān I.; größte Ausdehnung des osmanischen Reichs.
1526	Bābur (1494–1530) erobert Delhi und begründet das Reich der Großmoghulen.
1526–1576	Schah Ṭahmāsp, Herrscher des Ṣafawiden-Reichs.

1529	Erste Belagerung Wiens durch die Osmānen.
1535–1541	Krieg zwischen Osmānen und Österreich.
1571	Seesieg der „Heiligen Liga“ (Spanien, Venedig und Papst) bei Lepanto über die osmānische Flotte.
1571	Gründung der Residenzstadt Fatehpur Sikri durch den Großmoghul Akbar (1556–1605); Herausbildung eines indisch-islamischen Architekturstils; Eroberungen von Bengalen und Orissa; Unterwerfung des Dekkan und Kaschmirs.
1580	Konsulatsvertrag der Osmānen mit England analog dem französischen Kapitulationsabkommen mit den Osmānen von 1535.
1612	Gründung der ersten englischen Faktorei im indischen Surat.
1665	Bombardement von Algier und Tunis durch die Franzosen.
1683	Zweite Belagerung Wiens durch die Osmānen und vernichtende Niederlage ihres Heeres.
1686	Das 1526 von den Osmānen eroberte Buda fällt in die Hände der Österreicher.
1699	Frieden von Karlowitz zwischen den Osmānen, Österreich, Polen und Venedig; die Osmānen treten darin ganz Ungarn auf der linken Donauseite sowie Siebenbürgen an Österreich ab; Venedig erhält weite Gebiete in Dalmatien, Polen, Teile Podoliens.
1745 (ca.)	Entstehung der Sekte der Wahhābiten auf der Arabischen Halbinsel.
1774–1784	Warren Hastings, Generalgouverneur von Bengalen.
1798	Beginn der französischen Militärexpedition Napoleons gegen Ägypten.
1803	Eroberung Mekkas durch die Wahhābiten.
1805–1807	Janitscharenaufstände gegen die Reformpolitik Salīms III. (1789–1807).
1811	Der ägyptische Statthalter Muḥammad ʿAlī vernichtet die ägyptischen Mamlūken-Beis.
1821–1830	Griechischer Befreiungskampf gegen die Osmānen.
1826	Vernichtung der Janitscharenkorps durch Maḥmūd II. (1808–1839).
1830	Französischer Überfall auf Algerien.
1834–1838	Reformen durch Maḥmūd II., Abschaffung des Lehenswesens.
1835	Einführung des Englischen als Unterrichts- und Amtssprache in Indien.
1839	Der Hatt-i Scherif von Gülhane (3. 11.); Beginn der Tanzimat-Reformen im osmānischen Reich.
1847	Gefangennahme ʿAbd al-Qādirs durch die Franzosen.
1856	Hatt-i Humajun; Höhepunkt der Tanzimat-Reformen.
1857	Volksaufstand in Indien gegen die britische Kolonialmacht.
1869	Fertigstellung des Suez-Kanals.
1875	Erklärung des Staatsbankrotts durch den osmānischen Staat.
1876	Verfassung vom 23. 12. des osmānischen Staates
1876–1909	Sultan ʿAbdalḥamīd II.; Ausschaltung des türkischen Parlaments (bis 1908).
1881	Besetzung Ägyptens durch die Engländer.
1902	Ibn Saʿūd gründet den zweiten Wahhābiten- Staat.
1906	Gründung der Muslim-Liga in Indien.
1908	Jungtürkische Revolution (3.–24. 7.)
1911–1912	Italien erobert Libyen.
1923	Proklamierung der Republik in der Türkei (29. 10.).
1924	Abschaffung des Kalifats (3. 3.) durch die Türkei.
1925	Aufhebung islamischer Orden und Derwischklöster in der Türkei (2. 9.).
1926	„Kalifatskongress“ in Kairo.
1928	Beseitigung des Islam als Staatsreligion in der Türkei; Einführung des lateinischen Alphabets; in Ägypten Gründung der „Muslimbruderschaft“.

1931	„Allgemeiner islamischer Kongress" in Jerusalem.
1934	Einführung des Frauenwahlrechts in der Türkei.
1951	Gründung des „Kongresses der Islamischen Welt" in Karatschi.
1961	Gründung der „Akademie für islamische Studien" in Kairo.
1962	Gründung der „Liga der Islamischen Welt" in Mekka.
1969	Erste Islamische Gipfelkonferenz in Rabat (22.–25. 9.).
1972	3. Islamische Außenministerkonferenz beschließt ständiges Sekretariat der Islamischen Konferenz (29. 2.–4. 3.).
1974	Zweite Islamische Gipfelkonferenz in Lahore (22.–24. 2.).
1981	Dritte Islamische Gipfelkonferenz in Tā'if (26.–25. 1.).
1984	Vierte Islamische Gipfelkonferenz in Casablanca (19. 1. bis 21.1.).
1987	Fünfte Islamische Gipfelkonferenz in Kuwait (26. 1.–29. 1.) Der Organisation Islamische Konferenz (OIC) gehören 46 Mitglieder an. Dazu zählen die 21 arabischsprachigen Staaten, die Türkei, 23 afrikanische und asiatische Länder zwischen Senegal im Westen und Indonesien im Osten sowie die PLO. In diesem Raum lebt mehr als ein Fünftel der Weltbevölkerung.
1980–1988	Golfkrieg zwischen dem Iran und dem Irak.
1989	Tod von Ajatollah Khomaini, Gründer und Staatsoberhaupt der Islamischen Republik Iran (4. 6.)
1990	Im August Besetzung Kuwaits durch den Irak. 1990/91 verwirklicht eine Allianz von 31 Ländern unter Führung der USA die Befreiung Kuwaits.
1991	Im Dezember 6. Gipfeltreffen der OIC in Dakar. Die Konferenz wurde wegen der Besetzung Kuwaits um ein Jahr verschoben.
1993	7. Gipfeltreffen der OIC in Marokko.
1996	8. Gipeltreffen der OIC im Iran (vereinbart werden weitere Treffen im dreijährigen Rhythmus).
1997	Bei der jährlichen Pilgerfahrt nach Mekka kommen im April 343 Personen ums Leben, als in einem Zeltlager ein Feuer ausbricht.
1998	Ibn Laden kündigt im August in einem Interview mit dem USA-Fernsehsender ABC einen „schwarzen Tag" für Amerika an.
1999	In Kaschmir kommt es im Juni zu schweren Konflikten zwischen Pakistan und Indien, das 30.000 Soldaten einsetzt.
2000	Bei einem Terrorangriff auf das amerikanische Kriegsschiff USS „Cole" im Hafen von Aden kommen im Oktober 17 US-Marinesoldaten ums Leben.
2001	Am 11. September zerstören zwei von Terroristen gekaperte Flugzeuge die beiden Türme des World Trade Center in New York; eine dritte Maschine greift das Pentagon an. Zu beklagen sind 2.823 Tote. Seit dem 7. Oktober beginnen mit der „Operation Enduring Freedom" Luftangriffe der USA und mit ihr verbündeter Staaten auf die Militär-Infrastruktur Afghanistans.
2002	US-Präsident Bush bezeichnet in einer Rede zur Lage der Nation am 29. Januar den Iran, den Irak und Nordkorea als „Achse des Bösen".
2003	Am 20. März beginnen Militärschläge der USA und Großbritanniens gegen den Irak.

Aussprachehinweise
in der Reihenfolge des arabischen Alphabets

Buchstabe	Aussprache
ā'	langes a; Kehlkopfverschluss vor oder nach einem Vokal
b	wie deutsches b
t	wie deutsches t
ṯ	stimmloses th wie englisch thing
ğ	dsch, wie italienisch giorno
ḥ	stimmloses gutturales h mit Reibungsgeräusch
ẖ	stimmloses hartes ch
d	wie deutsches d
ḏ	stimmhaftes th wie englisch this
r	Zungen-r
z	stimmhaftes s
s	stimmloses s
š	wie deutsch sch
ṣ	emphatisches s
ḍ	emphatisches d
ṭ	emphatisches t
ẓ	stimmhaftes emphatisches s
ʿ	entsteht durch kräftiges Zusammendrücken der Stimmritze
ġ	tönender, stimmhafter Reibelaut
f	wie deutsch f
q	tiefes emphatisches k
k	wie deutsch k
l	wie deutsch l
m	wie deutsch m
n	wie deutsch n
ūw	wie englisch w
h	wie deutsch h
ī	wie englisch y